Markus Fäh
Der perfekte Mann

Für Lea und Noël

Markus Fäh

Der perfekte Mann

Zytglogge

Dank

Ich danke meinen Freunden Rolf Hächler, Ronald Gramigna und Andreas Bückert für die vielen guten Gespräche zum Thema, und Bettina Kaelin für das unterstützende und inspirierende Lektorat.

Alle Rechte vorbehalten
Copyright　　　　　　Zytglogge Verlag, 2004

Lektorat　　　　　　　Bettina Kaelin
Satz und Gestaltung　Zytglogge Verlag
Druck　　　　　　　　AZ Druck und Datentechnik GmbH, Kempten
ISBN 3-7296-0672-7

Zytglogge Verlag, Schoren 7, CH-3653 Oberhofen am Thunersee
info@zytglogge.ch · www.zytglogge.ch

Inhalt

Es war einmal ein Junge … 11

Die Selbstabschaffung des Mannes 13
Der Plan von der Abschaffung des Mannes 13
Abgeschaffte Väter 13
Entsorgte Liebespartner 15
Die Verantwortungslosen 16
Der kastrierte Erzeuger 18
Der ausgelöschte Befreier 19
Der überflüssige Ernährer 20
Wozu brauchts den Mann? 20
Irrläufer in der postmodernen narzisstischen
Beliebigkeitsgesellschaft 21
Warum steigen die Männer nicht aus? 22
Nobody's perfect: Pseudolockerheit reicht nicht tief 23

Perfektionszwang und Mythomanie 25
Schablonen 25
Männerschaulaufen 28
Das perfekte Männerleben 29
Wut 31
Mythen 32
Mythos 1: Ein Mann kann alles 34
Mythos 2: Ein Mann ist Familienvater und erfolgreich im Beruf 35
Mythos 3: Ein Mann hat immer guten Sex 36
Mythos 4: Ein Mann zweifelt nie 38
Mythos 5: Ein Mann ist der Frau überlegen 39
Mythos 6: Ein Mann arbeitet 150 Prozent 40

Mythos 7: Ein Mann ist unzerstörbar	41
Mythos 8: Ein Mann kennt keine Schmerzen	42
Mythos 9: Ein Mann muss kämpfen	44
Mythos 10: Ein Mann ist vor allem keine Frau!	45
Mythos 11: Ein Mann ist einsam	46
Mythos 12: Ein Mann hat alles unter Kontrolle	47
Mythos 13: Ein Mann erfüllt alle Erwartungen	49
Mythos 14: Ein Mann hat keine Probleme	50
Mythos 15: Ein Mann ist nie Opfer	51
Wie funktionieren Mythen?	54
Der unerschütterliche Glaube	55
Der unaufhörliche Vergleich	57
Das permanente Training	58
Phantasmen	**59**
Mythomanie blockiert die lebendige Entwicklung	61

Der entfremdete Mann – ein Leben von der Rolle   64

Am Männlichkeitskult scheitern   65

Wie der Kontakt zum authentischen Selbst verloren geht   67

Die hartnäckige Mutteridentifizierung   67

Verblasste Väter   70

Elternraub und ewige Schuld   72

Hass   72

Im Würgegriff der gesellschaftlichen Zwänge   73

Selbstentfremdung am Abgrund postmoderner Beliebigkeit   78

Globalisierung und Bedrohung der Identität   79

Selbstentfremdung ist chronischer Stress   80

Kranke Männer   83

Subjektiv mehr leiden, dies aber weniger spüren   83

| Der gewalttätige Mann | 84 |

Der ungenügende Mann und seine Entlarvungspanik 86

Absturzangst an der Arbeitsfront	88
Endstation Familiensehnsucht	89
Geld und Macht sind geil	93
Der gnadenlose Liebesmarkt	94
Männliches und weibliches Gehirn	95
Fantasiertes Ungenügen – eine Tour d'Horizon durch die Brutstätten der Neurosen	99
Mogelpackung statt Lebendigkeit	101
Die Lust am Männerkastrieren	103

Der authentische Mann 110

Auf der Suche nach dem Männlichen 110
   Das Männliche ist das Unbestimmte 110
   Das Männliche ist das Unfertige 114
   Was will der Mann? Zwischen Phallizität und Kolposwunsch 116
   Der Mann braucht einen Mann 119
   Haben Männer und Frauen die gleiche seelische Grundausstattung? 121
   Männer lieben anders 122
   Der Mann braucht eine Mission 124

Auf der Suche nach dem authentischen Selbst 125
   1. Der Weg aus dem Mythenwald beginnt auf einer Lichtung 125
      Tretmühle oder Eigenprojekt? 128
      Wa(h)re Liebe 129
      Selbstsorge 130
   2. Dekonstruktion: Das Zertrümmern der Irrtümer 135
   3. Konstruktion: Die eigene authentische Männerpower finden und entwickeln 142

Sich neuen Erfahrungen öffnen: Lernen von Sensitivität und Kommunikation	144
Mit Self Work zu Self Competence	146
Self Management	151
Heiter, ernst und nicht verächtlich	152
Vom perfekten zum authentischen Mann	154
Der suchende Mann	156
4. Grundübungen für mehr Authentizität	**158**
Keine falsche Scheu vor Gefühlen!	158
Keine Angst vor Nähe!	160
Tatkraft!	162
Wehre dich!	166
Die unbewusste Ablehnung des Männlichen überwinden	167

Die fünf Prüfungen 173

1. Aggression und Schuld — **173**

Quellen der männlichen Aggression — 174
Schuld annehmen und aushalten — 177
Aggression kultivieren und kanalisieren — 178

2. Kastrationsangst und Impotenz — **181**

Impotenz als Selbstkastration — 185

3. Die Neidfalle — **188**

Die Frau als Neidobjekt — 190
Das empfindliche männliche Ego — 193

4. Die Mutterfixierung — **195**

5. Der Sebastianskomplex — **198**

Die masochistische Lösung — 200

Eine Männerbewegung für die Männer! 205

1. Die Unzufriedenheit der Männer kollektiv analysieren und artikulieren — **209**

2. Vision eines guten Männerlebens in einer männerfreundlichen Gesellschaft vermitteln — **213**

3. Selbstvertrauen und Zuversicht der Männer stärken	218
4. Konkrete erste Schritte aufzeigen	219
5. Entschlossen an die Arbeit gehen und periodisch Bilanz ziehen	220
Politischer Ausblick	221

Plädoyer an die Frauen   223

Schluss mit der Entwertungslogik!	225
Der geordnete Rückzug aus unberechtigten Machtpositionen	226
Waffenstillstand	228
Fairer Handel	228
Gesprächskultur	229
Re-Erotisierung der Geschlechterbeziehung	230

Ein Gespräch unter Männern   232

Literaturhinweise	247

Es war einmal ein Junge ...

Es war einmal ein Junge, der sich gerne oben an den Rand der Schlittelwiese stellte und sang, dass es das ganze Quartier hörte. Der gerne rechnete und Aufsätze schrieb. Und viel lachte. Der Junge wollte Arzt werden, oder Pilot, oder Polarforscher, schrieb er in einem seiner Aufsätze. Seine Eltern waren stolz auf ihren klugen Jungen, der Klassenbester war und mit Leichtigkeit die Aufnahme ins Gymnasium schaffte. Dort fand er gute Freunde, und da ihm das Lernen leicht fiel, schaffte er auch das Abitur bravourös und ging an die Universität. Er studierte Physik und programmierte Computer. Er gehörte bald zu den Besten. Nach dem Studium fand er rasch eine Anstellung im Ausland, machte seinen Doktor. Dann gründete er ein eigenes Geschäft. Er fand schnell die Anerkennung seiner Mitarbeiter. Seine Kunden waren begeistert von seinen Produkten. Er arbeitete oft Tag und Nacht. Der finanzielle Erfolg liess nicht lange auf sich warten. Er heiratete seine langjährige Freundin, bald kamen ein Junge und ein Mädchen zur Welt. Ein Einfamilienhaus wurde gekauft. Alles verlief so, dass seine Eltern stolz sein durften. Auch er selbst konnte stolz sein.

Alles schien zu stimmen.

Da wachte er eines Morgens auf und konnte sich nicht mehr ausstehen. Er wollte seine vielen Verpflichtungen, die er sich aufgeladen hatte, nicht mehr ausüben, er hatte das Gefühl, er sei in einer Tretmühle. Jeder Tag war wie der andere. Der Erfolg, die Anerkennung von Freunden und Kollegen, sie freuten ihn nicht recht. Er fühlte sich falsch platziert an diesem Ort, den er doch selber gewählt hatte, als wäre es überhaupt nicht sein Platz. Aber wo war sein Platz? Er konnte es nicht sagen. Er wusste nur, so ging es nicht weiter.

War das sein Leben? Wars das?

Plötzlich erschien ihm alles in einem anderen Licht: Hatte er noch eben Stolz empfunden über seine Leistungen, hatte er sich noch gestern glücklich gewähnt mit seiner Familie, so sah er darin nun sein ganzes Versagen. Er hatte den Eindruck, er sei verstockt und verschlossen, seiner Frau entfremdet, ohne Draht zu seinen Kindern. Er wusste nicht, war nun alles wirklich so schlimm, oder bildete er es sich nur ein. Jedenfalls fühlte er sich völlig ungenügend. Auch der Körper streikte: Ein altes Rückenleiden meldete sich und führte zu mehreren Operationen und langwierigen Rehabilitationen. Er fühlte sich nicht mehr fit, geradezu invalidisiert. Er kam sich nicht mehr attraktiv und begehrenswert vor. Er wurde immer mürrischer, fühlte sich ungeliebt. Er flüchtete sich in den Rückzug, ins Schweigen. Er drohte im Strudel der Selbstzweifel und Schuldgefühle zu versinken. Es kam zur Trennung, er war am Tiefpunkt.

Als er eines Abends nach der Arbeit alleine dem See entlangspazierte, überwältigten ihn die Gefühle. Er fühlte sich grenzenlos allein und versank im Selbstmitleid. Alles verloren. Alles falsch gemacht, an allem selber schuld. Er dachte daran, mit allem Schluss zu machen, war voll Selbstverachtung, Scham, Wut.

Wo war der unbeschwerte, freche Junge von einst? Hatte er ihn verraten, alles recht zu machen versucht, sich falschen Männerbildern unterworfen, ein unfreies Leben gelebt?

Er erkannte, dass er die Situation, wie sie war, annehmen und schonungslos Bilanz über sich und sein Leben ziehen musste. Es war höchste Zeit, sich noch einmal völlig neu zu begegnen.

War er gescheitert? Wollte er perfekt sein? Wusste er, was er wirklich brauchte? Konnte er den Menschen um ihn herum nicht geben, was sie brauchten, weil er selbst nicht wusste, wer er war?

Er sah ein Ruderboot am Ufer. Nach kurzem Zögern setzte er sich hinein, löste das Tau und ruderte in der klaren Nacht in die Mitte des Sees hinaus.

Die Selbstabschaffung des Mannes

Der Mann wird abgeschafft. Und er paktiert mit dieser Entwicklung, statt sich zu wehren. Statt mannhaft zu sein, tut er alles, um zu genügen.

Der Plan von der Abschaffung des Mannes

Ursprünglich gab es nur das Weib. Der Mann ist eine Laune der Natur, die nur entsteht, wenn ein Spermium mit einem Y-Chromosom ein Ei, welches nur X-Chromosomen aufweist, befruchtet. Und auch dann entsteht nur ein vollständiger Mann, wenn genügend Testosteron zur Verfügung steht. Der Mann entsteht nur, wenn sich die Natur der Entwicklung zum Weib hin widersetzt.

Nehmen wir an, man habe höhern Orts beschlossen, es nun doch beim Weib zu belassen.

Nehmen wir einmal an, die Umsetzung dieses Plans sei bereits im Gange ...

Abgeschaffte Väter

Immer mehr Kinder wachsen nicht mehr mit ihren Vätern zusammen auf. Der Anteil allein erziehender Mütter nimmt weltweit zu. Die Väter werden aus der Gemeinschaft mit ihren Kindern entfernt oder sie entfernen sich selbst.

Auch die mit ihren Kindern unter einem Dach lebenden Väter bekommen oft zu wenig von ihnen mit, und die Kids haben oft einen emotional zu dünnen Kontakt mit ihren Vätern.

Diese Entwicklung wird kaum bedauert, man scheint sich damit abzufinden und das Beste draus zu machen. ‹Glückliche Scheidungskinder› heisst ein kürzlich erschienenes Buch des Kinderarztes Remo Largo.

Aber ist diese Entwicklung gut? Kinder wollen ihre Väter bewundern. Diese erfüllen eine ganze Reihe wichtiger Funktionen für die Entwicklung. Sie helfen den Kindern, sich von der Mutter abzugrenzen und zu lösen. Sie sind eine Pforte zur Realität, sie sind die wichtige ‹second opinion›, sie stärken der Autonomie der Kinder den Rücken. Sie sind weniger mit ihnen identifiziert, behandeln sie mehr als Gegenüber, sie sind nötig, um ihnen klare Grenzen zu setzen. Und da soll es nichts mehr ausmachen, wenn sie auf Wochenendväter reduziert und oft auch noch menschlich disqualifiziert werden? Wenn sie feige Fahnenflucht begehen?

Väter braucht es, um der Aggressivität der Kinder und Jugendlichen, dem Terror der unersättlichen Wünsche, die alle Kinder haben und die sie bändigen lernen müssen, standzuhalten. Väter sind notwendige Störenfriede. Sie scheuen die Auseinandersetzung nicht, sie ertragen Konflikte mit ihren Kindern und Jugendlichen, wenn diese ihre Wünsche rücksichtslos durchzusetzen versuchen. Kinder müssen sich weniger schuldig fühlen, wenn ihre Aggressivität beide Eltern trifft. Sie trauen sich oft nicht, die volle Wucht ihrer Rebellion, die unabdingbar ist, in die Beziehung einzubringen, wenn ein Vater fehlt.

Natürlich können auch Mütter Grenzen setzen. Allein erziehend sind sie damit jedoch oft am Rande der Kräfte. Die Präsenz des Vaters entlastet die Mutter. Und der Vater ist zudem oft weniger emotional verstrickt und nüchterner in der Beurteilung schwieriger Situationen. Wenn Kindern ein Vater fehlt, kann es zu zwei unglücklichen Szenarien kommen: Sie werden verwöhnt, alle Wünsche werden grenzenlos erfüllt, ihr Ich entwickelt sich nicht und bleibt schwach. Sie lernen nicht, ihre Triebe und Gefühle zu beherrschen und zu kanalisieren, Frustrationen zu ertragen, konstruktive Lösungen zu suchen. Sie werden süchtig oder nehmen sich mit Gewalt, was sie nicht bekommen können. Sie lernen nicht zu verzichten.

Oder die Kinder werden zwar nicht gerade verwöhnt, aber sie dürfen nicht rebellieren und zuhause ihre Aggressionen rauslassen, weil ohne Vater kein genügend starkes tragendes emotionales Klima da ist. Sie sind mit ihren Aggressionen und Frustrationen allein. Sie werden brave, stumme Kinder, die alles in sich hineinfressen aus Rücksicht auf Mama, die es so schwer hat, weil kein Papa da ist. Sie lernen nicht, ihre aggressiven und sexuellen Triebe und Wünsche zu akzeptieren und mit ihnen reif umzugehen. Sie lernen nicht, sich der Macht ihrer Triebe zu öffnen und sie zu beherrschen und ihre Befriedigung zu steuern, sondern sie verdrängen sie, wenden die aggressive Gewalt gegen sich selbst, werden anorektisch, depressiv, gehemmt, leistungsverweigernd.

Wenn Männer sich als Väter selbst abschaffen oder abschaffen lassen, lassen sie ihre Kinder im Stich und opfern einen natürlichen Teil ihrer Männlichkeit.

Entsorgte Liebespartner

Wir leben in einer Trennungskultur. Fast die Hälfte aller Ehen wird getrennt oder geschieden. Achtzig Prozent aller Trennungen und Scheidungen kommen auf Initiative der Frauen zustande. Der Mann als Liebespartner, als Langzeit-Lebensgefährte, als Ehe-Gespons wird abgeschafft.

Die Männer ziehen sich auch selber aus dem Liebesverkehr. Die amerikanische Soziologin Katherine Gerson hat in einer gross angelegten Feldstudie festgestellt, dass immer mehr Männer alleine leben und sich von den mühsamen Verflechtungen und Verstrickungen in festen Frauenbeziehungen zurückziehen. Starke Gefühle werden vermieden, es wird ‹love light› in unverbindlichen Kontakten oder gefühlsmässig wenig involvierenden Freundschaften gepflegt. Internet-Kontaktbörsen boomen. Immer mehr Frauen klagen, dass sich die meisten kontaktsuchenden Männer nur noch eine lockere Beziehung wünschten.

Tatsache ist: Die Liebesbeziehungen werden immer schwieriger. Das Selbstverständnis von Frauen und von Männern ist im Umbruch. Im Gespräch und im Bett ist es oft kompliziert. Man versteht sich nicht ‹automatisch›, nur weil Gefühle im Spiel sind.

Aber ist die Entsorgung des Mannes die Lösung?

Fazit der Trennungsorgien und Unverbindlichkeitsszenarien: Die Frauen leiden am Liebesfrust, die Männer an der Einsamkeit. Die Männer flüchten aus der Gefühlstiefe, weil sie Angst haben, nicht zu genügen, impotent zu sein, zu versagen. Sie weichen dem Problem aus und trösten sich in ihrer Einsamkeit mit Internet, Pornofilmen und Puffbesuchen. Nirgendwo bekommt man die abgeschaffte männliche Liebespower deutlicher mit als beispielsweise im Zürcher Vergnügungsviertel Langstrasse, wenn Freier durch die Strassen streunen und vor Salons rumlungern, um eine Viertelstunde Sex bei einer möglichst jungen Hure zu ergattern. Die Szenerie ist eher traurig. Männer verpulvern ihre finanzielle und sexuelle Potenz an Frauen, die sie verachten. Bankrott auf der ganzen Linie.

Wie viel männliche Liebeskraft liegt in unserer Gesellschaft brach? Ein Mann will für eine geliebte Frau da sein, sie umwerben, umsorgen, damit sie ihn liebt und sich ihm auch in voller Lust hingeben kann. So viele verlassene potente Männer, so viele starke einsame Frauen, so viele brachliegende Liebeslandschaften, die stumm nach einer neuen Saat schreien.

Die Verantwortungslosen

Wirtschaft und Politik, so möchte man meinen, seien noch immer fest in männlichen Händen. Dort werde der Mann nicht abgeschafft. Erst recht seit dem 10. Dezember 2003. Weit gefehlt! Wird hier denn echte Männlichkeit gelebt? Es ist doch wohl eher so: Wer Frauen nicht hochkommen lassen kann, ist ein unsicherer Mann. Echt selbstbewusste Männer haben es nicht nötig, Frauen zu unterdrücken und ihnen die gleichberechtigte Beteiligung an der Macht vorzuenthalten.

Ich sehe wenige Ehrenmänner, sondern – Ausnahmen bestätigen die Regel! – viele Ehrgeizlinge und Profiteure, die sich besonders gut für die eigenen Interessen und Vorteile engagieren können. Nichts gegen das gesunde eigene Interesse, wenn es mit Verantwortung fürs Ganze gepaart ist. Doch gerade dies ist immer weniger der Fall. Die viel gepriesene Verantwortung bleibt hohles Gerede, zuerst und vor allem schauen die ‹Verantwortlichen› in Politik und Wirtschaft für die eigenen Interessen, und dies immer unverschämter zum Schaden und auf Kosten der Allgemeinheit.

Die oberste Elite schanzt sich gegenseitig lukrative Mandate zu, die Vorgänge bleiben weitgehend undurchschaubar, die Öffentlichkeit wird getäuscht. Verantwortungslose Führungskräfte ruinieren ganze Firmen und sichern sich noch vor Bekanntwerden des Desasters einen goldenen Abgang und planen unverschämt das nächste Comeback.

Viele Männer, die gar keine Männer sind, sitzen an den Schalthebeln der Macht.

Sie handeln oft verlogen und verantwortungslos. Der moralische Schaden, den verantwortungslose Amtsträger, Manager, Politiker anrichten, ist viel grösser als der materielle. Das Vertrauen in die Führung von Institutionen generell, in die Ehrlichkeit der Chefs, in den guten Umgang mit Macht wird in Frage gestellt. In den Köpfen der Menschen krallt sich die Idee fest, dass Autorität an sich tyrannisch, despotisch, egoistisch sei. Dass «die da oben machen, was sie wollen».

Die Abschaffung des Ehren-Mannes ist so weit gediehen, dass gaunerhaftes Verhalten von Verantwortungsträgern keine Revolte mehr auslöst, oft vielmehr insgeheime Sympathie. Man denke an Berlusconi und Co.

Dabei ist der tiefere Sinn männlicher väterlicher Autorität demokratisch, antidespotisch.

Wir sind alle von despotischen Bildern erfüllt, wir alle haben als Babys und Kleinkinder die absolute Herrschaft der Mutter über uns erfahren und tragen das Bild einer übermächtigen Mutter in uns, die alles kann, alles hat, alles darf. Gegen dieses unreife Verlangen nach der despotischen Übermutter, dessen Befriedigung auf gesellschaftlicher Ebene letztlich in den Faschismus führt, hilft nur die korrigierende väterliche Autorität, die sich der Tyrannei der überhöhten und allmächtigen inneren Mutter entgegenstellt und das Kind befreit.

Den verantwortlichen, demokratischen Mann abschaffen heisst die gute, gerechte Gesellschaft abschaffen. Statt Solidarität und Verantwortung füreinander herrschen rücksichtsloser Egoismus, destruktiver Geschwister-Neid, regelloser Kampf. Alle gegen alle.

Der kastrierte Erzeuger

Die moderne Fortpflanzungstechnologie machts möglich: Bald braucht es den Mann zur Befruchtung des Weibes nicht mehr. Damit ist sogar die biologische Funktion des Mannes ausgehebelt, ausser einer Samenspende, die er leisten muss. Die symbolische und soziale Bedeutung dieser technischen Errungenschaft kann noch nicht ermessen werden. Jedenfalls liesse sich die Befruchtung und Fortpflanzung damit vollständig aus dem Liebesleben entfernen.

Es sind nicht mehr Mann und Frau, die ein Kind zeugen, zusammen neues Leben generieren, es ist die Frau, die sich eine Samenspende organisiert, einpflanzen lässt, das Kind austrägt, gebärt. Der Beitrag des Mannes wirkt lächerlich. Die Kinder werden zur reinen Frauensache. Der Mann wird nicht nur biologisch, sondern auch psychologisch als Mit-Erzeuger eliminiert. Wer in der Fortpflanzungstechnologie nur den technischen Aspekt sieht und meint, die Beziehungen, die Kultur, das Innenleben würden davon nicht berührt, verkennt die Macht der Phantasmen und Bedeutungen.

Wir alle kommen aus einer Mutter. Wir sind psychische Frühgeburten und erleben uns erst im Alter von etwa drei Jahren als abgegrenzte Wesen. Darum tragen wir übermächtige Mutterbilder in uns. Unsere Neid-, Eifersuchts-, Gewaltkomplexe stammen ursprünglich aus diesem Machtgefälle. Der Mann, der spätere Partner, der Vater kann diese Fallhöhe korrigieren.

Hat die innere übermächtige Mutter freie Bahn, fallen wir zurück in eine ungute Dynamik. Wir fühlen uns vielleicht geborgen, wenn alles gut geht, aber verraten und voller Hass, wenn etwas nicht stimmt. Alles ist überhöht, weil es nicht durch die korrigierende Macht des Dritten relativiert wird.

Die Funktion des Mannes ist es, die Macht der Frau im psychologischen Sinn zu relativieren. Wird der Mann als Erzeuger eliminiert, sind wir der inneren Mutter phantasmatisch total ausgeliefert. Dies mobilisiert destruktive innere Gegenkräfte, das seelische Leben wird zerrissen und aggressiviert. Der unbewusste Neid und Hass auf die Frauen steigt ins Unermessliche.

Der ausgelöschte Befreier

Wenn das Kind den Geschlechtsunterschied zum ersten Mal erkennt, mit etwa eineinhalb Jahren, erscheint der Vater als Befreier. Er ist der Andere, der dem Kind einen Weg in die Realität, weg von der Mutter, zu sich selber zeigt. Er ist der Befreier aus der Enge, aus der Abhängigkeit, aus der Ängstlichkeit. Das Kind erkennt, dass es reden, laufen kann, dass es mutig ist, dass es nicht nur von der Mutter weg, sondern auf den Vater, auf andere Menschen zulaufen kann, und dort ist es auch gut.

Der Vater ist der Befreier, der am anderen Ende der Brücke steht, auf das Kind zugeht, die Arme ausbreitet und es in der Mitte der Brücke in die Luft hebt, wenn sie sich begegnen.

Wird der Mann abgeschafft, wird auch die Idee der Befreiung durch den Vater aus unserem Innenleben verbannt. Es gibt nur noch Abhängigkeit von der einen grossen Mutter oder einsame Selbständigkeit, es gibt keinen Dritten mehr.

Dies hat weit reichende Konsequenzen für die geistige und moralische Entwicklung. Wer nicht frei sein darf, darf auch nicht denken: Sire, geben Sie Gedankenfreiheit!, heisst es im Don Carlos von Schiller. Wenn der Mann, wenn die Differenz, das Andere, der Fremde psychologisch ausgelöscht wird, können die Fesseln der Vorurteile nicht mehr gesprengt werden, das Denken dreht sich im Kreis, es ist keine Kreativität mehr möglich.

Mentalisierung braucht Differenz, Leben braucht Differenz, sonst erstirbt alles. Wenn Männer als Anwälte der Befreiung ausgelöscht werden, verschwindet eine weitere natürliche männliche Funktion.

Der überflüssige Ernährer

Die wirtschaftliche Entwicklung hin zur totalen Flexibilisierung und Globalisierung sprengte die letzten kulturellen Fesseln des Kapitalismus. Für das Kapital macht es keinen Unterschied, ob eine Frau oder ein Mann die Arbeit macht. Ungerechtfertigte männliche Privilegien, einengende sachfremde Regelungen beschneiden den unternehmerischen Spielraum für die Profitmaximierung.

Zusammen mit dem politischen und rechtlichen Kampf der Frauenbewegung für gleiche Rechte am Arbeitsplatz sorgte die ökonomische Entwicklung dafür, dass die Arbeit keine exklusive Männer-Domäne mehr ist. Auch wenn in den oberen Chargen weiterhin zahlenmässig die Männer dominieren und gewisse Bastionen halten, sind alle Tabus gefallen: Jede Funktion in einem Unternehmen könnte auch von einer Frau erfolgreich eingenommen werden. Damit fällt auch die Legitimation für den Mann, arbeiten zu müssen. Arbeit allein macht ihn nicht mehr zum Mann. Frauen brauchen keinen Ernährer mehr, sie können sich und die Kinder selber durchbringen.

Wozu brauchts den Mann?

Die männliche Vormachtstellung gegenüber der Frau wurde in den letzten vierzig Jahren politisch attackiert und zurückgedrängt (ungeachtet sporadischer Schwankungen) und sie bröckelte unter dem Gesamteinfluss der ökonomischen, politischen und kulturellen Entwicklung. Der Mann ist in eine verhängnisvolle Schere zwischen zwei kulturellen Entwicklungen geraten: Einerseits wird er in seinen natürlichen psychologischen Funktionen abgeschafft, es wird ihm der Boden unter den Füssen weggezogen. Andererseits wird er mit neuen psychologischen Forderungen und Rollen-Erwartungen – überlastet, die er kaum erfüllen kann.

Diese Schere zwischen Identitätsverlust und Erwartungsexplosion führt direkt zum ‹leeren perfekten Mann›, der innerlich kein Mann mehr ist, aber perfekt von aussen an ihn herangetragene oder verinnerlichte Männlichkeitserwartungen zu erfüllen versucht.

Der Mann, aller traditionellen Rollen beraubt, die ihn exklusiv legitimierten und ihm ein soziales Fundament für seine Identität bereitstellten – Lebenspartner, Vater, Beschützer, Ernährer, Befreier –, fällt zurück auf sein nacktes ursprüngliches Selbst. Wer ist er jenseits dieser traditionellen gesellschaftlichen Funktionen?

Irrläufer in der postmodernen narzisstischen Beliebigkeitsgesellschaft

Wir leben in einer Gesellschaft, in der ‹anything goes› (alles geht), es gibt keine absolut gesetzten Regeln mehr. Die Soziologen prägen den Ausdruck ‹Postmoderne› für diese Gesellschaftsphase. Wir leben in einer narzisstischen Kultur, in der Werte wie Solidarität und Gemeinsamkeit am Schwinden sind, das Ende des Zeitalters der ‹Egomanie› (Horst-Eberhard Richter) ist noch nicht in Sicht. Wir leben in einer Zeit der Flexibilität, in der es für viele Menschen keinen Sinn mehr macht, feste, langlebige Persönlichkeiten auszubilden. Die Menschen driften wie bausatzartige ‹IKEA-Persönlichkeiten› mit rasch umstellbaren Eigenschaften und Einstellungen durch ihr Leben. Sie wechseln Wohnung, Wohnort, Beruf, Partner, sexuelle Orientierung, politische Meinung, Haustiere, sie leben vor allem im Übergang.

Der Mann kommt in dieser Zeit unter die Räder, wenn er nicht an seiner Identität arbeitet. Viele Männer stehen der gesellschaftlichen und kulturellen Entwicklung hilflos gegenüber. Sie sind Irrläufer im Dschungel der beliebigen Erwartungen und Chancen, versuchen zu funktionieren, ohne zu wissen, wer sie sind und was sie wollen. Sie haben nichts Eigenes zu sagen, sie gehen in ihren jeweiligen Funktionen auf, sind graue Herren im Dienst des jeweiligen Auftraggebers, konturlose Anpasser. Der identitätslose und traurige Auftragskiller, der als Figur in vielen Filmen den verlorenen Mann von heute symbolisiert, ist die Zuspitzung dieses Charakters, der nichts ist und für Geld und Anerkennung alles macht.

Ein Mann ohne Eigenschaften, nicht festzumachen, nicht festzulegen, nicht festzuhalten. Eine glänzende Männlichkeitshülse.

Die oberflächliche Perfektion kaschiert das Vakuum an Selbstentwicklung. Selbstabschaffung echter Männlichkeit und perfekte Pseudo-Männlichkeit gehen Hand in Hand.

Die gesellschaftliche Entwicklung der letzten dreissig Jahre zwingt den Mann immer mehr, sich mit vorgefertigten Männlichkeitsklischees zu identifizieren, statt ein eigenes starkes männliches Selbst auszubilden. Die fehlende körperliche Fundierung der Identität, die primäre Mutteridentifizierung, der mangelnde väterliche Rückhalt, die gesellschaftliche Demontierung führen zu einer Identitätsschwäche, zu einer chronischen Anfälligkeit für falsche Selbstkonstrukte und Männlichkeitsschablonen.

Die Entwicklung zum innerlich sicheren, autonomen und echten Mann bleibt auf der Strecke, die Übernahme männlicher Hüllen-Pseudo-Identitäten ohne männliche Kernidentität wird epidemisch: aussen perfekt hyper-männlich, innen unmännlich.

Warum steigen die Männer nicht aus?

Der heutige Identitätsstress – Supermann an allen Fronten sein müssen bei schwindender gesellschaftlicher Unterstützung – trifft die Männer an ihrer Achillesferse, ihrer versteckten Schwäche. Denn die traditionelle männliche Identität beruht u. a. auf einer unaufgelösten Mutteridentifizierung und einer mangelnden echten Männlichkeit. Der traditionelle normale Mann ist eine neurotische Konstruktion. Der heutige zusätzliche Stress macht aus diesem statistisch normalen Neurotiker nicht einen gesunden Mann, sondern greift sein Selbstgefühl verstärkt an.

Warum verweigern sich Männer nicht gegenüber den gesellschaftlichen Anforderungen, um sich zu entlasten? Warum steigen sie nicht aus, um seelisch zu gesunden? Warum kümmern sie sich nicht einen Dreck um das, was von ihnen verlangt wird? Warum versuchen sie stattdessen, sich perfekt den Männeridealbildern anzupassen?

Der Grund liegt in der narzisstischen Krise, die, solange es geht, vermieden wird. Es ist eine menschliche Grundeigenschaft, die Intaktheit des Selbstgefühls um jeden Preis zu verteidigen und aufrechtzuerhalten. Wenn das Gefühl, nicht zu genügen, sich meldet, versuchen wir in einer Art Reflex zuerst, unsere Anstrengungen, doch noch zu genügen, zu verdoppeln. Wir stellen nicht die Anforderungen, sondern uns selbst in Frage und versuchen, noch perfekter zu sein. Erst wenn wir mit den Kräften am Ende sind, kapitulieren wir und sind bereit, die grundsätzlich falsche Logik in Frage zu stellen. Deshalb ist die unmittelbare typisch männliche Reaktion auf die zunehmende Infragestellung und Überforderung nicht Protest oder Verweigerung, sondern ein verstärkter Perfektionszwang.

Nobody's perfect: Pseudolockerheit reicht nicht tief

Leben wir nicht in einer Gesellschaft, die alles zulässt, Abweichung toleriert, auch Unperfektes akzeptiert? Gehört die lockere Haltung ‹Nobody's perfect› nicht zum Repertoire jedes einigermassen normalen Zeitgenossen?

Tatsächlich wird der Zwang, ein perfekter Mann sein zu müssen, oft nicht laut propagiert. Im Gegenteil: Mann tut locker, gesteht sich vordergründig Schwächen zu. Doch diese tolerante Haltung reicht nicht tief. Sie ist oft blosse Attitüde. Der Perfektionspsychoterror sitzt tiefer: Im Innern verzeihen sich die meisten Männer nicht, wenn sie die Anforderungen, die an sie gestellt werden, nicht erfüllen. Und sie verachten Männer, die schlappmachen.

Die pseudo-toleranten Lippenbekenntnisse verdecken die erbarmungslose Härte der Forderungen und die Unnachsichtigkeit der Verurteilung männlicher Schwäche.

Männlicher Perfektionswahn wird meist diskret zur Schau getragen.

Nur wenn irgendetwas schief geht, zeigen die Selbstwertkrisen deutlich, wie grausam das eigene Urteil ausfällt, wenn mann mal nicht perfekt funktioniert.

Perfektionszwang und Mythomanie

*Männer müssen perfekt sein.
Sie identifizieren sich mit Männermythen,
Männerbildern und mit den Erwartungen anderer,
statt ihre eigene Identität zu entwickeln.*

Schablonen

Steckbrief einer imaginären Figur: Der perfekte Mann ist erfolgreich. Er sieht gut aus. Er kommt bei den Frauen an. Er ist Unternehmer im weiteren Sinne des Wortes. Er nimmt sich, was er will, von unten her, von Grund auf. Er startet Projekte, er hat Frau(en), Kind(er), er lächelt, er formuliert gekonnt. Er will den Sieg. Unbedingt.

Und er bekommt ihn. Mag er nun Daniel Vasella heissen, Tom Cruise oder Ernesto Bertarelli oder Christian Gross. Der perfekte Mann kann alles.

Der perfekte Mann ist zufrieden, positiv, gesund. Er strahlt nichts Negatives aus. Er ist nicht vom Zweifel angenagt. Für ihn gibt es keine Probleme. Er denkt nur in Lösungen. Er kennt keine Unsicherheiten. Er strahlt Sicherheit aus. Er hadert nicht. Er ist überzeugt. Er sieht sich ständig im Spiegel. Wie war ich, wie wirke ich? Wenn er Schwächen hat, zeigt er die brillant. Hat er Zweifel, dann nur, um sie gleich zu überwinden. Auch negative Eigenschaften integriert er perfekt. Böse, hinterlistig, gemein? Vielleicht, aber perfekt dargestellt, perfekt kommentiert. Er hat eine strahlende Oberfläche. Eine glatte Haut, an der Kritik abperlt. Einen undurchdringlichen Panzer von Optimismus, Tatkraft und Entschlossenheit, der ihn gegenüber den bösartigen Einflüssen des Lebens immun macht. Dem perfekten Mann scheint nichts etwas anhaben zu können.

Der perfekte Mann ist nie krank, er kann es gar nicht sein. Er war vielleicht mal krank, hat die Krankheit aber besiegt. Der perfekte Mann siegt immer.

Der perfekte Mann ist beliebt, geliebt. Selbstverständlich von seiner Frau und seinen ihn bewundernden Kindern. Aber mehr noch: von seinen Mitarbeitern, von seinen Freunden, Partnern, ja, manchmal hat man den Eindruck, sogar von seinen Feinden. Eigentlich von allen.
Der perfekte Mann badet in Sympathie. Wo immer er auch auftaucht, er kann sicher sein, dass man ihm mit Freundlichkeit, Wohlwollen, Bewunderung begegnet. Der perfekte Mann ist jedermanns und jederfrau Liebling. Einfach so. Nicht dass er sich viel darum scheren würde. Er steht drüber.

Der perfekte Mann hat ein schönes Haus, macht tolle Ferien, geht seinen teuren und speziellen Hobbys nach. Er trägt dezente, exklusive Anzüge, er kann sich alles leisten, was sein Herz begehrt. Vielleicht ist er auch bescheiden in seinen Ansprüchen. Aber wenn er wollte, könnte er alles haben. Er fährt ein schönes Auto. Er sitzt auf sonnenüberfluteten Terrassen. Im Hintergrund ist unberührte Natur. Der perfekte Mann hat alles.

Der perfekte Mann steht mitten im Leben. Er geht nicht am Rand der Gesellschaft, sondern wirkt in ihrem Zentrum. Er trägt Verantwortung. Er entscheidet. Er gestaltet. Er ist ein Macher. Er bewältigt ein enormes Arbeitspensum mit Ruhe und Gelassenheit. Er hat alles unter Kontrolle. Der perfekte Mann ist stark. Er braucht kaum Schlaf und sieht nie übernächtigt aus. Die Life Balance hat er intus, er schafft alles, was er will, ohne Terminterror.

Der perfekte Mann ist auch ein perfekter Liebhaber. Er stellt seinen Penis der Frau als unübertrefflichen Joystick zur Verfügung. Der perfekte Mann befriedigt alle und wird dafür bewundert.

Gibt es diesen perfekten Mann? Oder existiert er nur in unserer Fantasie und in den Bildern, die die Massenmedien uns vorgaukeln? Oder in den Gesprächen unter Frauen, die seufzen, es gibt ihn schon, aber meiner ist es nicht? Was sind das für Männer, die dieser imaginären Figur entsprechen?

Viele Männer sind meilenweit entfernt vom Ideal des perfekten Mannes. Diese vergessenen Männer sind die Norm. Sie sitzen verschwitzt in unbequemen Anzügen, kämpfen mit ihrem Gewicht. Sie sind nur mässig glücklich in ihren Ehen, sie leben getrennt von ihren Frauen und Kindern in langweiligen Wohnungen, sie kämpfen um jedes bisschen Anerkennung und Liebe, das sie kriegen können. Sie leben in Angst, nicht zu genügen. Sie arbeiten zu viel. Sie rauchen zu viel. Sie kriegen mit vierzig ihren ersten Herzinfarkt oder eine Depression. Sie sitzen in Kneipen mit ausdruckslosem Gesicht. Sie treiben sich in oder vor Bordellen herum. Sie schämen sich dafür. Sie treiben kaum Sport. Sie bewegen sich zu wenig. Sie gehen an Fussballspiele und freuen sich wie die Kinder über ein Tor ihrer Mannschaft. Sie leiden an eigenartigen Krankheiten mit seltsamen Namen. Sie erzählen Witze, sie lachen, sie trinken Bier, sie bringen ihrer Frau zum Geburtstag Blumen, sie leiden darunter, dass sie zu wenig Zärtlichkeit erfahren. Sie spüren den Schmerz darüber möglicherweise nicht, und wenn, schlucken sie ihn hinunter.

Der ganz normale vergessene Mann ist nicht perfekt. Er hat weder Zeit noch Lust, über sich nachzudenken. Die ganze Geschlechterdiskussion überfordert ihn, er fürchtet sich vor selbstbewussten Frauen, meidet das Gespräch mit ihnen. Er will nicht flach herauskommen.

Er würde gerne etwas verändern, wenn er nur wüsste wie. Wenn es nur nicht damit anfinge, dass er wieder mal nicht in Ordnung ist. Dieses Gefühl kennt er zur Genüge. Vor diesem Gefühl flieht er, schottet sich dagegen ab, hüllt sich in Schweigen, Nichtverstehen.

Männerschaulaufen

Männer sind ständig auf der Bühne zusammen mit anderen Männern. Sie sitzen gleichzeitig immer im Zuschauerraum und kritisieren sich unablässig, wie sie im Vergleich zu anderen Männern auf der Bühne des Lebens agieren.

Männer leben situativ. Sie versuchen, in jeder Situation ihres Lebens perfekt dazustehen.

Perfekt kommt aus dem Lateinischen und heisst gemacht, gut gemacht, durchgeführt. Ein perfekter Mann ist ein Mann, der das Beste aus sich macht. Ein Mann, der sich selbst durchführt, zu sich eine Ding-Beziehung hat. Er zeigt eine glänzende Männerverpackung, die sein mangelndes Selbstgefühl verbirgt.

Ein Mann ist an und für sich noch nichts. Der grosse französische Psychoanalytiker Jacques Lacan meinte: «Die Frau ist, der Mann existiert.» Ein Mann ist erst etwas, wenn er etwas aus sich gemacht hat, seinen Mann stellt. Männer leben ihr Leben nicht von innen heraus, sie führen es nach den in der Gesellschaft, in Organisationen oder Gruppen herrschenden Zielvorstellungen und Plänen.

Der Mann braucht deshalb unentwegt ein Publikum, um zu überprüfen, ob seine Selbstdarstellung erfolgreich ist. Männer veranstalten Männerschaulaufen, in der Politik, im Sport, in ihren Beziehungen. Sie drehen Pirouetten und versuchen, sich gegenseitig zu übertreffen. Was zählt, ist, wie sie wirken, nicht, wer sie sind.

Immer wichtiger ist dabei der Körper. Im Internet stösst man unter dem Stichwort ‹perfekter Mann› auf Websites zur neuen männlichen Körperkultur. Der perfekte Mann hat einen perfekten Körper, ist ein Adonis mit wohlproportionierten Muskelpaketen und einem Waschbrettbauch. Er präsentiert einen jugendlichen, knackigen Körper. Glänzende Haut wird mit Gesundheit, Leistungsfähigkeit und Erfolg gleichgesetzt. Es herrscht ein Zwang zur Ästhetik, oder wie es der Trendforscher Peter Wippermann ausdrückt: «Der Schöne verdient mehr.»

Was ursprünglich nur für die Frauen galt, wird auch bei den Männern zur Norm: Wer schön ist, kommt weiter.

Der perfekte Mann beherrscht die Körpersprache. Er dominiert mimisch, gestisch, er setzt seinen Körper als Kampf-, Sex- und Dominanzmaschine ein.

Es gibt keinen Bereich im Männerleben, der nicht dem Leistungsgedanken unterworfen ist. Auch die sexuellen Beziehungen sind zu einem kapitalistischen Markt geworden, wo die Partner gehandelt werden und jede und jeder seinen Marktwert hat. Die Gesellschaft ist die Bühne für das immer währende Männerschaulaufen. Die Schönheitsideale, Leistungskriterien und die Punktrichter im männlichen Perfektionswettbewerb sind äusserst kurzlebig, konstant bleibt nur der Anspruch, eine perfekte Show abzuziehen.

Das perfekte Männerleben

Das perfekte Männerleben ist eine Idee in den Köpfen der Männer. Es ist eine Art Drehbuch, was zu einem Männerleben gehört, was alles in dieses Männerleben gepackt werden muss, damit mann *als Mann* nicht versagt hat. Das Gegenteil des perfekten Männerlebens ist das Leben als Versager. Ein Mann läuft sein Leben lang vor der Angst davon, *als Mann* zu versagen, als Familienvater, als Liebhaber, als Ehemann, als Berufsmann, als Freund, als …

Der Versager ist das Negativbild des perfekten Mannes. Der Versager schafft es nicht, er *packt* es nicht! Er erfüllt die zahlreichen Rollenvorschriften ungenügend. Er ist eine klägliche Figur, lächerlich, klein, impotent.

Kein Mann möchte in irgendeinem Bereich versagen. Jeder fürchtet die Schmach, kein rechter Mann zu sein. Kaum ein Bereich, in dem Männer nicht von der Angst gejagt werden, *als Mann* nicht zu genügen.

Trennungen oder Scheidungen beispielsweise erleben Männer oft weniger als traurig, als Verlust, als Schmerz oder als unabwendbare Beziehungsentwicklung, sie erleben es eher als ein Scheitern, ein Versagen. Ein perfekter Mann scheitert nicht in seiner Beziehung. Er hat sie im Griff. Nur Versager scheitern. Perfekte Männer scheitern nie, stranden nie, taumeln nie, fallen nie. Wenn sie überhaupt fallen, dann nur, um gleich wieder aufzustehen.

Die Angst, ein Versager zu sein, und der Zwang, ein perfekter Mann zu sein, sitzen jedem im Nacken, gnadenlos. Im Kopf tagt permanent ein Gericht. Einziger Anklagepunkt: männliches Versagen. Strafe: Scham, Pein, Depression. Das grausame innere Gericht kennt nur die eine brutale Logik: Entweder du bist ein grossartiger Supermann oder ein klägliches Nichts.

Diese grausame Logik treibt viele Männer in eine ausweglose Spirale der Selbstüberforderung und Verzweiflung. Weil Rückschläge und Scheitern nicht zulässig sind, müssen sie permanent mit grosser Anstrengung verhindert werden. Diese Abwehranstrengung zehrt die Kräfte noch mehr auf, das Gefühl, es überhaupt nicht mehr zu schaffen, macht sich breit. Gegen dieses innere Abrutschen wird erneut Kraft mobilisiert, bis die Erschöpfung sich durchsetzt und gar nichts mehr geht.

Eine nüchterne Besinnung und Analyse des Missverhältnisses zwischen Kräften und Anforderungen bleibt aus, weil der Zwang, ein perfekter Mann sein zu müssen, dies nicht erlaubt.

Der krankhafte Perfektionswahn unter dem inneren Druck, sich fremden Bildern und Erwartungen anpassen zu müssen, ist nicht zu verwechseln mit dem lustvollen inneren Streben nach Perfektion. Das gesunde Streben, es immer noch besser machen zu wollen nach dem Motto ‹Ich bin o.k., ich will noch besser werden›, das japanische ‹Kai-Zen›, ist etwas ganz anderes als die sklavische Anpassung an Ideale, die einem selbst nicht entsprechen.

Wut

Ari ist 33 Jahre alt, ältester Sohn eines osteuropäischen Einwanderers und einer Schweizerin. Er hat vor zwei Jahren eine junge Afrikanerin geheiratet, ist seit fünf Monaten Vater. Sein Problem sind Alpträume, Schreckhaftigkeit im Alltag, Schweissausbrüche, plötzlich einschiessende gewalttätige Gedanken. Er ist tadellos gekleidet, formuliert ruhig und präzis seine Beschwerden. Es umgibt ihn eine Aura von Erstklassigkeit.

Sein Leben ist durchorganisiert: Sein Job fordert ihn 150 Prozent, daneben geht er in den Fitnessclub. Seine Frau ist anspruchsvoll, verlangt Präsenz an den Abenden, Leidenschaftlichkeit im Bett, teure Kleider. Er selber verlangt von sich Zärtlichkeit gegenüber dem Kind, Sensibilität in Beziehungen, gleichzeitig Durchsetzungsfähigkeit und Disziplin im Beruf. Auch die Beziehung zu seiner Herkunftsfamilie will gepflegt sein, Vater und Mutter sind alt und etwas kränklich, die Geschwister brauchen oft seinen Rat.

Ari ist der Prototyp des perfekten Mannes, der in allen Rollen – Ehemann, Vater, Sohn, Bruder, Manager, Sportsfreund – sich stromlinienförmig an die Erwartungen anzupassen versucht.

Herkules gleich trägt er alle Lasten.

Sein merkwürdiges Symptom, die einschiessenden gewalttätigen Fantasien, z. B. die Ehefrau zu strangulieren oder seinem Freund eine Lanze in die Brust zu stechen oder das Kind zu vergiften, zeigen ihm eine andere seelische Wahrheit: seine riesengrosse Wut über dieses angepasste Leben. Er will sie alle ermorden, diese ihn vergewaltigenden und fordernden Vampire! Wenn das ein Männerleben ist, dann will er darauf verzichten.

«Ich weiss ja gar nicht, wer ich bin und was *ich* will!», ist einer seiner ersten Sätze in der Analyse. Was er hingegen sehr gut weiss, ist, was ein Mann *soll*: keine Probleme haben, oder nur solche, die er umgehend löst. Privat und im Beruf erfolgreich. Humorvoll sein, stark, differenziert.

Mythen

Männer leiden an Mythomanie. Am zwanghaften Verlangen nach Mythen und Geschichten, an denen sie sich orientieren. Je schwächer die eigene männliche Identität entwickelt ist, desto mehr klammert mann sich an Männlichkeitsmythen. Im engeren Sinne sind Mythen Geschichten, in denen Idealfiguren, Sagengestalten oder Götter eine wichtige Rolle spielen. Wir orientieren uns – meist unbewusst – an Mythen und verwenden sie als Leitbilder, nach denen wir unsere Einstellungen und unser Verhalten ausrichten. Männer lieben Mythen. Mythen im weiteren Sinne sind folgenschwere Überzeugungen, denen irrationale Fantasien und nicht Fakten zugrunde liegen. Bernie Zilbergeld schreibt in seinem Buch ‹Die neue Sexualität der Männer›, dass die Mythen, welche Männer in ihren Köpfen haben, die Hauptverantwortung für sexuelle Probleme tragen. Ich möchte die Aussage erweitern: Der Glaube an bestimmte Mythen trägt die Hauptverantwortung für sämtliche Probleme, die Männer haben.

Mythen sind Glaubenssysteme. Sie ranken sich um Idealfiguren. Dem Einfluss der Mythen können wir uns nicht entziehen, jede und jeder von uns ist geprägt durch sie. Unsere Innenwelt wird durch unsere persönlichen Mythen strukturiert. Wir vergleichen das, was wir tun und erleben, ständig mit den Mythen in unserem Kopf, und dieser permanente Vergleich soll uns bei der Orientierung in unserem Leben helfen.

In der Sexualität beispielsweise glauben viele Männer laut Zilbergeld an folgende Mythen:

Mythos 1: Wir sind aufgeklärte Leute und fühlen uns wohl beim Sex.
Mythos 2: Ein wirklicher Mann mag keinen ‹Weiberkram› wie Gefühle und dauernd reden.
Mythos 3: Jede Berührung ist sexuell oder sollte zu Sex führen.

Mythos 4: Männer können und wollen jederzeit.
Mythos 5: Beim Sex zeigt ein wirklicher Mann, was er kann.
Mythos 6: Beim Sex geht es um einen steifen Penis
und was mit ihm gemacht wird.
Mythos 7: Sex ist gleich Geschlechtsverkehr.
Mythos 8: Ein Mann muss seine Partnerin ein Erdbeben
erleben lassen.
Mythos 9: Zum guten Sex gehört ein Orgasmus.
Mythos 10: Beim Sex sollten Männer nicht auf Frauen hören.
Mythos 11: Guter Sex ist spontan, da gibt es nichts zu planen
oder zu reden.
Mythos 12: Echte Männer haben keine sexuellen Probleme.

Das Problematische am Mythenglauben ist, dass wir unsere Erfahrungen ständig mit diesen Glaubenssätzen vergleichen und uns ungenügend vorkommen. Bernie Zilbergeld (1996): «Ganz gleich, wie man ausgerüstet ist, welchen Partner man hat, was man macht oder was dabei herauskommt – niemand kann mithalten mit dem, was er gelesen und gehört hat. Guten Sex gibts immer anderswo und bei anderen.»

Die Mythen, was ein perfekter Mann sein, können und im Leben erreichen und haben muss, setzen viele Männer derart unter Druck, dass sie sich überfordern, gravierende Probleme bekommen, ihre Lebensaufgaben nicht mehr bewältigen können und seelisch oder körperlich krank werden. Die krank machende Mythomanie besteht darin, dass ständig neue Männermythen produziert und aufrechterhalten werden und die verunsicherten Männer orientierungshungrig an den Realitätscharakter dieser Mythen glauben. Die Sehnsucht, die spezifisch männliche Identitätsschwäche (aufgrund der schwachen biologischen Absicherung, der Mutteridentifikation, der Vaterferne und Vaterblässe) mit Mythenglauben zu heilen, ist eine Illusion. Mythen versprechen einfache Lösungen, sind Identitätskrücken, die nicht stärken, sondern schwächen, wenn mann auf Dauer nicht auf sie verzichten kann.

Jeder hat seine persönlichen Mythen. Hier eine Auswahl besonders verbreiteter und typischer Mythen.

Mythos 1: Ein Mann kann alles

Herkules war der Sohn von Zeus und Alkmene, einer Menschenfrau. Aus Eifersucht über den Seitensprung von Zeus hatte es Hera auf die Frucht dieser Affäre abgesehen und wollte Herkules umbringen. Auf der Suche nach ihm stillte Hera ein ausgesetztes Baby am Wegrand, ohne zu wissen, dass dies Herkules war. Mit ihrer Muttermilch flösste sie ihm Unsterblichkeit ein! Ihre Rache war, dass sie einen Cousin von ihm auf den Thron von Mykene setzte. Doch Herkules, der übermenschliche Kräfte hatte, forderte den falschen König heraus. Um ihn ein für alle Mal loszuwerden, gab ihm der Cousin zwölf Aufgaben, eine schwerer als die andere, und jede potenziell tödlich. Herkules meisterte alle Hürden. Ihm gelang alles, auch in aussichtslosen Situationen war er zu einem befreienden Kraftakt fähig.

Der Herkulesmythos suggeriert, dass ein Mann, wenn er will, Berge versetzt. Er ist zwar Mensch, aber auch Götterkind und durch die göttliche Muttermilch unsterblich.

Männer überschätzen ihre Kräfte oft. Sie halten sie für unerschöpflich. Sie nehmen sich herkulische Aufgaben vor, sie nehmen keine Rücksicht auf ihre Gesundheit, sie wollen glauben, dass sie unsterblich sind.

Menschenkinder sind aber nicht unsterblich, und sie haben begrenzte Kräfte. Der Herkulesmythos geistert in vielen Geschichten herum, die Männer lesen oder hören. Da gibt es z. B. erfolgreiche Manager, die behaupten, nur drei Stunden Schlaf zu brauchen. Wenn wir unsere Erfahrungen mit solchen Geschichten vergleichen, kommen wir uns faul vor, denn wir brauchen mehr Schlaf. Wir sind also Penner und *deshalb* nicht so erfolgreich. Aus diesem Holz sind alle Mythen geschnitzt. Sie sagen dir: Im Vergleich zum Mythos bist du ungenügend, streng dich an! Und wenn du es nicht schaffst, bist du eine Null!

Das Gesundheitsverhalten vieler Männer lässt darauf schliessen, dass sie wähnen, sie seien von Zeus gezeugt und von Hera gestillt worden. Sie schinden ihren Körper durch Arbeitsüberlastung, führen ihm unbekömmliche Nahrung zu, bewegen sich zu wenig, vernachlässigen Kraft- und Konditionstraining. Stattdessen eilen sie von einem beruflichen oder privaten Kraftakt zum nächsten, laden sich immer mehr auf, merken es oft nicht mal und leben in einer ständigen Anstrengung, sich als Helden beweisen zu müssen.

Mythos 2:
Ein Mann ist Familienvater und erfolgreich im Beruf

Dieser Mythos ist tief in der bürgerlichen Kultur verankert. Er propagiert das männliche Entwicklungsideal des Erfolgs an beiden Fronten: an der Familienfront und an der Arbeitsfront. Nur der heterosexuelle Mann, der eine Frau erfolgreich gefreit, mit ihr Kinder gezeugt hat und ein glückliches Familienleben führt, ist ein perfekter Mann. Nur der Mann, der einen stetigen beruflichen Aufstieg hinlegt, ist ein Mann.

Der Mythos hat zwei Aspekte: Er nimmt den Mann in die Pflicht, verlangt von ihm im Prinzip, dass er sich eine Frau und Kinder *wünscht* und in der Arbeit erfolgreich sein will. Und beide Ziele muss er erreichen.

Das Perfide des Familienmythos steckt darin, dass er vom Mann Unmögliches verlangt, nämlich den Wunsch nach Familie und Erfolg. Wünsche aber können nicht gelernt, sondern nur zugelassen werden, falls sie existieren. Sie können nicht erzwungen, nur freigelegt werden.

Nach der Pater-Familias-Logik sind Homosexuelle, Nicht-Väter und Bohemiens minderwertig, beziehungsgestört, impotent oder liederlich.

Der Mythos ist auch ein Kind des Kapitalismus, er zwingt den Mann an die Produktions- und Reproduktionsfront. Ein perfekter Mann ist ein Patron. Er wird medial propagiert, obwohl er statistisch im Schwinden begriffen ist: Die glücklichen Chefs und Väter lächeln uns von den Covers der Illustrierten regelmässig entgegen. Mustergatten mit ihren charmanten Ehefrauen und süssen Kindern.

Xaver ist ein Musterbeispiel dieses bürgerlichen Supermannes. Er leidet an schweren Zwangsvorstellungen (z. B. ständig unbemerkt Fehler zu machen und zu übersehen) sowie an Bluthochdruck. Er hat zwei Berufe gelernt, um ja nicht als faul zu gelten. Er hat alles daran gesetzt, seiner Frau und seinen beiden Kindern in Rekordzeit ein Einfamilienhaus hinzustellen. Seine grössten Ängste sind, dass er arbeitslos wird und die Familie verliert. Reell ist dies momentan nicht zu befürchten, seine Ängste zeigen vielmehr, wie schwach seine männliche Identität ist und wie er sie ausschliesslich über sein Familienvater- und Vorgesetztendasein definiert. Xaver kann nicht geniessen. Er kann in der Therapiestunde nicht abschalten und über sich nachdenken. Er weiss nicht, was seine Wünsche sind. Ständig jagen ihn die Probleme am Arbeitsplatz. Und wenn er sich ausnahmsweise ein bisschen Freizeit ergattert hat, dann trainiert er Extremsportarten. Auch dort muss er beweisen, dass er Manns genug ist.

Mythos 3: Ein Mann hat immer guten Sex

Don Juan ist der tragikomische Frauenheld, der zu einem Männermythos wurde. Er liebt alle Frauen, muss alle erobern und besitzen und kann bei jeder Begegnung mit einer Frau in sich das Gefühl leidenschaftlichen Begehrens wachrufen. Liebt er die Liebe, d. h. sich selbst? Oder nur ein Bild der Frau, das er in jeder Geliebten wiederfinden kann? Don Juan ist ein manisch getriebener Suchender, der sein Leben der sexuellen Befriedigung verschreibt. Er verkörpert den potenten, triebstarken Mann, frei und ohne Hemmungen. Er kann immer und kriegt sie alle. Er ist der ewigjunge, allmächtige Verführer, der skrupellose Herzensbrecher.

Im Vergleich zu ihm sind wir gewöhnlichen Männer lächerlich. Wir sind mickrige Würstchen hinsichtlich erotischer Ausstrahlung, phallischer Durchsetzungskraft, sexueller Potenz. Die Geschichten, die wir über solche Männer hören, jagen uns Neid ein, den wir mit grosser Mühe in amüsierte Verächtlichkeit ummünzen, indem wir den Verführer pathologisieren.

Für Don Juan ist jede Berührung sexuell, jede Mann-Frau-Beziehung eine potenzielle Affäre, eine Gelegenheit zur Eroberung. Unter dem Einfluss des Don-Juan-Mythos vergleichen sich Männer unablässig mit anderen Männern hinsichtlich ihrer sexuellen Attraktivität und Performance: Habe ich einen längeren Schwanz, einen härteren Ständer? Wie lange kann ich den Orgasmus hinauszögern? Wie wirke ich auf Frauen? Bin ich ein toller Liebhaber? Wie viele Frauen habe ich? Wie viele habe ich gehabt? Sexuelle Verführung als Hochleistungssport.

Die vom Don-Juan-Mythos geprägten männlichen Vorstellungen über Sexualität sind von einem erbarmungslosen sportlichen Wettkampfdenken geprägt, in dem Erektion, Dauer und Häufigkeit des Beischlafs, Anzahl Sexualpartner und das Bürgen für den weiblichen Orgasmus die Kerndisziplinen sind.

Männer, die weniger Sex haben, als die lutheranische Formel es vorschreibt – «in der Woche zween, macht im Jahre hundertvier» –, sind Sexmuffel oder Schlappschwänze. Der Mann ist zerrissen zwischen den ethischen Normen (Eros, Verständnis, Fürsorglichkeit, Vertrauen, Liebe) auf der einen und dem Reich des Don Juan, dem sexuellen Warenmarkt, auf der anderen Seite. Michel Houellebecq als postmoderner Don Juan konstatiert im Sexualleben heute die gleichen brutalen Gesetze wie auf dem Markt der Realökonomie: Mein sexueller und liebesmässiger Marktwert bemisst sich daran, wie viele Optionen auf Sexual- und Liebespartner ich einlösen kann.

Nach dieser Logik müssen wir das ganze Erwachsenenleben lang unseren ökonomischen und sexuellen Marktwert optimieren. Weh uns, wir werden älter, hässlicher, müder! Unbarmherzig werden wir vom Markt gedrängt.

Don Juan ist polygam: Raff dir auf dem Markt zusammen, was du kannst! Er propagiert den sexuellen Darwinismus und Manchester-Liberalismus: Die sexuelle Oberschicht hat viele Sexpartner und viel Sex, dann gibts den sexuellen Mittelstand der Monogamen, und das Sex-Proletariat hat keinen Partner und keinen Sex oder zahlt dafür Cash.

Der entfesselte Sexualmarkt setzt die Männer gewaltig unter Druck. Die Angst, nicht zu genügen und an Marktwert zu verlieren, ist für viele Sexualstörungen verantwortlich. Das Sex-Doping mit Viagra und Co. soll die angeschlagenen Sex-Spitzensportler wieder auf Vordermann bringen.

Mythos 4: Ein Mann zweifelt nie

Ein perfekter Mann weiss alles. Er fällt seine Entscheide. Wenn er einmal entschieden hat, rüttelt er nicht mehr daran. Er ist ein Ausbund an Berechenbarkeit und Verlässlichkeit. Er hält um jeden Preis an einer Überzeugung fest, auch wenn sie falsch ist. Zweifel ist nur vor der Entscheidung erlaubt. Er steht wie ein Fels in der Brandung. Grosse Männer zweifeln nie an ihrer Mission, auch wenn sie ins Verderben führt. Feldherren wie Wallenstein und Napoleon hielten an ihren Visionen fest, die ihnen den Untergang brachten.

Zweifel ist irgendwie unmännlich. Ein Mann hat eine feste Meinung. Er lässt sich durch nichts beeinflussen und von seinen Zielen abbringen, mögen sie auch noch so absurd sein. Zuhören, sensibel sein, Fehler zugeben, seine Meinung ändern passt nicht zum Mann. Männer sind unbelehrbar und uneinsichtig. Selbst die härtesten Lektionen des Lebens bringen sie nicht von Positionen ab. Männliche Sturheit und Borniertheit beruht auf der Angst vor Unsicherheit. Es herrscht die Auffassung, Zweifel und Unsicherheit seien ein Zeichen von Schwäche, Linientreue, Sturheit und Unflexibilität ein Zeichen von Stärke. Dahinter steckt eine tief verwurzelte Angst, nicht zu bestehen und zu versagen. Zweifel und Ratlosigkeit gelten als schwächlich.

Der Mythos des Mannes als unbeweglicher Felsen ist desaströs in seinen Auswirkungen. Wenn mann nicht fähig ist, getroffene Entscheidungen zu hinterfragen, Einwände zu prüfen und den Wechsel einer Position in Betracht zu ziehen, werden oft folgenschwere Urteile gefällt, Firmen in den Ruin geführt, Kriege vom Zaun gebrochen. Es wird blind an Ansichten und Einstellungen festgehalten. Nur wenn Zweifel und Unsicherheiten kultiviert und als wahre Stärke geschätzt werden, um komplexe Angelegenheiten gründlich zu prüfen und von allen Seiten zu betrachten, ist es überhaupt möglich, neugierig zu lernen und sich fortwährend zu entwickeln.

Mythos 5: Ein Mann ist der Frau überlegen

Männer müssen alles besser wissen als Frauen, sie müssen mehr verdienen als Frauen, mehr Privilegien haben als Frauen, sie müssen stärker, klüger, schlauer sein. Sie müssen in jeder Hinsicht besser sein. Sind sie durch die Fakten gezwungen, die Überlegenheit einer Frau anzuerkennen und können sie den Vorsprung einer Frau nicht ertragen, müssen sie die Erregung und den Neid abwehren und aus diesem Grund die Frau um jeden Preis in die unterlegene, minderwertige Rolle drängen.

Der Mythos vom harten, dominanten Mann, der keinen Schmerz empfindet, die Frauen beherrscht, ein mutiger Krieger ist und keine weichen Gefühle kennt, ist eine Idealfigur, die in den meisten Männerköpfen – auch wenn sie dies auf der bewussten Ebene ablehnen oder belächeln – eine grosse Rolle spielt. Der Macho ist eine Figur, die Männlichkeit radikal durch Nicht-Weiblichkeit und als Überlegenheit gegenüber den Frauen definiert. Wenn Frauen weich sind, ist der Macho hart. Wenn Frauen gefühlvoll sind, ist der Macho eiskalt. Wenn Frauen unvernünftig sind, ist der Macho rational. Wenn Frauen fürsorglich sind, ist der Macho aggressiv. Der Frauen Schwächen sind die Stärken der Männer. Deshalb brauchen Frauen richtige Männer. Sonst könnten sie auf diesem rauen Planeten gar nicht überleben. Der Macho treibt die Ablehnung des Weiblichen auf die Spitze.

Der Softie ist die Antithese des Macho. Er will auf keinen Fall so sein wie der Macho. Wo der Macho hart und verständnislos ist,

ist der Softie weich und verständnisvoll. Statt aggressiv und dominant ist er nachgiebig und unterwürfig. Wenn der Macho sich mit Gewalt durchsetzt, ist der Softie für die harmonische Lösung. Das Softie-Ideal kippt ins andere Extrem: Es ist vom Schatten des Macho-Ideals bestimmt. Der Softie-Mythos der 70er-Jahre des letzten Jahrhunderts ist defensiv. Er negiert männliche Eigenständigkeit. Er akzeptiert die feministische Männerkritik blindlings und will alles ablegen, was Frauen an Männern stört. Der Softie nickt, wenn frau weiss, dass Männer potenzielle Trieb- und Gewalttäter, Dominatoren oder verletzende Bestien sind. Die unkritische Identifikation mit feministischer Männerkritik macht den Softie aus. Ein Mann soll in sich gehen, sanft, fürsorglich, zärtlich, gewaltfrei sein.

Softie und Macho sind insofern verschiedene Seiten derselben Münze, als sie den Mann entweder überhöhen oder erniedrigen und ihn so von sich entfremden. Beide Schablonen engen den Mann in seiner autonomen Erfahrung und Entwicklung ein.

Mythos 6: Ein Mann arbeitet 150 Prozent

Arbeit adelt noch immer. Wer arbeitet, fällt nicht anderen zur Last, er verdient sich Respekt durch eigene Leistung. Wer hart arbeitet, erhält besondere Anerkennung. In den früheren sozialistischen Systemen wurde dies mit der Verleihung von Orden ausgedrückt. Der Soziologe Max Weber hielt die protestantische Ethik für das Fundament des kapitalistischen Wirtschaftens: Arbeite und wirtschafte, so viel du kannst, damit verdienst du dir Gottes Wohlwollen. Möglicherweise wirst du gar seiner Gnade teilhaftig, aber das weisst du erst nach dem Tode, also streng dich auf Erden an und tue dein Möglichstes, sein Wohlwollen zu verdienen. Den irdischen Profit, den du damit einheimst, hast du dir redlich verdient, weil du ja für ein höheres ethisches Ziel hart arbeitest.

Männer fühlen sich gut, wenn sie viel arbeiten. Arbeit stabilisiert ihre Identität und ihr Selbstgefühl. Wenn Männer arbeiten, sind sie im Element, sie fühlen sich als Männer gefordert. Arbeit, bezahlte Arbeit, ist und bleibt Männersache. Männer brauchen den harten Einsatz an der Männerfront ‹Arbeit›, um die Beziehung zur Realität nicht zu verlieren und ihr Selbstgefühl immer wieder aufzubauen.

Ein perfekter Mann arbeitet deshalb 150 Prozent, er überschreitet das Soll, um sich so weit wie nur möglich von der kritischen Grenze zu entfernen, unterhalb deren er sich als unterbeschäftigter, ungenügender Mann vorkommen würde.
  Die globalen sozioökonomischen Entwicklungen in den letzten vierzig Jahren haben den Status der Männer als Arbeitskräfte deutlich verändert. Der Mann ist mit den Frauen im offenen Wettbewerb, er geniesst keinen besonderen gesellschaftlichen Schutz mehr.
  Die Kluft zwischen Mythos und Realität ist grösser denn je. Die gesellschaftliche Unterstützung ist weggefallen, die Konkurrenz verschärft, Arbeitslosigkeit und sozialer Absturz sind für viele Männer eine Realität und für viele andere eine drohende Gefahr.

Je mehr die Produktivität der Arbeit wegen der technologischen Entwicklung steigt, desto mehr wird der Mythos der totalen Arbeit für den Mann zu einer Sackgasse. Er soll 150 Prozent arbeiten, aber es gibt immer weniger Arbeit zu verteilen. Arbeitslosigkeit hängt über ihm wie ein Damoklesschwert. Der Mythos verlangt Unmögliches, das je länger, je weniger der Kontrolle des einzelnen Mannes unterliegt. Dauerstress und chronische Insuffizienzgefühle sind vorprogrammiert.

Mythos 7: Ein Mann ist unzerstörbar
Die griechische Mythologie kennt die Illusion der Unsterblichkeit: Der Krieger Achilles galt als unsterblich, weil seine Mutter Thetis ihn in den Fluss Styx getaucht hatte. Nur an der Ferse, an der sie ihn gehalten hatte, blieb er verletzlich. Das Orakel sagte voraus, dass Troja nur fallen könne, wenn Achilles nicht aus der Schlacht zurückkäme. Achilles wurde tollkühn und überheblich und schlug

die Warnung seiner Mutter, auf keinen Fall einen Sohn Apollos zu töten, in den Wind und tötete dessen Sohn Tenes. Aus Rache tötete Apollo Achilles vor Troja, indem er einen Pfeil von Paris in Achilles' Ferse lenkte.

Der Mythos zeigt den tiefen Männerwunsch, unverletzbar und unzerstörbar zu sein. Nichts kann mir was anhaben, ich trotze den Widrigkeiten des Lebens. Mein Immunschild, meine mentale Stärke wappnen mich gegen alles. Ich kann mich in die Schlacht stürzen, mir geschieht nichts. Der Glaube an den Mythos der Unverletzbarkeit kann eine tödliche Illusion sein, er verleitet dazu, unnötige Risiken einzugehen: Junge Männer snowboarden in lawinengefährdeten Hängen, schützen sich nicht mit Präservativen vor einer HIV-Ansteckung, rasen auf der Strasse oder begeben sich fahrlässig in alle möglichen Gefahren.

Mythos 8: Ein Mann kennt keine Schmerzen

Ein Indianer kennt keinen Schmerz, heisst es. Schmerz ist die stärkste Empfindung. Sie ist nahe der Lust. Oft werden diese beiden gemeinsam empfunden oder durch einander ersetzt. Die Fähigkeit Schmerz – und Lust – zu empfinden, ist urmenschlich. Wer keinen Schmerz empfinden kann, hat keinen Kompass im Gefühlsleben. Körperlicher wie seelischer Schmerz hilft, den Zustand des Organismus zu diagnostizieren und uns durch das oft harte und oft schöne Leben zu navigieren.

Wenn wir keinen Schmerz kennen – wonach sich viele Männer sehnen –, fehlt uns gleichsam die existenzielle Erdung. Wir haben keine natürliche Sensibilität für Verluste, für Gefahren, für Feinde. Wir sind unempfindlich. Genau das ist es, was der Mythos verlangt. Männer sollen unempfindlich sein. Sie sollen keine Schmerzen fühlen, um bestimmte Dinge tun oder ertragen zu können, die sie mit intakter Sensibilität nicht aushalten würden.

Der unempfindliche Mann ist ein abgehärteter Mann. Seine Sensibilität soll so eingeschränkt sein, dass er zu allem fähig ist, keine Grenzen wahrnimmt.

Sich selbst durch Übungen unempfindlich zu machen, ist deshalb eine grosse Männersehnsucht. Über allem stehen, durch eisernen Drill den Schmerz aushalten und schliesslich besiegen. Spitzensportler – z. B. Skirennfahrer während einer Abfahrt oder Marathonläufer oder Karatekämpfer und Boxer – lassen die Schmerzgrenze hinter sich. Sie lernen, das Ich, welches den Schmerz empfindet, auszulöschen.

Allerdings ist diese Schmerzfreiheit Illusion. Auch ohne Schmerz bleiben wir verletzlich und hinfällig. Wer keinen Schmerz mehr empfinden kann, ist in höherem Mass gefährdet. Er hat keine Warnsignale mehr. Er überschätzt sich. Er wird vielleicht ganz plötzlich, ohne Vorwarnung, aus dem Leben geholt.

Die Faszination für menschenähnliche Maschinen, die zerstören, ohne etwas zu spüren – den Terminator –, geht auf den Unempfindlichkeitsmythos zurück. Ein unempfindlicher Mann ist von seinen eigenen Zuständen völlig unabhängig, er ist ihnen in keiner Weise unterworfen wie die gewöhnlichen Irdischen. Er kann unbeirrt seinen Weg gehen, ist durch Schmerz nicht mehr zu beeindrucken. Wer nichts spürt, ist durch schmerzliche Gefühle nicht zu behindern.

Normal empfindende Männer geraten unter Druck. Sie kommen sich als Weichlinge oder Memmen vor, wenn sie etwas als schwer erträglich empfinden. Dabei ist normale Empfindungsfähigkeit ein Kernbestandteil seelischer Gesundheit. Nur wer voll empfinden und fühlen kann, ist informiert über das, was in ihm und um ihn herum vorgeht.

Der Unempfindlichkeitsmythos fördert eine Charakterpathologie, den so genannten schizoiden Charakter, der sich etwas darauf einbildet, dass er sich innerlich so distanzieren und abschotten kann, dass er nichts empfindet. Doch gerade diese Menschen tragen zum mitleidlosen und brutalen Klima in unserer Gesellschaft bei. Es geht ihnen das Sensorium für das Lebendige ab. Ihnen fehlt die nötige zwischenmenschliche Sensibilität, um Beziehungen emotional befriedigend zu gestalten. Sie fördern die Kälte und Leere um uns herum. Sie dünnen jene sozialen Bindungen in Organisationen und in der Gesellschaft aus, die notwendig sind, um in Zeiten der Unsicherheit den gegenseitigen Respekt zu fördern und zu sichern.

Mythos 9: Ein Mann muss kämpfen

Don Quichotte und Sancho Pansa kämpfen gegen Windmühlen, weil Quichotte diese für Krieger hält. Er ist so zum Mythos für sinnlosen Kampf geworden. In der Wirklichkeit sind die Grenzen zwischen sinnlosem und sinnvollem Kampf oft nicht so leicht zu ziehen. Der Don-Quichotte-Mythos ironisiert das Rittertum, die notorische männliche Kämpfereinstellung. Gegner gibt es immer. Notfalls erfindet man welche.

Männer sind Helden, für die leidenschaftliches Kämpfen Ehrensache ist. Kein Tag ohne Schlacht oder Säbelrasseln. Die Don Quichottes machen aus allem einen Kampf: aus dem Leben generell, aus dem Liebesspiel, aus Sachfragen, aus der Wissenschaft, der Literaturkritik, der Kindererziehung.

Don Quichotte hat viel gemeinsam mit seinem griechischen Seelenverwandten Sisyphus – der eine Kugel den Berg hinaufwälzen muss, aber mit ihr nie oben ankommt, weil sie ihm immer wieder entgegenrollt – und auch mit dem uns schon bekannten Herkules. Trotz – oder vielleicht gerade wegen – seiner existenziellen Lächerlichkeit ist der Mythos heroisch: Ich lege mich voll ins Zeug, auch wenn ich sehe, wie vergeblich alles ist, wie eitel und sinnlos! Hauptsache, ich gebe nicht auf! Never surrender! Der Mann ist in der Pflicht, Verantwortung zu tragen, das Böse zu bekämpfen, für die gute Sache zu leiden! Der Mythos des einsamen Kämpfers für das Gute fasziniert viele Männer, sie eifern ihm nach. Polizisten und Staatsanwälte verkörpern in vielen Filmen diese Figur: ‹Allein gegen die Mafia!› heisst das Lebensmotto. Im Kampf mit der Hydra zeigt sich wahre Grösse. Und das ist das geheime Motiv, um sich diesem Mythos zu verschreiben: Mann ist grossartig, erhebt sich über das Gewöhnliche, Ungenügende. Daran ändern auch Niederlagen nichts. Niederlagen angesichts einer unfairen Übermacht schaden dem Nimbus der Grandiosität nicht, im Gegenteil, die Heldenhaftigkeit besteht gerade darin, trotz Niederlagen immer wieder weiterzumachen, letztlich unbesiegbar zu sein.

Ein Mann ist kein rechter Mann, wenn er nicht ein Kämpfer für die rechte Sache ist. Dieser Logik bedienen sich viele politische Bewegungen, sie schüren das Ehrgefühl des Kreuzritters. Die Konsequenz dieses Mythenglaubens: Wer sich nicht am Kreuzzug beteiligt, muss sich als feiger Deserteur, als Verräter vorkommen. George W. Bush bediente sich dieser Argumentation, als er den französischen Präsidenten Chirac wegen dessen Zurückhaltung gegenüber dem Irak-Krieg angriff.

Mit dem Vorwurf, kein Kämpfer, feige vor dem Feind zu sein, trifft mann den anderen im Mark.

Mythos 10: Ein Mann ist vor allem keine Frau!

Der Mann hat keinerlei weibliche Eigenschaften. Er zeichnet sich primär dadurch aus, dass er nicht weiblich ist. Er ist nichts als das Negativum des Weiblichen. Männer und Frauen sind seelisch grundverschieden, sie können einander nicht verstehen, weil sie fundamental anders sind.

Der amerikanische Psychologe John Gray hat diesen Mythos auf die Spitze getrieben, indem er Männer als Marsianer und Frauen als Venusianerinnen bezeichnet. Die beiden Wesen leben auf verschiedenen Planeten, was Wunder, dass sie einander nicht verstehen. Seitenlang listet er die Gegensätze zwischen Mann und Frau auf und entwickelt ein Kompendium, wie diese beiden gegensätzlichen Naturen überhaupt miteinander kommunizieren können.

Der Mythos der Maximaldifferenz stellt eine einfache Strategie dar, mit einem komplexen Problem umzugehen, nämlich der Verschiedenheit von Mann und Frau. Anatomisch ist der Unterschied zwischen den Geschlechtern klar beschreibbar, aber seelisch? Was ist ein Mann, was eine Frau? Wo haben sie seelisch Gemeinsamkeiten, wo Unterschiede? Wie soll ihre Differenz begriffen werden? Ergänzen sich die beiden in Harmonie? Oder ist jeder etwas für sich, nur aus sich heraus bestimmbar? Sind Übereinstimmungen und Gemeinsamkeiten rein zufällig? Oder haben wir es mit einem Antagonismus zu tun, einem Nicht-übereinstimmen-Können? Oder gar mit einer Hierarchie? Der Mann als missglückte Variante der Frau? Die Frau als eine mindere Version des Mannes? Der Mythos von der Totaldifferenz vereinfacht das Problem auf einen Schlag, er erspart weiteres Suchen nach Gemeinsamkeiten, Hoffen, Leiden. Die beiden Geschlechter werden zu gegensätzlichen charakterlichen Idealen hochstilisiert.

Das Fatale dieses Lösungsansatzes: Die männlichen und weiblichen Individuen werden in ein rigides Schema gepresst, das ihnen wenig Entwicklungsspielraum lässt. Es könnte ja sein, dass nicht alle Männer und Frauen diese total verschiedenartigen Eigenschaften haben, die der Mythos ihnen zuordnet. Das darf aber nicht sein, sonst wackelt der Mythos. Deshalb wird alles ausgeklammert und übersehen, was nicht in das Klischee passt.

So ist der Mythos von der Totaldifferenz die Brutstätte narzisstischer Neurosen und des ‹falschen männlichen Selbsts›: Ein Mann, der an sich ‹weibliche› Eigenschaften entdeckt, z. B. Sanftheit, wird diese unter dem Diktat des Maximaldifferenzmythos unterdrücken müssen, um dem Männlichkeitsklischee zu entsprechen (ebenso wird eine dominante Frau sich unweiblich vorkommen müssen).

Mythos 11: Ein Mann ist einsam

Der Desperado-Mythos idealisiert den einsamen, verletzten, verzweifelten Mann, der niemanden braucht und alleine durch die Wüste reitet. Der Mythos verherrlicht die resignativ-unabhängige Position: Es hat keinen Sinn, sich zu freuen, auf ein gutes Leben zu hoffen und sich dafür einzusetzen, sich tiefer an andere Menschen zu binden oder gar zu lieben. Das Glück zerrinnt eh zwischen den Händen, mann wird immer allein sein, ein einsamer

Überlebender mit gebrochenem Herzen. Die stille, eingekapselte Verzweiflung wird zur Lebensmaxime erhoben. So kann den verletzten Mann nichts mehr berühren. Der Desperado-Mythos thematisiert einen zentralen psychologischen Aspekt des Mannseins. Er glorifiziert den depressiv-narzisstischen oder gar autistischen Umgang mit der männlichen Verletzlichkeit, er demonstriert die asketische Lösung des Verletzlichkeitsproblems: Mir wurde einmal so wehgetan, dass ich lieber ungebunden und allein bleibe. Ich durchschaue die Menschen und gehe meinen Weg. Der Desperado ist der traumatisierte, traurige Mann, der sich nicht mehr einlässt. Er fasziniert durch seine tiefgründige Melancholie und distanzierte Autonomie. Clint Eastwood, Charles Bronson, Henry Fonda, diese grossen einsamen Westernhelden, verkörpern den Desperado-Typus perfekt.

Wer an diesen Mythos glaubt, wird ihn in seinem Leben auch realisieren. Wenn Mythen zu Selbstkonzepten erhoben werden, steuern sie das Leben von innen heraus. Ein falsches fiktionales Selbst besteht aus Überzeugungen über sich selbst und die Welt, die das Verhalten steuern und zu genau den im Selbstkonzept eingeschriebenen Ergebnissen führen. So wird ein Desperado vor allem deshalb einsam und verzweifelt bleiben und die Zuneigung und Fürsorge von Menschen zurückweisen, weil er sich einsam sehen will und in seinem depressiven Weltbild kein Platz für neue Erfahrungen ist.

Mythos 12: Ein Mann hat alles unter Kontrolle
Heiner ist 67 Jahre alt. Er ist ein bürgerlicher Mustermann. Er hat ein einwandfreies Männerleben gelebt, drei Kinder mit seiner Frau grossgezogen, hat heute vier Enkel. Die ersten zwanzig Jahre Berufsleben war er Physiker und Manager in der Industrie, die zweiten zwanzig Jahre war er engagierter Pädagoge und Fachlehrer an einem Gymnasium. Ein ordentliches, sinnvolles, engagiertes Leben, beneidenswert harmonisch, befriedigend – jedenfalls gemäss bürgerlichen Kriterien – und erfolgreich.

Heiner ist kerngesund, doch der Gedanke an den Tod setzt ihm zu. Er beschäftigt sich mit EXIT, der Selbsthilfe-Organisation für ein würdiges, selbstbestimmtes Sterben. Das Thema lässt ihn nicht mehr los.

Heiner enragiert sich, wenn er sich vorstellt, dass nicht er, sondern Ärzte über den Zeitpunkt seines Todes bestimmen könnten. Er entwirft seine persönliche Sterbeverfügung und bespricht sie mit seiner Ehefrau, seinen Kindern, setzt sich mit dem perfekten Sterben auseinander.

Wenn man mit Heiner spricht, spürt man seine Angst. Er leidet an Schlafstörungen und Reizbarkeit. Zum ersten Mal konfrontiert er sich mit etwas Unbekanntem und Unkontrollierbarem. Und auch das möchte er in den Griff kriegen. Heiner hat sich bis zu diesem Zeitpunkt etwas Geschlossenes, Glattes, jungenhaft Optimistisches bewahrt. Er hat ein perfektes Männerleben gelebt, und jetzt kratzt der Tod an dieser Perfektion und erinnert ihn daran, dass er seelisch ein Jugendlicher geblieben und am Leben bisher nicht gewachsen ist. Da gibt es auf einmal etwas, wofür es keine Norm, kein Training, kein Drehbuch gibt.

Doch Heiner sucht weiter nach der perfekten Lösung. Unruhig, getrieben, verzweifelt.

Der Mythos der völligen Kontrolle über das Leben entstammt der Sehnsucht der Menschen, aus ihrer Hilflosigkeit gegenüber den Naturereignissen wie Tod und Krankheit auszubrechen. Prometheus gab den Menschen das Feuer und wurde von den Göttern grausam bestraft. Mit dem Feuer und der Pflugschar will der Mensch die Natur beherrschen. Der Mann steht dabei an vorderster Front, als Wissenschafter, Erfinder, Astronaut, Chirurg. Es geht darum, die Kontrolle über die grosse, unberechenbare Mutter Natur zu erlangen, die wir im Grunde fürchten.

Wir alle wissen, dieses Streben wird Illusion bleiben. Doch der Mythos des Mannes als Lenker, der alles unter Kontrolle hat, ist dennoch in vielen Männerköpfen tief verwurzelt. Sie tendieren dazu, den Dingen nicht ihren Lauf zu lassen oder sie nicht zu nehmen, wie sie kommen, sondern leiden an Kontrollzwängen. Dies zeigt sich im Privatleben wie im Management. Alles muss überwacht und gesteuert werden, nichts darf sich spontan organisieren. Gesundheitspsychologen haben herausgefunden, dass die Fähigkeit, dem Gang der Dinge zu vertrauen und möglichst viel Selbstorganisation zuzulassen, eine entscheidende Voraussetzung für ein stressfreieres, gesünderes Leben ist. Der Mythos der totalen Kontrolle ist schädlich und überholt. Er quält viele normale Männer unnötig, wenn sie von sich verlangen, alles im Griff zu haben. Sein Leben erfolgreich handhaben heisst auch unvermeidliche Fremdbestimmung zulassen und damit umgehen können.

Mythos 13: Ein Mann erfüllt alle Erwartungen

Ein anderer Aspekt des Herkules-Mythos: Ein Mann muss jede ihm übertragene Aufgabe erfüllen, das ist er sich und den anderen schuldig. Der Mann als Diener ihrer Majestät, sei dies nun die grosse Mutter, die anspruchsvolle Ehefrau oder die Firma, mit der er liiert ist. James Bond lässt grüssen.

Der perfekte Mann ist der perfekte Wunsch-Erfüller, der Wunsch-Errater, er ist der ewige Sohn, der keinen Wunsch abschlagen kann, jede elterliche Erwartung erfüllen muss.

Frank ist Lehrer, er setzt sich unter enormen Druck, es seinen Schülern unbedingt recht zu machen. Er will ein engagierter Musterlehrer, für seine Kollegen ein immer ansprechbarer Diskussionspartner sein. Frank ist ein fantastischer Lehrer, er wäre auch fantastisch, wenn er seinen Beruf aus Lust so engagiert ausüben würde und nicht aus dem Druck heraus, sämtliche Erwartungen von Schülern, Eltern, Kollegen, Schulbehörde usw. erfüllen zu müssen. Franks Beziehungen sind bisher allesamt daran gescheitert, dass er den Frauen jeden Wunsch von den Augen abliest, sich selber zurückstellt und nicht einbringt und irgendwann einmal wütend die Rechnung präsentiert: «Schau mal, wie viel ich für dich getan habe, und was machst du? Du liebst mich zu wenig!» Dann wird er ausfällig und gewalttätig. Das Ressentiment bricht durch.

Männer wie Frank sind Total-Dienstleister: im Dienste der Kinder, der Frau, der Firma, der Allgemeinheit. Aus der Abhängigkeit der anderen von seinen Diensten leiten sie ihr Wohlbefinden ab, Gebrauchswert gleich Selbstwert! Und auch: Wer macht, hat die Macht. Nichts macht sie glücklicher, als wenn sie ihre Tochter vom Kino abholen, ihren Kindern die Natelrechnungen bezahlen, ihrer Frau neuen Schmuck kaufen dürfen. Wenn alle gesättigt und für kurze Zeit zufrieden sind, atmen sie tief durch und sind glücklich. Dieser Moment ist für unsere Helden jedoch nicht von Dauer. Es hat sich herumgesprochen, dass sie nur darauf warten, gebraucht zu werden. Das weiss sogar der Chef und ruft auch sonntags an.

Das Aufgehen in diesem Mythos führt bei Betroffenen nach einer gewissen Zeit direkt ins Burnout-Syndrom. Diese Service-Männer bekommen Bluthochdruck, Herzinfarkte oder Depressionen, weil sie selber wegen der Ansprüche, die sie überall meinen befriedigen zu müssen, zu kurz kommen.

Ist das *ihr* Leben? Sicher, wer viel für andere tut, bekommt oft auch viel zurück. Aber wenn er zum Sklaven der Anerkennung geworden ist? Und nicht mehr weiss, was er braucht?

Und wenn er jemanden bräuchte?

Mythos 14: Ein Mann hat keine Probleme

Nur Psychos haben Probleme. Oder Weiber. Ein Mann ist kein Psycho. Es gibt für ihn deshalb auch keinen Grund, ständig über irgendwelche Fragen oder Probleme und ähnlichen Kram zu reden. Nur Weiber haben Probleme, über die sie dann auch stundenlang mit ihren Freundinnen quasseln müssen. Arnold Schwarzenegger hat im ‹Terminator› die Losung ausgegeben: No problemo.

Der perfekte Mann hat für alles schon Lösungen, meist ohne nachzudenken, sodass in seiner Wahrnehmung gar keine Probleme entstehen können. Die Lösungen des No-Problemo-Mannes sind in der Regel brachial. Nach dem Bud-Spencer-Motto: Wenn ich mit meinem Wortschatz von fünfzig Wörtern nicht mehr weiterkomme, lasse ich die Fäuste sprechen! Die Probleme werden mit einem Handstreich aus dem Weg geräumt. Sie werden weder analysiert noch studiert.

Natürlich treten auf der Welt immer Probleme auf. Deshalb gerät unser No-Problemo-Held sehr bald in Schwierigkeiten, da Probleme einfach nicht sein dürfen. Weil er die Probleme nicht sehen will, wuchern sie weiter. Weil er nicht gelernt hat, sich mit Problemen auseinander zu setzen, nachzudenken, Spannungen auszuhalten und geduldig nach Lösungen zu suchen, auch in schwierigen Situationen nicht den Kopf zu verlieren, scheitert er. Und hat dann wirklich ein Problem. Oft ein unlösbares.

Mythos 15: Ein Mann ist nie Opfer

Aus der Forschung über sexuellen Missbrauch in Abhängigkeitsverhältnissen wie Arzt-Patienten-Beziehung, Psychotherapie, Lehrer-Schüler-Verhältnis ist bekannt, dass männliche Opfer solcher Übergriffe sich viel seltener als Opfer fühlen als Frauen und das Delikt praktisch nie zur Anzeige bringen. Warum?

Ein Mann ist kein Opfer. Opfer sind schwach, wehrlos, passiv, ihrer Würde beraubt. Männer wollen nicht so sein. Sie sind stark, aktiv. Sie sind Täter. Auch wenn sie Opfer sind, wollen sie sich das nicht eingestehen. Sie flüchten sich gar in die Illusion, selber Täter gewesen zu sein. Männer, die von ihren Frauen seelisch gequält werden, haben Mühe, sich als Opfer einer Aggression wahrzunehmen, sie wenden dann selber – oft körperliche – Gewalt an und geraten wieder in die Täterrolle. Es passt nicht in das Selbstkonzept des perfekten Mannes, ungeschütztes Objekt zu sein. Er will sich immer als aktives, handlungsfähiges Subjekt sehen. Das stärkt das Selbstwertgefühl, kann aber dazu führen, echte Opfersituationen nicht als solche wahrzunehmen. Dies wiederum hat zur Folge, dass man sich oft jahrelang etwas vormacht.

Die Männer können viel von den Strategien und Taktiken der Feministinnen lernen. Diese haben alle männlichen Strategien der Objektivierung von Frauen erkannt, analysiert, kritisiert und die Gesellschaft so verändert, dass es heute in den westlichen Ländern kaum mehr möglich ist, Frauen ungestraft zu objektivieren. Die politische Korrektheit, mit der Frauen heute – in der Regel! – behandelt werden, ist ein echter Fortschritt im Vergleich zur früheren patriarchalen, hemmungslosen Disqualifizierung, Unterdrückung und Objektivierung. Die feministische Wachsamkeit geht heute so weit, dass ein Frauenhintern in Jeans auf einem Velosattel bereits als sexistische und objektivierende Werbung (hier: für korrektes Velofahren in der Stadt Zürich) gebrandmarkt wird. Frauen haben erfolgreich zu weiten Teilen durchgesetzt, dass es nicht zulässig ist, sie auf Objekte des Blicks, des Begehrens und der Macht zu reduzieren.

Dazu mussten sie selbst eine Sensibilität für die Erfahrung des Übergriffs, der Machtausübung am eigenen Leib entwickeln, um dann die Identifikation mit dem Aggressor zu überwinden. Sie lernten, die passive Opfererfahrung bei sich selbst wahrzunehmen und dann nicht in der Rolle des passiven Opfers zu verharren, sondern sich aktiv dagegen zu wehren.

Dieser Dreischritt ist das Erfolgsrezept des Feminismus.

Um dies durchzuziehen, war es nötig, dass die Frauen in einem ersten Schritt ihre Scham aushielten, Opfer zu sein, d. h. sich nicht in falsche Illusionen über ihre Situation flüchteten. Sie hielten es aus, klein und unterdrückt zu sein, sie hielten es aus, würdelos zu sein. Diese Schamerfahrung ist sehr wichtig bei der Erkennung von Gewaltsituationen.

Dann geht es darum, bewusst die Schulderfahrung zu machen und schliesslich in die aktive Position zu gehen. Aktiv sein heisst immer ‹schuldig› sein. Wer sich wehrt, wer sein Leben selbst in die Hand nimmt, macht sich im innerseelischen Sinne ‹schuldig›, er verweigert den inneren und äusseren Autoritäten die Gefolgschaft, krönt sich selbst zum König und setzt sich dadurch dem Vorwurf der Hybris aus.

Männer haben diese Entwicklung noch nicht durchgemacht. Sie haben kein Sensorium für ihnen angetane Gewalt. Sie nehmen sich – gemäss ihrer traditionellen männlichen Selbstdefinition –

auch dann als aktive Täter wahr, wenn sie objektiv passive Opfer von Spott, Übergriff, seelischer oder körperlicher Gewalt sind. Sie wehren die Scham ab, die mit dem Erkennen der Opfer-Rolle verbunden ist.

Es gibt kaum Männer, die ihre TherapeutInnen anzeigen, wenn diese mit ihnen schlafen. Jungs, die von Mädchen verspottet werden, versuchen, ihre seelische Verletzung zu ignorieren. Allenfalls reagieren sie reflexartig und gehen in die körperliche, gewalttätige Täter-Rolle.

Nur langsam wächst die Sensibilität für die Gewalt, die Männern – auch von Frauen – angetan wird.

Die längst fällige Diskussion über die Schule ist angelaufen. Die Jungs sind mit einem weitgehend feministisch umgestalteten Schulsystem konfrontiert, das vor allem die Fähigkeit, in ruhigem Rahmen zu denken und zu reden, abruft. Dass Jungs und Männer sich motorisch bewegen müssen, um ihre Denkleistungen zu aktivieren, wird kaum erkannt und berücksichtigt.

Damit individuell und gesellschaftlich die Jungen und Männer ihre Rechte einfordern und sich für ihre seelische und körperliche Integrität wehren können, müssen Männer eine *neue Kultur der Sensibilität* für Erfahrungen entwickeln. Ihre Erfahrungen sind genauso legitim wie diejenigen von Frauen. Männer leben in einer Kultur der Tat. Eine neue Kultur des bewussten Erlebens ist angesagt.

Dazu gehört auch, eine *Kultur des emotionalen und verbalen Ausdrucks* von Erfahrungen aufzubauen. In beiden Bereichen sind Frauen Männern heute oft haushoch überlegen. Frauen haben Zugang zu ihren Gefühlen und Erfahrungen und können diese in eine Beziehung und in den öffentlichen Raum einbringen. Und sie haben obendrein – zumindest z. T. – die traditionell männliche Domäne der Tat erobert. Männer dagegen handeln oft, ohne sich auf ihre bewusste Erfahrung abzustützen und ohne mit ihren Gefühlen in Kontakt zu sein. Dies lässt sie oft wie gefühllose und willkürliche Macher erscheinen.

Männer müssen deshalb dringend lernen, ihre Taten mit erlebter Erfahrung zu verbinden und diese auch verständlich auszudrücken. Erst dann lernen sie, sich aus der unbefriedigenden Rolle des ungeschützten Objekts zu einem verantwortungsvollen Subjekt zu entwickeln.

Männer haben in vielen Feldern Mühe, sich selbst Erfahrungen von Ungerechtigkeit und Gewalt einzugestehen (z. B. bei den zum Teil absurden, auf die Kosten des Mannes gehenden Regelungen im Trennungs- und Scheidungsfall). Die meisten kennen keine Kultur der Klage über Benachteiligung, keine Kultur der Schwäche. Wer benachteiligt wird, muss sich als Erstes eingestehen können, dass er offensichtlich am kürzeren Hebel sitzt. Dies ist mit Scham verbunden, mit Gefühlen des Selbstwertnotstandes. Wer dies nicht aushält, kann nicht wirkungsvoll Klage führen. Männer können nicht effizient klagen: Das wäre memmenhaft, schwach, lächerlich. Frauen hingegen wissen, dass ihnen kein Zacken aus der Krone fällt, wenn sie Klage führen. Sie haben damit Erfolg, nicht zuletzt bei Männern, bei Gerichten, in den Medien.

Männer in Bedrängnis müssen lernen, von ihren Gefühlen zu reden. Sie dürfen sich das Recht nehmen, Benachteiligungen einzuklagen. Sie müssen aushalten, ausgelacht zu werden, und sich dennoch wehren.

Wie funktionieren Mythen?

Wir leben im Zeitalter der Mythomanie. Es werden ständig neue Mythen produziert, manche mit kürzerer, andere mit längerer Halbwertzeit. Sie sind auch von gesellschaftlichen Trends abhängig. Die Identifikationssehnsucht der Männer sorgt für die Nachfrage. Der problematische, unkritische Mythenglaube, d.h. die Identifikation mit dem Mythos, funktioniert so, dass der Mythos verinnerlicht und zu einem Teil des Selbstkonzepts gemacht wird. Er wird ins Ideal-Selbst eingebaut: Ich will Herkules sein! Wenn dem Ideal-Selbst erfolgreich nachgelebt wird, wird der Mythos zu einem euphorisch erlebten Aspekt des Real-Selbsts: So bin ich!

Ich bin ein Kämpfer! Ein perfekter Liebhaber! Ein Manager, der alles im Griff hat!

Jeder Mann kombiniert – meist unbewusst – Versatzstücke aus verschiedenen Mythen in seinem Selbstkonzept. Im Laufe seiner Entwicklung kann er auch Mythen aufgeben und andere übernehmen.

Der unerschütterliche Glaube
Die Verinnerlichung eines Mythos geschieht in drei Etappen: erstens dem Aufbau eines unerschütterlichen Glaubens, zweitens dem unaufhörlichen Vergleich zwischen Selbst und Mythos und drittens dem permanenten Training in der Anpassung.

Mythen sind Denksysteme, Denkstrukturen. Sie helfen, die Erfahrungswelt zu ordnen, sie geben einen geistigen Raster vor, mit dem die Erfahrungen codiert werden können.

Mythen können in verschiedener Weise verwendet werden. Meistens werden sie unkritisch introjiziert und gelebt. Das heisst, der Mythos wird nicht als Fantasie, als Idee genutzt, um mit ihr zu spielen und kreativ daran zu wachsen. Dies wäre der freie und erstrebenswerte Umgang, das kreative Nutzen mythischer Figuren und Bilder. Viel häufiger jedoch wird ein Mythos in rigider Weise verinnerlicht und als starre Richtlinie für das eigene Handeln verwendet.

Die Totalidentifikation mit Männermythen und deren unkritische Übernahme als Glaubenssysteme ist die seelische Grundlage des perfekten Mannes.

Da ist kein Zweifel mehr erlaubt. Perfekte Männer meinen zu wissen, wie alle Gläubigen. Was man glaubt, ist Realität. Realität ist, was ich glaube. Was ich glaube, ist real in seinen Konsequenzen. Perfekte Männer zwingen sich in das Korsett eines Denk- und Fühlsystems, oft ohne sich dessen bewusst zu sein. Ist ein bestimmter Männermythos einmal total verinnerlicht, ist kein seelisches Wachstum mehr möglich. Starr wird eine Schablonenidentität gelebt. Oft zelebrieren Männer ihre Mythen kollektiv in Männerbünden. Der Nationalsozialismus z. B. blühte, weil Männer gemeinsam an Mythen glaubten und auch ihnen entsprechend handelten, selbst wenn dies ihrem persönlichen Gewissen widersprach.

Männer sind mythenhungrig, weil sie nach Orientierung und Identifikationen suchen, um ihre männliche Identität zu stärken. Sie sind anfällig, fanatisch und besessen, einer Sache anzuhängen, sich ihr völlig unterzuordnen. Sie sind gefährdet, politische und religiöse Anschauungen starr zu vertreten und sogar Leben dafür zu opfern. Männer können einen Mythos, z. B. einen nationalistischen oder religiösen Wahn, derart verehren, dass sie sich völlig damit identifizieren. Wenn ihr Mythos in Frage gestellt wird, fühlen sie sich selbst in Frage gestellt. Ein Gegner ihrer Idee ist ein persönlicher tödlicher Feind. Der islamische Fundamentalismus zeigt dies deutlich. Die islamischen Fundamentalisten sind vorwiegend junge Männer. Psychoanalytische Studien haben ergeben, dass junge, frustrierte und identitätsverunsicherte Männer besonders gefährdet sind, in islamistische Gruppen abzudriften und terroristische Aktivitäten zu entwickeln. Sie finden in der totalitären Gruppe eine künstliche Identität und opfern ihr alles.

Wie funktioniert der Mechanismus der Identifikation?

Aufgrund ihrer inneren Unbestimmtheit und Nicht-Festgelegtheit sind Männer besonders geneigt, sich mit Angeboten von aussen, z. B. Mythen, zu identifizieren. Der Identifikationsvorgang gibt ihnen grösseren inneren Halt. Identifikation ist ein psychologischer Mechanismus, den alle Menschen verwenden. Er hat verschiedene Funktionen.

Die primäre Identifikation ist eine Total-Identifikation. Wenn wir als Kleinkinder die Frustration durch unsere Bezugspersonen nicht ertragen, nehmen wir sie gleichsam in uns hinein, identifizieren uns völlig mit ihnen. In reiferen Phasen der Entwicklung sind wir in der Lage, uns sekundär und partiell, d.h. nur in ausgewählten Teilaspekten, mit einer anderen Person zu identifizieren. Gerade wenn wir verunsichert, frustriert und nicht im seelischen Gleichgewicht sind, neigen wir eher dazu, uns identifikatorisch an andere Menschen oder Ideen anzulehnen. Männer neigen aufgrund ihrer grösseren inneren Verunsicherung mehr dazu, sich zu identifizieren. Sie sind deshalb eher gefährdet, den Kontakt zu ihrem wahren, authentischen Selbst zu verlieren. Der Prozess der Auseinandersetzung mit der Frage ‹Wer bin ich?› ist für Männer schwieriger, verunsichernder, schmerzhafter und wird deshalb gern umgangen und durch den seelisch weniger aufwändigen Identifikationsvorgang ersetzt. Dieser Prozess ist aber unabdingbar, weil der Mann sonst innerlich schwach bleibt.

Frauen brauchen Mythen weniger, weil sie mehr in ihrer Biologie wurzeln und aus dieser Verankerung viel seelische Stabilität beziehen. Zudem müssen sie die Identifikation mit ihrer Mutter auf der Ebene der Geschlechtsidentität nicht lösen. Im Gegenteil: Sie können eine Stärkung ihrer weiblichen Identität daraus beziehen. Männer müssen sich ihre Identität mehr erarbeiten.

Der unaufhörliche Vergleich

Männer schaffen nicht nur Männermythen und identifizieren sich mit ihnen, sie stehen auch ständig in einem doppelten inneren Vergleich: mit ihrem Männer-Ideal und mit anderen Männern.

Die Beziehungen zwischen Männern sind sehr komplex: Einerseits besteht eine starke innige Strömung, die wegen der Angst homosexuell zu sein oft verdrängt wird. Dieser ist die rivalisierende aggressive Strömung entgegengesetzt. Es fällt Männern schwer, diese beiden einander widersprechenden Tendenzen in ihren Männerbeziehungen unter einen Hut zu bringen.

Die beiden Strömungen haben ihre Wurzeln in der Sohn-Vater-Beziehung: Der Sohn liebt den Vater, gleichzeitig erlebt er ihn als übermächtigen Rivalen (z. B. um die Gunst der Mutter). Im Ödipus-Mythos ist dieser Konflikt dargestellt: Ohne es zu wissen, bringt Ödipus seinen Vater Laios um, als dieser sich ihm an einer Kreuzung in den Weg stellt.

Zwischen Söhnen und Vätern – aber auch zwischen Brüdern! – herrscht neben inniger Liebe deshalb lebenslang immer auch unerbittliche Rivalität.

Das Männerschaulaufen dient nicht nur der Suche nach Applaus und Bestätigung, sondern auch dem ständigen Wettkampf: Wer ist besser? Wer kann es besser? Wer ist stärker, mächtiger, reicher?

Der Sport ist ein gesellschaftlich anerkanntes Terrain für das Ausleben gnadenloser männlicher Rivalität; Fussball ist auch deshalb der beliebteste Männersport, weil er innige kameradschaftliche Wünsche (innerhalb der Mannschaft) und aggressive rivalisierende Strebungen (gegenüber der anderen Mannschaft) befriedigt.

Das permanente Training

Das Streben nach Perfektion ist ohne permanentes Training nicht möglich. Der perfekte Mann ist ein perfekt trainierter Mann. Männer sind deshalb ständig bemüht, sich dem idealen Mann durch Übung anzunähern, sie üben innerlich unaufhörlich. Besonders beliebt ist das Bett als Trainingsplatz und die Frau als Übungsgegenstand: War ich gut, Doris?

Fitnessclubs, Rhetorikseminare, Management-Trainings, Freimaurerlogen, Studentenverbindungen, Parteien, Vereine, alle dienen sie der körperlichen oder charakterlichen Vervollkommnung des Mannes. Er kann sich dort mit den Geschlechtsgenossen vergleichen, von den Platzhirschen lernen, Siege und Niederlagen feiern und vorankommen. Das Militär ist etwas aus der Mode gekommen, aber im Grunde immer noch das Paradebeispiel einer männlichen Trainingsanstalt.

Das Bedürfnis der Männer nach mythischer Orientierung ist mittlerweile so gross, dass ihnen schamlos die plattesten Klischees aufgetischt werden: Männer sind archetypisch Krieger, Könige, Magier, Liebhaber. Jeder Mann muss in sich diese vier Mythen finden und leben, in unterschiedlichen Mischungsverhältnissen. Die griechisch-römische und die germanische Sagenwelt ist der Steinbruch, aus dem heute findige Gurus das Material für ihre Mythenhaine errichten. Götter- und Heldenfiguren werden unhinterfragt als Vorlagen für die männliche Entwicklung gepriesen. Platte

Identifikation statt kritische Auseinandersetzung ist der Trend. Dies befriedigt tiefe Sehnsüchte nach starker Identität, denen das Eigene und somit auch das Unverwechselbare geopfert werden. Anpassung und Identifikation sowie einfache Lösungen ersparen die mühsamere Konfrontation und Auseinandersetzung mit sich selbst, die beschwerliche, aber lohnende Identitätsarbeit.

Phantasmen

Allen Mythen liegen unbewusste Phantasmen zugrunde. Diese sind symbolische Darstellungen von Wünschen, Konflikten, Problemen und Lösungsversuchen auf der Bühne unserer Innenwelt.

Den meisten Männermythen liegt ein unbewusstes Phantasma zugrunde, das die Ängste der Männer vor der übermächtig erlebten Mutter (und später Frau) und die Furcht, unterlegen und minderwertig zu sein, beruhigen soll. Der unbewusste Subtext unter den verschiedenen Männermythen lautet nach der Psychoanalytikerin Christa Rohde-Dachser: Männer sind stärker, kriegerischer, rationaler, haben alles unter Kontrolle, können alles, sind den Frauen in den meisten Dingen überlegen. Sie brauchen also keine Angst zu haben, von der Frau (früher der Mutter) abhängig und auf sie neidisch zu sein. Es gibt ja gar keinen Grund, weil sie, die Frauen, von Männern und ihrer Überlegenheit abhängig sind. Die Männer müssen so nicht befürchten, von Frauen emotional überwältigt zu werden, weil mann sich ja unempfindlich machen kann. Sie müssen die Frauen nicht hassen aus Minderwertigkeitsgefühlen heraus, weil sie ihnen ja überlegen sind und für sie sorgen. Der Mann ist perfekt und leidet nicht an Unsicherheiten und Zweifeln, weil es ja die Frau ist, die minderwertig ist.

Dieses unbewusste Phantasma wirkt beruhigend und wird auf der bewussten Ebene in verschiedenen Männermythen und Theorien über die Geschlechterdifferenz dargestellt. Die klassische psychoanalytische Theorie über die Geschlechterdifferenz – die Frau ist neidisch auf den Penis des Mannes und wünscht sich auch einen, sie erhält einen Ersatz in der Form von Kindern – kann ebenfalls als Ausdruck dieses unbewussten Phantasmas begriffen werden. Die Männermythen stützen das Identitätsgefühl des Mannes, sodass er sich immer sagen kann: Ich bin stolz, ein Mann zu sein.

Nicht nur die Männer benutzen Mythen, um sich in Identitätskrisen zu beruhigen. Die feministischen Theorien über den Geschlechterunterschied zeigen die gleiche psychologische Schlagseite auf die andere Richtung, wenn sie – wie beispielsweise die amerikanische Soziologin Nancy Chodorow – Männern unterstellen, weniger fürsorglich sein zu können. Die weiblichen Mythen laufen darauf hinaus, den Frauen zu versichern, dass sie nicht unterlegen und minderwertig, sondern stärker und reifer sind, und dass frau stolz sein kann, eine Frau zu sein.

Phantasmen und die daraus entstehenden Mythen sind psychologische Krücken für die Geschlechter, um mit spezifischen Unsicherheiten, Ängsten und Insuffizienzgefühlen umzugehen. Letztlich vermögen die Mythen die zugrunde liegenden Probleme jedoch nicht zu lösen. Sie verlangen eine enorme Anstrengung, gemäss diesen Idealbildern zu leben. Diese Anstrengung führt oft dazu, dass nicht eigenes Leben gelebt wird, sondern Schablonen ausgefüllt werden.

Enzo ist 49 Jahre alt, selbständiger Architekt, recht erfolgreich, führt ein Büro mit 15 MitarbeiterInnen. Seine Kinder sind 15 und 17, seine Frau führt ein eigenes Blumengeschäft. Die beiden gelten als Power Couple, als ideales Paar. Enzo ist beliebt, ein attraktiver, mustergültiger Ehemann, er begehrt und liebt seine Frau, zwar seiner Meinung nach nicht mehr so unbändig und leidenschaftlich wie am Anfang, aber immer noch intensiv. Es ist nicht mehr loderndes Feuer, sondern Glut, pflegt er im Freundeskreis zu sagen, und Glut ist heisser als Feuer, stiller und weniger spektakulär, aber durchdringender.

Alles läuft ganz ordentlich, ja, eigentlich gut, möchte Enzo sagen, und doch ist er unzufrieden. Wenn er mit seinen Kindern am

Rand des dörflichen Fussballfeldes steht und dem Match zuschaut, Freunde und KollegInnen grüsst, dann stellt er fest, dass er plötzlich neben sich selber steht, in Gedanken ziellos umherschweift, dass ihn ein seltsamer Schmerz überfällt, eine Sehnsucht, eine Art Verzweiflung. Der Wunsch, irgendetwas Verrücktes zu tun, einfach irgendetwas, nur damit sich etwas bewegt, steigt in ihm auf, und er kämpft mit den Tränen. Er versucht, das Gefühl entschlossen wegzuwischen, denkt an seine Frau, sieht seine Kinder und fühlt sich kaputt, bescheuert. Was habe ich nur?, fragt er sich. Alle andern Männer kommen doch auch klar.

Er hat einen seltsamen Traum, den er mir in der Analyse erzählt: Ein gelber Leguan dringt in sein sauber aufgeräumtes Zimmer ein, und er weiss nicht recht, ob er ihn anfassen oder vor ihm davonrennen soll. Unschlüssig bleibt er stehen, gelähmt, unfähig zu entscheiden, ob der Leguan ein interessantes, zu erforschendes neues Tier ist oder ein gefährliches Monster.

Es zeigt sich in der Therapie deutlich, dass der gelbe Leguan für den unbekannten trieb- und gefühlshaften Teil von Enzo steht, der in seinem jetzigen ‹aufgeräumten Leben›, seinem ordentlichen ‹Zoo›, wie er es selber ausdrückt, keinen Platz hat. Enzo hat sich gut eingerichtet im Leben, aber das Unbekannte, Rätselhafte, Wilde in ihm ist eingesperrt, oder besser: ausgesperrt. Es wartet darauf, angefasst, erforscht, in sein Leben integriert zu werden. Mann bekommt Angst, Angst vor dem Risiko der persönlichen Entwicklung, die sich nicht einfach wie ein Bau, den man nach Plan hochzieht, steuern lässt. Die Entwicklung könnte ja auf Wege führen, die man nicht geplant hat oder die ausser Kontrolle geraten, weil sie nicht programmierbar sind. Nur mit kühnem Forscherinteresse lässt sich der gelbe Leguan untersuchen und zu einer wertvollen Quelle und zu einem wichtigen Verbündeten eines guten, wilden, freien Lebens machen.

Mythomanie blockiert die lebendige Entwicklung

Weil der Mann sich mit dem Mythos, mit einem von ihm selbst entfremdeten Bild, identifiziert, verrät er sein wahres, ihm in grossen Teilen unbekanntes authentisches Selbst dauernd. Er trifft Entscheidungen, die ihn von sich wegbringen, wählt Freunde und PartnerInnen, die ihn von sich ablenken.

Was er tut, hat mit ihm im Grunde nichts zu tun. Dies führt in eine grosse Frustration.

Zur lebendigen männlichen Entwicklung gehört, dass sich der Mann aus seiner Pseudo-Identität befreit und sich nicht permanent äusserlichen Anforderungen und Ansprüchen anderer beugt. Er ist es seit Kindheit gewohnt, auf die Wünsche anderer, speziell seiner Mutter, einzugehen. In der Adoleszenz und im jungen Erwachsenenalter findet er eine Situation vor, in der sich dieses Muster fortsetzt: Er muss um attraktive Frauen buhlen, tauscht Anpassung gegen Liebe. Erst mit zunehmender Lebenserfahrung könnte er wagen, er selber zu werden, seine eigene Entwicklung zu machen und trotzdem nicht ungeliebt zu sein.

Viele Männer machen diese Krise nie durch, weil sie nicht einsam sein wollen, weil sie den Mut zu sich selber nicht aufbringen. Sie bleiben oft angepasst in frustrierenden Beziehungen, trösten sich mit schalen Ersatzvergnügen. Sie vernachlässigen ihre persönliche Entwicklung, rennen dem beruflichen Erfolg nach und werden dann tatsächlich einsam, weil ihr Liebesleben verkümmert.

Andere Männer haben die Neugier und Selbstliebe, auf die Suche nach sich selbst zu gehen. Sie halten das Alleinsein aus. Sie lassen sich nicht mehr missbrauchen und werden sie selber.

Männern fällt es in der Regel schwerer, zu spüren, wer sie selber sind, was sie wollen und sich dafür einzusetzen. Sie sind von sich selber mehr entfremdet als Frauen. Sie identifizieren sich seit ihrer Kindheit mit der Bedeutung, die sie für andere – zuerst für die Mutter, dann für den Vater, die Geschwister, die Lehrer, die Gesellschaft – haben, und kommen von diesen importierten Mythen nicht los. Später lassen sie sich zu Trägern der Mythen und unerfüllten Sehnsüchte ihrer Partnerinnen machen: Zum Beispiel müssen sie manchmal mit ihrem Erfolg stellvertretend die Minderwertigkeitsgefühle ihrer Frauen lindern. Es fällt Männern oft schwer, die Bedeutung, die sie für sich selber haben, von der Bedeutung, die sie für ihre Partnerinnen haben, zu unterscheiden. Dies ist der Kern der Entfremdung.

Diese traurige Selbstaufgabe trägt oft zur vordergründigen Beziehungsgestörtheit vieler Männer bei. Weil sie innerlich überidentifiziert und mangelhaft abgegrenzt gegenüber den Ansprüchen ihrer Partnerinnen sind, müssen sie sich äusserlich demonstrativ aggressiv, uneinfühlsam und distanziert verhalten.

Der gesunde Weg besteht darin, dass der Mann die an ihn herangetragenen – oft unbewussten und undeklarierten – Ansprüche erkennt, die unzumutbaren zurückweist und sich auf sich selber und sein eigenes Selbst besinnt. Wenn er auch anders sein darf, als das Liebesobjekt von ihm erwartet, kann er wieder lieben.

Der entfremdete Mann –
ein Leben von der Rolle

*Männer leben oft nicht ihr eigenes Leben.
Sie inszenieren Rollen. Ein entfremdetes Leben
frisst Energie und macht krank.*

Männer sind sich selber entfremdet. Sie orientieren sich an Ideen, wie sie sein sollen. Und leben diesen nach. Sie spielen eine Rolle und sind dann buchstäblich von der Rolle. Meist unbewusst.

Entfremdung zeigt sich darin, dass mann ein falsches fiktionales Selbst entwickelt, um in der Konfrontation mit der Umgebung ja nicht zu scheitern. Das falsche Selbst ist eine Konstruktion aus Beschreibungen und Interpretationen über einen selbst. Je weiter entfernt diese Beschreibungen und Interpretationen des Selbsts von der tatsächlichen, eigenen Erfahrung sind, desto unwirklicher und fiktionaler ist das Selbst-Konzept. Je näher die Beschreibungen und Interpretationen sind, desto authentischer ist es.

Der Mann ist eher gefährdet, sich von seinem authentischen Selbst zu entfremden, weil er in seiner Identität unbestimmter ist als die Frau. Er ist psychologisch gesehen stärker gezwungen, ein Konzept und Bild seiner selbst zu erarbeiten. Dies macht ihn für Irrtümer anfälliger. Die Frau hingegen kann sich mehr auf die biologisch geprägten Erfahrungen und Rollen stützen. Sie erlebt sich mit ihrer weiblichen Körperlichkeit regelmässig konfrontiert und durch diese Erfahrungen körperlicher Weiblichkeit auch gehalten. Der Mann entwickelt seine Identitätsvorstellungen schwerfälliger, da Männlichkeit durch die Biologie weniger fundiert ist und ihre Definition durch eine Reihe kultureller Faktoren heute zusätzlich erschwert wird.

Ein Weib bleibt ein Weib, egal, was die andern sagen. Ein Mann braucht die Zustimmung anderer, die ihm versichern, dass er Manns genug ist.

Auf der anderen Seite ist die seelische Gesundheit davon abhängig, ob es gelingt, den Kontakt zu unserem authentischen Selbst zu erhalten und dieses zum Ausdruck zu bringen. Sind wir von einem fiktionalen Selbst gesteuert, das uns andauernd vergewaltigt, so resultiert ein angespanntes Leben mit maximalem krank machendem Stress. Der Mann ist also in einer prekären Situation: Einerseits bringt er biologisch bedingt eine geringere körperliche Fundierung seiner Identität mit und stösst in seiner Entwicklung auf weitere Erschwernisse, die ihm die Arbeit an seiner Identität oft nicht leicht machen. Andererseits ist Selbstfindung und Realisierung seines authentischen Selbsts für ihn besonders wichtig, damit er nicht an den Folgen der chronischen Selbstentfremdung erkrankt.

Die tendenzielle Unfertigkeit, Unbestimmtheit und Undefiniertheit des Mannes könnte eine Chance sein hin zu mehr echter Freiheit, Flexibilität, Kreativität, Beweglichkeit, Offenheit. Sie wird allerdings oft vertan, weil die Identitätsverunsicherung schwer auszuhalten ist und Männer die Identitätsarbeit oft gar nicht erst ernsthaft angehen. Sie müssten dazu einige Hindernisse aus dem Weg räumen und schwierige Erfahrungen machen. Das ist ihnen oft zu beschwerlich. Statt dass man an sich selbst arbeitet, perfektioniert er lieber die Inszenierung einer vorgefertigten männlichen Rolle. Es ist ihm wichtiger, wie er wirkt, als wer er ist. Und der Teufelskreis von Selbstentfremdung und Überforderung dreht sich weiter.

Am Männlichkeitskult scheitern

Meine erste Freundin war Buchhändlerin. Sie brachte mich dazu, Hemingway zu lesen. Ich war begeistert. Hier fand ich als Siebzehnjähriger endlich, wonach ich, ohne es genau zu wissen, gesucht hatte: richtige Männer, Helden, die kämpften, siegten, verloren, sich wieder aufrafften, ihr Männerleben heroisch und ergreifend lebten, sei es als alter Mann im Kampf mit einem Fisch oder als spanischer Revolutionär oder als Grosswildjäger.

In den kurzen Sätzen Hemingways, in seiner schlichten Diktion fand ich jenen Mythos, nach dem ich mich sehnte: kristallklare Männlichkeit auf dem Prüfstand des Lebens. Als Siebzehnjähriger fühlt man sich oft nicht so toll. Die Mädchen sind nicht gerade wild auf einen. Man vergleicht sich unablässig mit älteren, stärkeren, erfolgreicheren Jugendlichen und hat eine Menge Komplexe. Der Körper hilft einem auch nicht unbedingt, sich männlich zu fühlen. Es gibt zwar einige körperliche Veränderungen – Bartwuchs, Ejakulationsfähigkeit, Stimmbruch –, diese sind aber längst nicht so einschneidend, dass mann das Gefühl bekommt: Wow, jetzt bin ich ein Mann!

Es sind vielmehr Rituale und soziale Zäsuren, die den Jugendlichen zum Mann formen. Paul Parin beschreibt in seinem jüngsten Buch ‹Die Leidenschaft des Jägers›, wie er durch das Erlegen des ersten Hirschbocks in das Leben als Mann und Jäger eintrat.

Die Idole der Jungenzeit – Indianerhäuptlinge, Ritter, Astronauten – taugen als Lebensbewältigungsvorlagen nichts mehr, die neue Situation erfordert aber so einiges in der harten Konkurrenz um schulischen, beruflichen, erotischen Erfolg. Orientierungsliteratur muss her, griffige Mythen scheinen wie rettende Planken für einen Schiffbrüchigen auf hoher See.

Also Hemingway. Ich verschlang ihn, und er half mir, ein heldisches, zunächst von meiner Freundin bewundertes und, wie ich merkte, recht verbreitetes Idealbild von Männlichkeit zu imitieren. Ein Mann kämpft, spricht klar und knapp, er erträgt Schmerzen, gibt nie auf, und er sucht Verständnis und Trost bei Frauen. Die Liebe von Frauen zu bekommen, ist für einen männlichen Helden zentral. Dadurch, dass er den Frauen gefällt, zeigt sich seine Männlichkeit. Seine Männlichkeit ist erst durch das Verständnis und das Begehren der Frau gesichert.

Ich realisierte erst viel später, dass in dieser anstrengenden Form von Männlichkeit der Keim ihres Scheiterns liegt. Die Rolle überfordert schlicht. Hemingways Biografie ist das Lehrstück: Er verfiel dem Alkohol, brachte sich um. Sein Sohn Gregory, den Hemingway mit Gewalt zu einem harten Mann formen wollte, verfiel –

welch verzweifelte Auflehnung! – dem Wahn, eine Frau zu sein. Der Versuch, Held zu sein, den Frauen, der Mutter, der Gesellschaft oder wem auch immer zu beweisen, dass man der perfekte Mann ist, kann nur scheitern, weil er an den innerseelischen Realitäten, den Tiefen, der Unbestimmtheit und Unsicherheit jedes Mannes vorbeigeht.

Wie der Kontakt zum authentischen Selbst verloren geht

Die erste Hypothek des Mannes ist sein biologisches Geschlecht: Seine Identität ruht weniger bestimmt und sicher im Körper als die weibliche. Verschiedene weitere Faktoren erschweren die Entwicklung einer authentischen männlichen Persönlichkeit.

Die hartnäckige Mutteridentifizierung

Die Eltern haben bereits vorgeburtlich Bilder über ihre ungeborenen Kinder. Diese drücken sich in Fantasien darüber aus, wie das Kind wohl aussehen wird, und in den Auseinandersetzungen um die Namensgebung, in der Vorfreude, den Ängsten, in der Verarbeitung der Beziehung zum ungeborenen Kind im Bauch der Mutter, in der eigenen unbewussten Geschichte. Sind diese oft unbewussten Bilder über das ungeborene Kind von einer überwältigenden Macht und Festgelegtheit, so schreibt sich dieser Einfluss später prägend in die noch wenig geformte Psyche des Babys und Kleinstkindes ein. Die französische Psychoanalytikerin Piera Aulagnier spricht von der ‹violence de l'interprétation›, von der Gewalttätigkeit der Bedeutung, die die Mutter dem Kind verleiht. Das Kind kann sich dieser Gewalt nicht entziehen, sie schreibt sich in das werdende Selbst ein. Ein gewisses Mass an primärer Gewalt ist unvermeidbar und gar Voraussetzung für die Entwicklung des Kindes. Sie schafft einen Rahmen, in dem das Kind sich selbst erfahren kann. Ist die mütterliche Definitionsgewalt jedoch übermächtig, unflexibel und erdrückend, so macht der kleine Junge, noch bevor er den Geschlechtsunterschied erkennen kann, die Erfahrung, dass er der normsetzenden und erlebensbestimmenden Gewalt der Mutter nichts Ebenbürtiges entgegensetzen kann. Er wird sich mit der vergewaltigenden Sicht der Mutter, die vielleicht in ihm etwas sieht, was mit seiner Selbsterfahrung wenig oder nichts zu tun hat, identifizieren, um die Harmonie mit ihr nicht zu gefährden. Der Preis: Die eigene Entfremdung, die erste Spaltung der Seele in ein authentisches Selbst und ein angepasstes, fremddefiniertes, fiktionales Selbst. Das authentische Selbst wird verdrängt, um die Spaltung nicht bewusst und leidvoll erleben zu müssen.

Der kleine Junge muss sich auf jeden Fall mit der Mutter primär identifizieren – auch wenn diese ihn gut bemuttert und mit ihren Fantasien nicht überwältigt, da er nur mit dieser Identifizierung den frühen Frustrations-Trennungserfahrungen überhaupt gewachsen ist.

Diese primäre Ur-Entfremdung kann im kleinen Jungen der Grundstein für weitere gravierende Entfremdungserfahrungen sein, die Basis für den Hang der Männer zur Per-Version, zur Selbst-Verbiegung, zur Abweichung von sich selber, zur Darstellung dieser Entfremdung und der Sehnsucht nach sich selber, die sich in extremen Ritualen ausdrücken kann.

Kleinkinder entwickeln sich rasant. Gegen Ende des ersten, anfangs des zweiten Lebensjahres fangen sie an zu laufen, erweitern ihren Radius, laufen von der Mutter weg, beginnen die Welt zu erkunden. Diese von der Psychoanalytikerin Margaret Mahler ‹Separationsphase› genannte Periode zeichnet sich dadurch aus, dass die Kinder Lust an ihrer ersten Autonomie bekommen, nur noch kurz zum ‹Auftanken› zur Mutter zurückkehren, dann wieder ihren eigenen Geschäften (Sandhaufen, Spiele usw.) nachgehen. Die Separationsphase wird abgelöst durch eine überraschende Phase der Wiederannäherung, in der das Kleinkind – so um die zweieinhalb bis drei Jahre – verstärkt wieder die Nähe der Mutter sucht, gleichsam um sich für den nächsten Ablösungsschritt vorzubereiten. Es gibt Mütter, die mit dieser neuerlichen Anhänglichkeit Mühe haben. Zum einen haben sie sich durch die erste Autonomie gekränkt gefühlt und innerlich zurückgezogen und reagieren jetzt auf die Wiederannäherung mit dem Gefühl: Vorher wolltest du mich nicht mehr, jetzt will ich dich auch nicht mehr, jetzt musst du nicht mehr an mir kleben! Zum anderen glauben sie an den Mythos, dass Jungen forscher und stärker als Mädchen sein müssen, und stossen den Kleinen in eine verfrühte Trennungserfahrung.

Der Junge erlebt, dass er mit seiner Anhänglichkeit nicht mehr erwünscht ist, er muss nun ein ganz grosser Junge ohne Anlehnungswünsche sein. Wieder muss er sich aufspalten: in einen anhänglichen Teil, der von der Mutter noch etwas braucht, aber nicht mehr dazu stehen darf, und einen vernünftigen Teil, der sich mit der Vorstellung, ein Grosser zu sein, identifiziert. Wieder macht er die Erfahrung, dass ihm eine fremde Definition aufgezwungen wird: Du musst jetzt gross und draufgängerisch sein! Zusätzlich fatal ist, dass er dieses Bild nach der Erkenntnis des Geschlechtsunterschieds im Alter von etwa 18 Monaten mit dem Geschlecht verknüpfen wird: Jungs müssen gross und stark sein. Dann werden sie von Mama wahr- und angenommen.

Der kleine Junge lernt in solchen und anderen Situationen immer wieder, seine Gefühle zu unterdrücken. Er lernt eine oberflächliche Anpassung an ein Männlichkeitsideal, wird aber damit die untergründige Mutteridentifikation unbewusst festhalten.

Das zeigt sich etwas später auch beim Aggressionsthema, das im Zusammenhang mit der Eifersucht auf Geschwister besonders akut wird. Er wird seine eifersüchtigen Gewaltimpulse nicht akzeptieren und nicht mit ihnen umgehen lernen, wenn die Eltern diese nicht verstehen, er wird sie abspalten, um vordergründig ein braver Junge zu sein. Die französische Psychoanalytikerin Christiane Olivier beschreibt eindrücklich, wie die unterdrückte Wut und enttäuschte Liebe kleiner Jungen zur typisch männlichen heroischen Haltung, Liebesfrustrationen klaglos zu ertragen (statt Liebe einzufordern), verkommt. Der Junge maskiert seine fürchterliche Wut, die von den Eltern verurteilt wird, damit er von ihnen akzeptiert wird. Wenn man aber einmal begonnen hat, eine Maske aufzusetzen, fällt es irgendwann schwer, sich in einem Spiegel wieder zu erkennen.

Olivier (2000) schreibt: «Deshalb landen so viele Eifersüchtige im Erwachsenenalter auf der Couch eines Psychoanalytikers. Sie erkennen sich in ihrem ausgesprochen zivilisierten Verhalten, ihrem ständigen Besorgtsein um das Wohlergehen der anderen nicht wieder, da sie in ihrem Inneren von einem tiefen Gefühl der Wut und Ungerechtigkeit durchdrungen sind. (...) Ein Erwachsener mit dieser Kindheitsgeschichte wird weiterhin keine ‹inneren Eltern› haben und in allen Liebesbeziehungen ein Gefühl von Unbefriedigtsein empfinden, weil er das gegeben hat, was er hätte einfordern müssen.»

Die Entfremdung von den wahren Gefühlen der Gewalt führt bei vielen Männern zu einem falschen Selbst, das sich durch unendliche Geduld, Angepasstheit, Zurückhaltung, Edelmut und Heldentum auszeichnet, in Wirklichkeit jedoch eine unglückliche Hemmung ist. Ich begegne in meiner Praxis vielen solchen braven, angepassten, gutmütigen unglücklichen Männern, aggressionsgehemmten, innerlich von Neid und Eifersucht zerfressenen Söhnen, die nie ihre Wut und ihren Frust zeigen durften und ein Korsett von Anständigkeit und falscher Freundlichkeit entwickelt haben, so wie der aggressionsgehemmte Protagonist des Hollywood-Streifens ‹Anger Management›, dem von einem Psychotherapeuten (Jack Nicholson) beigebracht wird, seine Wut erfolgreich für die Durchsetzung eigener Anliegen zu nutzen.

Verblasste Väter

Die dritte Hypothek für die Männer ist die Blässe ihrer Väter. Der gesellschaftliche Wandel zu einer vaterlosen Gesellschaft hat sich in diese fatale Richtung fortgesetzt: Viele Väter werden abgeschafft, aus der Familie entfernt, disqualifiziert. Sie nehmen im Leben der Jungs oft keine zentrale Stelle mehr ein, sondern sind an den Rand gedrängt. Die Zeit, die sie mit ihren Söhnen verbringen (dürfen), ist oft minim. Die Jungen von heute haben blasse Bilder von ihren Vätern. Dieses dünne männliche Identifikationsangebot setzt der Mutteridentifizierung wenig entgegen. Dies ist besonders fatal, da die Beziehung zum Vater ohnehin zwiespältig ist. Der Junge liebt den Vater, gleichzeitig ist dieser in der Wahrnehmung des Jungen der übermächtige Konkurrent um die Liebe der Mutter, den er am liebsten aus dem Weg räumen würde. Zärtliche und gewalttätige Impulse gegenüber dem Vater toben in der Seele. Er fürchtet den Verlust der väterlichen Liebe, wenn er zu seiner Rivalität steht. Der Junge braucht einen präsenten und bewundernswürdigen Vater, mit dem er sich identifizieren kann, um diesen Konflikt erfolgreich zu lösen. Selbst wenn der Vater verständnisvoll und nicht gewalttätig ist, ist der Junge mit dieser Schwierigkeit oft überfordert. Er kann sich nicht vorstellen, dass der Vater gütig bleibt, denn er selbst will ihm ja Böses. Er muss sich den Vater rachsüchtig und neidisch vorstellen, als Verfolger, der ihn kastrieren will. Um dieser Angst vor dem kastrierenden verfolgenden Vater zu entgehen, unterwirft sich der Junge den Geboten des Vaters und verdrängt seine aufrührerischen, bösen Gedanken und Gefühle. Er richtet den Grenzen setzenden Vater gleichsam in sich selber auf. Dies ist der zentrale Prozess der Gewissensbildung.

Ist der Vater blass und unerreichbar, empfindet der Sohn Wut und Enttäuschung. Seine eigene gesteigerte Aggression dem Vater gegenüber führt zu verstärkter Angst vor dessen Rache. Diese wiederum verschärft die Aggression usw. usf. Den Aggressions- und Racheangstzirkel versucht der Sohn dadurch zu stoppen, dass er sich mit dem gefürchteten Vaterbild identifiziert. Ein Teil des wahren, aufrührerischen, unbändigen Selbsts wird damit aus Angst vor Kastration und Ermordung der Identifizierung mit einer despotischen väterlichen Norm geopfert.

Elternraub und ewige Schuld

Ein weiterer Aspekt, der Männer in ihrer gesunden Aggression und der selbstbewussten Suche nach einem eigenen befriedigenden Leben hemmt, ist ein unbewusstes Schuldgefühl, die Eltern ‹ausgeraubt› und ‹kastriert› zu haben. Dieses Schuldgefühl ist sehr schwer zu fassen, es kann sich in einem Gefühl andauernder übertriebener Verpflichtung anderen gegenüber zeigen, z. B. gegenüber den Eltern, den Chefs, den Frauen. Der Mann zahlt Tribut für seine unsichtbare Schuld, den Eltern etwas geraubt zu haben. Was er ist und hat, erlebt er als geraubt, als unrechtmässig angeeignet, er hat das Gefühl, er müsse dafür ein Leben lang zurückzahlen. Er fühlt sich, als hätte er die Eltern durch seine Gier als Kleinkind, durch die Fürsorge, die er bekommen hat, durch die Ansprüche, die er gestellt hat, durch die Errungenschaften, die er – auch dank ihnen – gemacht hat, beschädigt, kaputtgemacht, kastriert. Als dürfte er sie jetzt nicht zurücklassen und müsse für seine Verbrechen ewig zahlen. Als hätten die Eltern etwas gegen ihn in der Hand, gleichsam die ewige Schuld, ihr Ausbeuter gewesen zu sein.

Wenn Männer sich diesem Schuldgefühl nicht stellen und es nicht überwinden, laufen sie Gefahr, ihr Selbst und ihre Entwicklung ihrem gefährlichen sadistischen Gewissen zu opfern. Dieses Gewissen kann sich auf vielerlei Arten zeigen: in exzessiven Selbstentwertungsgedanken, in hypochondrischen Ängsten, in einer Neigung zur Selbstbestrafung, in chronischer Erfolglosigkeit.

Alle Kinder – Jungs wie Mädchen – haben dieses Problem. Männer tendieren aufgrund ihrer Identitätsschwäche jedoch dazu, solche Probleme zu sexualisieren statt sie als ihre persönliche Herausforderung anzunehmen.

Hass

Auch die Hassthematik wird sexualisiert. Eigentlich ist es eine menschliche Grundtatsache, dass der Hass vor der Liebe kommt.

Wir hassen alles, was uns Unbehagen macht, stört, reizt. Besonders hassen wir den Menschen, der Wünsche in uns erregt. Wir nehmen es ihm übel, dass er uns abhängig macht, dass er willkürlich und frei entscheiden kann, ob er unsere Wünsche erfüllt. Männer erleben dieses Erregungs- und Hass-Drama zuerst in der Beziehung zu ihrer Mutter. War diese Beziehung besonders unbefriedigend und belastet, neigen sie später dazu, die Thematik zu sexualisieren und alle Frauen als beunruhigend und gefährlich zu erleben.

Diese aggressive Verzerrung der Begehrens-Situation in der männlichen Fantasie führt zu inneren und äusseren Konsequenzen. Innerlich ist der Mann gepeinigt von Angstgefühlen, weil er die Frau in seiner Verkennung der Situation als verfolgend und gefährlich erlebt (paranoid-schizoide Position nach Melanie Klein). Oder er fühlt sich schuldig, weil er die Frau ständig angreift und zermürbt (depressive Position). Viele Beziehungen leiden an der schleichenden, teils verdeckten, teils offenen Aggressivierung.

Sind diese Schuldgefühle nicht bewusst, können sie nicht überwunden oder im Griff gehalten werden. Dann werden sie durch Handlungen gemildert, z. B. durch Verzicht auf Entwicklung oder durch Selbstbestrafungen. Nicht sein eigenes Leben leben ist eine der grausamsten Selbstbestrafungen.

Im Würgegriff der gesellschaftlichen Zwänge

Während die Familie durchaus eine Gegenwelt zur Gesellschaft sein und eine subversive Binnenkultur entwickeln kann, ist die Schule für alle Kinder der erste Transmissionsriemen gesellschaftlicher Normen. In der Schule gelten die gleichen Regeln wie in der Gesellschaft: Durch Geschick, Arbeit und Rücksichtslosigkeit ist Erfolg möglich. Die Konkurrenz, der Erfolg, das Scheitern, all das erleben die Kinder in der Schule, sie ahnen, was später auf sie zukommt.

Wer sich nicht anpassen kann, fliegt von der Schule, wer keinen Ehrgeiz entwickelt und arbeitet, versagt. Gleichzeitig werden die Kinder und Jugendlichen verstärkt mit den gesellschaftlichen

Vorgaben und Rollenerwartungen, was ein Mann und was eine Frau sei, konfrontiert.

Die in letzter Zeit Aufsehen erregenden Massaker, Tötungen und Selbsttötungen an Schulen werfen ein grelles Licht auf die Schule als brutalen Mikrokosmos einer brutalisierten Konkurrenz- und Risikogesellschaft.

Am 23. Mai 2003 zündete sich in einem Berner Gymnasium ein 19-jähriger Schüler an und sprang vom Dach des Schulhauses in den Tod.

In Littleton, Colorado, USA, brachten am 20. April 1999 zwei junge Männer, Eric Harris (18) und David Klebold (17), in einem Amoklauf mit Schnellfeuergewehren dreizehn MitschülerInnen und LehrerInnen um. Sie lachten, als sie ihre Opfer erschossen. Der Dokumentarfilmer Michael Moore zeichnete das Umfeld dieser Tat in seinem oscar-preisgekrönten Werk ‹Bowling for Columbine› beklemmend deutlich auf.

Am 12. Juni 2003 wurde in Yverdon am helllichten Tage ein 18-jähriger Jugendlicher von vier Gleichaltrigen bedroht, geschlagen, gesteinigt, schliesslich erstochen.

In diesen und anderen Fällen von Gewalttaten männlicher Jugendlicher waren unverarbeitete Zurücksetzungen und Kränkungen eine Wurzel ihrer Gewalttat. Die Schule wird zum Ort, an dem die brutale Gesellschaft zum ersten Mal voll auf die Seelen junger Menschen durchschlägt. Sie wird folgerichtig zum Ort, wo junge Menschen – vor allem männliche – zurückschlagen.

Was muss sich an Frustration, Ausweglosigkeit und blindem Hass in jungen Männern aufgestaut haben, damit sie sich in derart sinnlosen Gewalttaten entladen?

Fachleute warnen schon lange, dass die männliche Entwicklung vernachlässigt werde und junge Männer immer mehr – in gesundheitlicher und sozialer Hinsicht – zu einer Problem- und Risikogruppe würden. Die Befolgung der berechtigten feministischen Forderungen nach Gleichberechtigung an den Schulen hat nun vielerorts ins andere Extrem geführt, sodass die Schule mehr auf die Fähigkeiten und charakterlichen Eigenheiten der Mädchen zugeschnitten ist. Die Übernahme der verlogenen und korrumpierten gesellschaftlichen Normen, die zunehmende Zukunftslosigkeit vieler Jugendlicher, die ohne Lehrstellen und Ausbildungsplätze bleiben, ist ein Pulverfass sozialer Unrast. Besonders männliche Jugendliche fühlen sich in der heutigen Schule unverstanden. Das eher zwanghafte – oft verdeckte – Ordnungssystem, die Betonung von Sprache und Kommunikation kommen eher den Wünschen der Mädchen entgegen, die Jungen haben zu wenig Räume, ihren Bewegungsdrang, ihre innere Unruhe, ihre Verletzlichkeit, ihr Suchen nach sich selbst zu leben. Das heutige Schulsystem ist zu wenig auf die psychologischen Eigenschaften von Jungen ausgerichtet.

Bereits werden Stimmen laut, das alte System der Buben- und Mädchenklassen wieder einzuführen, um die Schule besser den Entwicklungsbedürfnissen der männlichen Schuljugend anzupassen. Wenn die männlichen Jugendlichen in ein nicht auf ihre psychologischen männlichen Gegebenheiten eingestelltes Schulsystem gezwängt werden, werden sie von sich selber entfremdet. Sie haben praktisch nur die Wahl, sinnlos zu rebellieren oder sich zu unterwerfen.

Der Eintritt ins Erwachsenenleben, der Übergang von Schule zu Beruf, von Elternhaus zu eigenem Domizil, von der Ursprungsfamilie zum selbst gestalteten Freundeskreis ist für viele Männer ebenfalls traumatisch.

Sie sind oft mangelhaft dafür gerüstet. Innerlich unbewusst immer noch mit der Mutter identifiziert, mit einem unklaren Selbstbild, unsicher, selbstwertlabil werden sie mit einer klaren Vorgabe konfrontiert: Sei ein Mann! Ohne dass ihnen jemand genau sagen könnte, wie das gehen soll bzw. was das bedeutet. Sie erleben es deutlich, dass sie nicht das sind, was da von ihnen erwartet wird. Die jungen Frauen ziehen erfahrenere Männer vor, im Beruf fühlen sie sich überfordert oder – wenn sie sich sklavisch den Erwartungen anderer anpassen – oft unglücklich.

Viele junge Männer geraten in chronische Adoleszenzkrisen, werden depressiv, süchtig, bringen sich um.

In Finnland sind junge Männer zwischen 20 und 30 die Gruppe mit der höchsten Suizidrate. In der Schweiz zeigt sich bei den Rekrutenbefragungen und bei den Ausmusterungen im Militär, dass immer mehr Männer sich den Anforderungen nicht mehr gewachsen fühlen und seelisch oder körperlich schlappmachen. Die Diskrepanz zwischen der männlichen Rolle in der Gesellschaft – sei stark und hab keine Probleme! – kontrastiert aufs Schärfste mit der inneren Realität – ich bin unsicher und komme nicht klar!

So wird das Leben für viele Männer ein Davonlaufen vor sich selbst. Männer haben immer genug Gründe, nicht in den Spiegel zu schauen und sich nicht mit sich befassen zu müssen. Es gibt eine Menge innerer und äusserer Gründe, aussenfixiert zu sein, sich von der Konfrontation mit sich selbst abzulenken. Statt auf die Suche nach sich selbst zu gehen, wird irgendwelchen Götzen gedient: der Gunst anderer, dem Geld, dem Prestige, dem Ruhm, dem Sex, der Macht.

Mit dem Druck, in der Aussenorientierung perfekt sein zu müssen, eine Aussenmaske des Erfolges zu präsentieren, geht die zunehmende Verspottung und Verhöhnung des Mannes in der Öffentlichkeit einher: ‹Auslaufmodell Mann›, ‹der kastrierte Mann›, ‹das schwache Geschlecht›. Es ist Mode geworden, sowohl von männlichen wie weiblichen Journalisten, offen sexistische und disqualifizierende Aussagen über Männer zu veröffentlichen. Hier ein willkürlich herausgegriffenes Beispiel: In seinem Artikel ‹Der Mann ist zum Vergnügen da› schreibt Jost auf der Maur in der NZZ am Sonntag vom 15. Juni 2003 in süffig-höhnischem Ton: «Der Mann braucht einfach ein bisschen mehr, damit aus ihm ein ganzer Mann wird. Auch mehr Zuwendung. Zum Beispiel, weil er weit häufiger stottert. Oder weil er öfter in Sonderschulen und Nachhilfestunden sitzt. Er fällt auch öfter von der Rolle: Böse Buben müssen öfter ins Heim zur teuren Nacherziehung.» Im gleichen oberflächlich-spöttisch abwertenden Tonfall geht es weiter über eine ganze Zeitungsseite. Man stelle sich mal vor: Eine Frau (oder gar ein Mann!) würde in ähnlichem Tonfall einen Artikel über die Frauen (generell) verfassen. Alle VertreterInnen der feministischen Kritik würden sich zu Recht empören. Männer haben im Gegensatz zu den Frauen noch nicht gelernt, sich gegen Spott und Verachtung wirkungsvoll zur Wehr zu setzen, aus Angst, sich lächerlich zu machen und als schwach und unmännlich abgetan zu werden.

Die Verächtlichkeit gegenüber Männern wird oft schlicht geleugnet. Oder falls sie festgestellt wird, als Bagatelle abgetan. Oder als feministisches Übers-Ziel-hinaus-Schiessen schulterzuckend bedauert. Oder gar als ausgleichende Gerechtigkeit propagiert.

Die Männer können viel von der feministischen Medienkritik lernen. Wenn irgendwo ein frauenverachtendes Statement in den Medien erscheint, wird postwendend der Sexismus angeprangert, und der betreffende Autor muss sich entschuldigen und zurückkrebsen.

Nichts dergleichen bei Angriffen auf Männer. Wie Jungs, die von weiblichen Teenagern verspottet werden und sich ihre Verletztheit nicht eingestehen, beissen sie auf die Zähne, tun so, als würde ihnen das nichts anhaben, und fressen ihren Ärger in sich hinein. Weder protestieren sie noch geben sie mit gleicher Münze zurück. Dass die seelischen Verletzungen, die den Männern zugefügt werden, sich in anderer Form, vor allem in den Beziehungen zu Frauen, wieder zeigen – z. B. als offene Feindseligkeit, als emotionaler Rückzug –, versteht sich von selbst. Und so geht der Geschlechterkampf weiter. Schade.

Es gehört zur männlichen Entfremdung, seine natürliche Verletzlichkeit nicht zuzulassen, sondern sich zurückzuziehen und sich eine ‹Aussenschale› von ‹harter›, ‹unempfindlicher› Männlichkeit anzutrainieren und diese womöglich noch mit echter Souveränität zu verwechseln.

Dass viele Männer auch hinter dieser Fassade, dieser coolen postmodernen Ritterrüstung leiden, geben sie vor sich selbst nicht oder nur ungern zu, und schon gar nicht zeigen sie es anderen.

So werden zahlreiche Männer im Laufe ihres Lebens immer einsamer, sie entfremden sich nicht nur von ihrem lebendigen Kern, sondern auch von anderen Menschen, weil sie nur noch Kontakte pflegen, welche mit ihrer Maske des perfekten Mannes in Berührung kommen: Geschäfts-, Berufs-, Vereins-, Sports-, Politkontakte. Um die Einsamkeit etwas zu lindern, klammern sie sich zuweilen auch an seichte Kontaktangebote, obwohl sie spüren, dass sie dadurch nicht erfüllt sind.

Am 4. Juni 2003 sprang der ehemalige deutsche Bildungsminister und FDP-Vorsitzende Jürgen Möllemann mit seinem Fallschirm in den Tod. Es hiess, er habe seinen geöffneten Fallschirm in 2000 Metern Höhe ausgeklinkt. Gegen Möllemann liefen zahlreiche Strafuntersuchungen, von seiner Partei war er nach der Wahlniederlage in der Bundestagswahl 2002 kaltgestellt worden. Am Morgen vor dem Sprung in den Tod habe er einen Freund angerufen und gefragt, warum vor seinem Haus Fernsehübertragungswagen vorführen.

Wie bei anderen Politikern, die wegen angeblicher oder tatsächlich aufgedeckter Machenschaften mit einem jähen Ende ihrer Karriere und ihres auf Sand gebauten Ruhms konfrontiert waren (der ehemalige schleswig-holsteinische Ministerpräsident Uwe Barschel z. B.), folgte kurz nach dem sozialen Tod auch der physische Exitus. Es scheint, als würden viele Männer nur durch ihre gesellschaftliche Funktion existieren. Als sei ihre gesellschaftliche Stellung, die immer noch weitgehend durch Arbeit, Prestige, äusseren Erfolg definiert ist, gleichbedeutend mit der Wertschätzung als Person. Der perfekte Mann existiert nur durch die Inszenierung einer Rolle, die mit seinem authentischen Selbst nichts zu tun hat.

Selbstentfremdung am Abgrund postmoderner Beliebigkeit

Die postmoderne Unsicherheitsgesellschaft von heute, welche niemandem mehr eine gute und gesicherte Zukunft garantiert und auch niemanden bei der Identitätssuche unterstützt, sondern, koste es, was es wolle, den Erfolg verlangt, ist für den entfremdeten Mann eine weitere Hypothek auf der Suche nach sich selbst. Die Schere zwischen erhöhten Belastungen und dem Verlust gesellschaftlicher Halte- und Unterstützungsstrukturen hat sich weit geöffnet. Jede und jeder muss sich selbst und allein um seine Interessen kümmern, das ist im ökonomischen, sozialen und psychologischen Sinn das unbarmherzige Leitmotto der postmodernen Gesellschaft. Du darfst sein, wer du willst, achte aber unbedingt darauf, dass du die ganz grossen Spielregeln einhältst! Und vor allem: Sei ein Sieger!

Das Verrückte ist, dass die Postmoderne die verführerische Botschaft der Selbstrealisierung verbreitet: Jeder darf sein, wie er will, bezüglich des Selbstkonzepts und des Lebensentwurfs hat niemand in unseren Tagen mehr Repressalien zu befürchten.

Doch diese Toleranz ist trügerisch. Die Unterdrückungsrealitäten sind einfach schwerer zu durchschauen, bestehen aber weiterhin. Die harten Forderungen an den Mann, ein perfekter Finanz-, Sexual-, Psycho- und Freizeitdienstleister sein zu müssen, werden durch das scheinliberale postmoderne Gerede nicht aufgefangen. Im Gegenteil: Je vordergründig toleranter und liberaler sich die offizielle Gesellschaft gibt, desto unerbittlicher und feinmaschiger ist die soziale Regulation, wie man zu sein und sich zu verhalten hat. Es existiert ein ausgefeilter Kleidungs-, Sprach-, Benimm-Code, je nach Subkultur. Jedes Detail der männlichen Selbstdarstellung muss stimmen, auf alles kommt es an.

Globalisierung und Bedrohung der Identität

Zur postmodernen Identitätsverflüssigung und Beliebigkeit, zur Identitätssuche des heutigen Mannes in einem Gelände ohne Orientierungsmarken kommt der gesellschaftliche Wandel durch die Globalisierung und Flexibilisierung des Kapitalismus hinzu. Richard Sennett postuliert in seinem Buch ‹Der flexible Mensch›, dass der entfesselte Kapitalismus die Erosion der Persönlichkeit nach sich zieht, weil nur noch kurzlebige, unverbindliche Bindungen und Eigenschaften gefordert sind, hingegen lang dauernde, vertrauensfördernde Beziehungen und Strukturen unterminiert werden.

Damit wird Identitätsschwäche geradezu funktional. Der nicht festgelegte, blasse, eigenschaftslose Mann kann sich jederzeit oberflächlich mit einer neuen Firmenideologie, einer neuen Partnerin, einer neuen Lebensorientierung identifizieren und diese wie ein Hemd wieder abstreifen, wenn anderes opportun ist.

Die erodierte Persönlichkeit ist gefährdet, wenn sie unter Druck kommt und stabile, belastungsfähige Eigenschaften gefragt sind, z. B. im Falle von Arbeitslosigkeit oder persönlichen Krisen. Der perfekte Mann ohne Eigenschaften ist dann überfordert, gerät unter Stress und wird krank. Oder sein Verhalten kann unberechenbar werden.

Selbstentfremdung ist chronischer Stress

Männer sind aktiv fixiert, erleben sich als Täter, ignorieren oft die schädigenden und verletzenden Einflüsse. Sie wollen nicht wahrhaben, wie sehr sie dem Einfluss der anderen unterliegen. Die Illusion der Macht und Unverletzlichkeit, in die sie sich flüchten, die Gefühle, die sie verleugnen und nicht spüren, die ungesunde Verkrampfung durch die Aufrechterhaltung der pseudo-souveränen, gefühllosen Aussenfassade, das ständige Polieren am Image, die fehlende Intimität in Beziehungen, die ausgedünnten Freundschaften, die Hetze, der Stress, das Vakuum an Sinn – all das macht den männlichen Lebensstil, von sich selbst entfremdet und perfekt zu sein, zu einem krank machenden Lebensstil.

Männer missachten die Grundprinzipien eines gesunden Lebensstils:

Prinzip 1: Kümmere dich um genügend innere und äussere Kraftquellen!

Hier sündigen die meisten Männer geradezu sträflich. Während Frauen sorgfältig an ihren sozialen Netzen knüpfen, werfen sich Männer in den verschleissenden Konkurrenzkampf, fügen anderen Verletzungen zu, schaffen sich Feinde, vernachlässigen ihre Kollegen. Kurz: Ihr soziales Netz ist – wenn es überhaupt existiert – ausschliesslich mit der aktuellen Tätigkeit und mit ihrer gegenwärtigen Rolle verknüpft, nicht mit ihrer Person. Fällt die Rolle weg, ist kein Netz mehr da. Urs Widmer hat im gefeierten Stück ‹Top Dogs› diese Einsamkeit der Macher dargestellt.

Prinzip 2: Sei aufmerksam, durchschaue dich selbst und die Welt!
Auch darin sind die meisten Männer keine Meister. Sie fokussieren ihre Wahrnehmungs- und Interpretationsfähigkeiten zu sehr nur auf die inhaltlichen Probleme ihrer momentanen beruflichen Aufgabe, sie interessieren sich zu wenig für das Gesamt der Zusammenhänge, meist auch kaum für die emotionalen Aspekte. Sie üben sich nicht in emotionaler Intelligenz, die sie genauso besitzen wie die Frauen, nur mangelhaft einsetzen. Dies führt oft dazu, dass Männer nur in Kategorien materieller Fakten denken und Lösungen durch Einsatz von Druck und Machtausübung erzielen wollen und nicht durch gemeinsame Konzentration auf die Sache.

Mangelndes Welt- und Selbstverständnis führt dazu, dass für gesunde Problemlösungen die Grundlagen fehlen. Die Tendenz, zu simpel, zu platt positiv oder zu negativistisch zu denken, führt in Sackgassen und erhöht die Belastungen. Nur wer sich sorgfältig und aufmerksam mit sich und der Welt auseinander setzt, findet kreative Lösungen und bleibt gesund!

Prinzip 3: Halte Unabänderliches aus und gestalte das Veränderbare!
Viele Männer halten nicht viel vom Lichtenberg'schen Weisheitsgebot: Herr, gib mir die Kraft, Dinge zu ändern, die ich ändern kann, gib mir die Gelassenheit, Dinge zu ertragen, die ich nicht ändern kann, und die Weisheit, das eine vom andern zu unterscheiden! Diese Fähigkeit umschreibt der Gesundheitssoziologe Aaron Antonovsky mit der ‹Handhabbarkeitserwartung› (mana-

geability). Sie besteht in der positiven Überzeugung, mit den Belastungen und Widerfahrnissen des Lebens konstruktiv umgehen zu können, sie entweder zu ertragen oder zu verändern.

Männer halten oft Unabänderliches, Schwieriges, Konfliktives, Uneindeutiges, Zwiespältiges, das man nicht aus der Welt schaffen kann, nur schwer aus. Es mangelt ihnen an Ambiguitätstoleranz.

Sie wollen Probleme nicht flexibel handhaben, Widersprüche und Spannungen ertragen, sondern lieber die Situation um jeden Preis kontrollieren. Wenns sein muss, mit der Brechstange. Kontrollieren ist aber nur in einigen Fällen richtig, in Fällen unkontrollierbarer Ereignisse oder Entwicklungen muss mann sich dem Strom der Dinge überlassen und dabei nicht untergehen. Männer mit Kontrollzwängen bürden sich übermässigen Stress auf und erkranken. Oder sie machen Fehler, scheitern und erkranken daran.

Prinzip 4: Schaffe dir einen persönlichen Sinn für alles, was du tust!
Männer brennen oft aus, weil sie es versäumt haben, ihrer Arbeit, überhaupt ihrem Leben einen persönlichen Sinn zu geben. Sie suchen den Sinn, wenn überhaupt, ‹aussen›, d.h. in der Entlöhnung, im Lob, im Prestige, nicht innen, in der Freude an der Tätigkeit, in der Erfüllung einer wichtigen Verantwortung, in den durch die gemeinsam gelöste Aufgabe entstehenden wertvollen Beziehungen. Sie sind Narzissten im klassischen Sinne des Wortes: Sie existieren nur im Bild, das ihnen der Spiegel zurückwirft (Publikum, Kollegen, Ehefrau usw.).

Wer sich aber keinen innern Sinn geschaffen hat, muss sich zu den geforderten Anstrengungen des Lebens prügeln. Er nimmt sie nicht gern auf sich, sondern quält sich durch das Leben. Sisyphus rollte eine Kugel den Berg hoch, rutschte immer wieder mit ihr hinunter. In gewissem Sinne sind wir alle ein wenig Sisyphus gegenüber den unabänderlichen Zumutungen des Lebens. Wir sollten jedoch das Gewicht der unabänderlichen Lebensgegebenheiten wie Krankheit, Tod und andere Widerfahrnisse nicht durch selbst produzierte Lasten noch vergrössern.

Kranke Männer

- Die durchschnittliche Lebenserwartung der Männer ist um sieben Jahre kürzer als die der Frauen.
- Spitäler für chronisch Kranke sind von doppelt so vielen Männern wie Frauen besetzt.
- Zwei Drittel der Notfallpatienten sind Männer.
- Männer gehen zu 25 Prozent weniger zum Arzt. Einmal im Krankenhaus, bleiben sie 15 Prozent länger.
- Drei Viertel der Selbstmörder sind Männer.
- Drei Viertel der Mordopfer sind Männer.
- 86 Prozent der HIV-Infizierten und 91 Prozent der AIDS-Kranken sind Männer.
- Auf zwei krebskranke Frauen kommen drei krebskranke Männer.
- Zwischen 30 und 50 erleiden sechsmal mehr Männer einen Herzinfarkt als Frauen.
- Bis zum Alter von 65 Jahren sterben Männer
  - fünfmal häufiger an Herzinfarkt.
  - dreimal häufiger an tödlichen Verkehrsunfällen.
  - dreimal häufiger an Lungenkrebs.
  - dreimal häufiger durch Selbstmord.
  - zweimal so oft an Leberzirrhose.
  - fast zweimal so häufig eines gewaltsamen Todes.

Männer neigen bei gesundheitlichen Problemen zur Verdrängung und Vermeidung, zögern Arztbesuche bis zum letzten Moment hinaus, nehmen selbst kostenlose Vorsorgeuntersuchungen nicht in Anspruch, verheimlichen Schmerzen und Beschwerden, aus Angst, als schwach und unmännlich zu gelten.

Subjektiv mehr leiden, dies aber weniger spüren

Die meisten Männer haben einen unausgeglicheneren Gefühlshaushalt und eine geringere Frustrationstoleranz und achten weniger auf ihre Befindlichkeit als Frauen. Sie leiden subjektiv mehr, aber spüren es weniger.

Der kranke, sich selbst entfremdete, krampfhaft sich perfektionierende Durchschnittsmann ist die tragische Figur der Postmoderne. Allen geht es besser, nur ihm nicht. Weil er blind ist.

Er kompensiert sein Elend in verzweifelten sexuellen Abenteuern, Ritualen, Süchten, Perversionen, reell oder virtuell. Oder er lindert seine Entfremdungen oral und schluckt Pillen, Alkohol, fettige Nahrung.

Oder er kompensiert durch Sportsucht und rennt sich die geplagte Seele aus dem Leib.

Dieser Mann von heute ist Lichtjahre von sich selbst entfernt.

Der gewalttätige Mann

Selbstentfremdung aggressiviert. Der gewalttätige Mann ist der entfremdete Mann, der versucht, sich mit Gewalt zu holen, was er mit Worten und konstruktiven Handlungen nicht erreicht: eine Befriedigung seiner Wünsche nach Selbstachtung, Liebe, Anerkennung, Würde. Männer sind oft unfähig, seelische Verletzungen und Hilflosigkeit anders als mit Gewalt zu beantworten. Dabei gibt es mittlerweile genügend Hilfsangebote. Männerberatungsstellen und auf Männerprobleme spezialisierte Psychotherapeuten helfen ausrastenden Geschlechtsgenossen, sich mit ihrer Gewalttätigkeit auseinander zu setzen. Voraussetzung ist allerdings, dass sie es wagen, ihr ins Gesicht zu sehen!

Bezeichnenderweise stammt ein Buch, das die verletzten Gefühle eines geschiedenen Ehemannes literarisch thematisiert, aus der Feder einer Frau («Haus Frauen Sex» von Margrit Scheiner). In diesem Buch wird die männliche Kränkung bis zum Gehtnichtmehr ausgewalzt.

Es gäbe weniger Männergewalt, wenn Männern zugestanden würde, sich mit Worten über ihre Gefühle der Gekränktheit, Benachteiligung, Verletztheit zu äussern. Doch Jammern gilt als typisch weiblich und wird sogar von Frauen oft als unmännlich verspottet. Männer sollten lernen, sich eigene Verletzungsgefühle einzugestehen, und sich das Recht nehmen, solche Gefühle in Beziehungen zu äussern, ohne gleich als unmännlich abgestempelt zu werden.

Der ungenügende Mann
und seine Entlarvungspanik

Männer haben Angst, nicht zu genügen.
Männer werden kastriert und kastrieren sich selbst.
Männer brauchen ein neues Selbstbewusstsein.

In jedem perfekten und sich selbst entfremdeten Mann steckt ein ungenügender Mann. Die Wurzeln des männlichen Perfektionswahns und der Selbstentfremdung sind tiefe Überzeugungen und Gefühle des Ungenügens: des moralischen Ungenügens in Form von Schuldgefühlen, des körperlichen und geistigen Ungenügens in der Gestalt des Leistungsversagens und des sozialen Ungenügens als Mangel an Prestige. Wenn diese Insuffizienzüberzeugungen nicht überspielt werden, zeigen sie sich in quälenden Minderwertigkeitsgefühlen, in Scham und Entlarvungsangst und in Schuld- und Bestrafungsvorstellungen.

Die perfekte männliche Maske soll vor allem eines überspielen: Angst vor Versagen. Tief drin fürchtet jeder Mann, und sei er nach aussen noch so selbstbewusst und erfolgreich, den Absturz, die Entlarvung seiner vermeintlichen Schwäche und Unzulänglichkeit. Im Kern lauert das tödliche Verdikt: Ich bin ungenügend. Männer können deshalb oft nicht mit Rückschlägen und dem altersbedingten Verlust ihrer Kraft und Virilität umgehen. Der bekannte Sexualforscher Ernest Borneman hat sich umgebracht, nachdem sich seine jüngere Frau von ihm zurückgezogen hatte.

Äusserer Erfolg beschwichtigt beim Mann die Gefühle des Ungenügens, oft wird er deshalb so verzweifelt angestrebt. Er ist aber trügerisch, weil mangelnde innere Sicherheit dadurch nur übertüncht, aber nicht überwunden wird.

Der Soziologe Max Weber beschrieb den Protestantismus und den Geist des Kapitalismus und legte damit den Grundstein für den Idealtypus des modernen Mannes: den charakterlich guten

Unternehmer. Der moderne perfekte Mann ist der gute und reiche Kapitalist. Die Postmoderne hat ihm noch narzisstische Eigenschaften hinzugefügt: Ewig jung, unendlich wandelbar soll der Idealmann sein. Das ist der Mann, den sich die Frauen in ihren Träumen wünschen. Aufregend und sicherheitsgebend zugleich soll er sein. Diesen Spagat schafft jedoch kaum ein Mann. Im Grunde ist diese Forderung ein psychologischer Widerspruch in sich. Was uns Sicherheit gibt, hat per definitionem beruhigende und deshalb nicht aufregende und Nervenkitzel verursachende Eigenschaften. Und was unser Herz in Aufruhr versetzt, taugt wenig, uns in Gefühlen der Ruhe und Sicherheit zu wiegen.

Im Idealtypus des erfolgreichen Kapitalisten vereinigen sich die Eigenschaften einer frühkindlichen Fantasiefigur, die der idealen phallischen Mutter, die in der Vorstellungswelt des Kindes *alles* hat: unermesslichen Reichtum (an Liebe, Zärtlichkeit) und zu ihren weiblichen empfangenden Eigenschaften hinzu einen versteckten Phallus, sodass sie alles kann: empfangen und geben. Der gütige Kapitalist vereinigt in sich Eigenschaften, die sich im Prinzip ausschliessen: maximalen Eigennutz und Charaktergüte. Jesus war nicht reich, aber er war gut. Die Manchesterkapitalisten waren reich, aber böse. Die modernen Unternehmer sind reich, fit und gut.

Der phallisch-mütterliche Reichtum des modernen Idealmannes vereinigt die Fähigkeiten beider Geschlechter: die phallisch-zeugende Seite und die mütterlich-schenkende. Die mit diesem Bild identifizierten Männer werden nicht müde, zu unterstreichen, wie viel sie anderen Menschen (wie eine gute Mutter) an Liebe, Fürsorge, Geld usw. schenken, wie wohltätig sie sind.

Der Novartis-Chef Daniel Vasella inszeniert sich – u. a. in seinem Buch ‹The magic cancer bullet› – als Prototyp des erfolgreichen und sozialen Kapitalisten. Er hat keine Skrupel, sich ein Jahreshonorar von zwanzig Millionen zu überweisen. Er will Gutes tun und Menschenleben retten.

Er hat seine schwierige Kindheit und Jugend gemeistert, hat sich – nach eigenen Aussagen – mit Hilfe einer Psychoanalyse von seiner Vergangenheit gelöst und kann deshalb ohne Schuld erfolgreich sein. Und er übt soziale Verantwortung, indem er Geld in Medikamente steckt, die keinen grossen Gewinn abwerfen. Die Mythen bildende Funktion dieses Topmanagers ist nicht unbeträchtlich. Regelmässig wird sein Alter (50) herausgestrichen. So jung, und schon im Zenit. Er ist geradezu eine klassische Männerfigur.

Der antike Philosoph und Gesetzgeber Athens, Solon (er lebte vor ca. 600 v. Chr. bis 559 v. Chr.), teilte das Alter der Männer in Siebenjahresabschnitte ein: Kindheit, Abwendung von der Kindheit, Erwerb der Männlichkeit, Reifung, Werbung und Heirat, Aufstieg, Gipfel von Tugend und Tätigkeit, Konsolidierung, Ruhe, körperlicher Verfall, Tod. Im siebten Jahrsiebt musst du den Höhepunkt deines Mannseins erreichen. Die unterschwellig transportierte Botschaft ist: Mach es wie er, bring die Opfer, kämpfe, leiste, dann schaffst du es auch!

Die Realität der meisten Männer ist anders als das Ideal: Sie kontrastiert total mit dem neuen Mythos des perfekt funktionierenden Alleskönners. Viele leiden heute unter Gefühlen des Ungenügens in verschiedenen Bereichen des Lebens.

Absturzangst an der Arbeitsfront

Arbeit ist für den Mann immer noch der zentrale Identitätsstifter. Ein Mann, der nicht voll arbeitet, ist kein Mann. Allerdings hat der offensive, identitätsstiftende Charakter der Arbeit an Gewicht verloren, da auch die Frauen arbeiten. Arbeit ist keine exklusive Männerdomäne mehr. Das Problem des Mannes mit der Arbeit ist also dreifach: Er muss arbeiten, um sich überhaupt als Mann zu fühlen. Er muss besonders gut und viel arbeiten, um sich gegenüber der Frau als Mann abzusetzen. Und er muss sich in der verschärften Konkurrenz auf dem Arbeitsmarkt um genügend Arbeit balgen. Fazit: Aus Identitätsgründen bräuchte mann immer mehr Arbeit. Aber es hat immer weniger.

Der Mann ist in der Defensive: Wenn ich nicht arbeite, kann ich als Mann gleich abtreten. Wenn ich aber arbeite, fängt das Elend erst an. Er ist eingeklemmt zwischen der Skylla des Karrierezwangs und der Charybdis der Absturzangst. Einerseits muss er top sein. Und da in einer Pyramide logischerweise nur ein paar top sein können, sind die meisten nicht top, also Versager. Andererseits droht permanent die Angst, aus der Arbeitswelt ins Nichts der Arbeitslosigkeit und des sozialen Todes abzustürzen.

Deshalb ist Arbeit für viele nicht mehr lustvoll besetztes, stolzes Identitätsfundament und wunschgetriebene, selbstbestimmte, befriedigende Tätigkeit, sondern angstgetriebener Grabenkampf um Geld und Status, lemminggleiches, hoffnungsloses Karriererennen. Das Gefühl des Ungenügens lauert auf Schritt und Tritt, es ist eine der grossen Ursachen der dramatisch zunehmenden Stresserkrankungen. Eine Untersuchung, die im Auftrag des Schweizer Staatssekretariats für Wirtschaft (Seco) im Jahr 2000 durchgeführt worden ist, ergab, dass rund 8 Milliarden Franken volkswirtschaftliche Kosten – 2,3 Prozent des Bruttoinlandprodukts! – auf arbeitsbedingte Stresserkrankungen zurückgehen. Eine vorsichtige Schätzung ging von 12 Prozent aller Personen aus, die wegen Stress am Arbeitsplatz seelisch oder körperlich erkranken. Heute wird der Anteil bereits auf zwanzig Prozent geschätzt.

Endstation Familiensehnsucht

Die Familie ist der zweite grosse Problembereich vieler Männer von heute. Typisches Schicksal: Die meisten Männer heiraten gegen Mitte oder Ende zwanzig, dann kommen in der Regel zwei Kinder. Wenn der Mann Mitte dreissig ist, gehen die Kinder in die Schule. Er steckt im beruflichen Aufbau, ist sehr gefordert. Je nach Lage der Dinge bleibt die Ehefrau zu Hause oder arbeitet teilzeitlich, oder sie arbeitet 100 %, und die Kinder werden fremdbetreut. Hausmänner sind nach wie vor eher die Ausnahme. Auf den Mann drückt die Last des Gelderwerbs, die Frau ächzt unter der

Dreifachbelastung: Berufs-, Kinder- und Hausarbeit. Die ersten Jahre der Familie sind von grossem Enthusiasmus und extremer Erschöpfung geprägt. Mann stellt das Modell in der Regel nicht in Frage, der Zug rollt, mann ist total eingespannt, verzichtet auf vieles und beisst sich durch. Oft ohne es zu spüren.

Beim ersten Mal Luftholen zeigen sich die Risse. Die Trennungs- und Scheidungswelle ist im Anrollen. Der Mann ist plötzlich draussen, hat sein Lebenszentrum verloren. Für Männer, die sich auf die Gründung einer Familie einlassen, mündet der Familientraum oft in einen Alptraum: Sie werden nicht nur aus trivialen Gründen verlassen, sondern darüber hinaus auch noch finanziell ausgeblutet und ihren Kindern entfremdet. Eine befreundete feministische Anwältin sagte: «Ich erlebe es regelmässig, dass der Mann hinausgestuhlt (sic!) wird, wenn das Einfamilienhäuschen gekauft ist und die Kinder in der Schule sind. Dann kann er zahlen, und die Frau hat das Haus und die Kinder. Der Mohr hat seine Schuldigkeit getan, der Mohr kann gehen.»

Der Trend zur immer rascheren Auflösung von Lebensgemeinschaften ist ungebrochen. Der Mikrozensus ‹Familie in der Schweiz› ergab, dass es im Vergleich zu den Partnerschaften, die zu Beginn der 70er-Jahre gegründet wurden, bei den nach 1975 gegründeten Paarhaushalten häufiger zu einer Trennung kam: 22 Prozent der 1985–1989 gegründeten Lebensgemeinschaften gingen schon innerhalb der ersten vier Jahre auseinander, im Vergleich zu nur 11 Prozent der 1970–1974 gegründeten. Nach zehn Beziehungsjahren waren bei den zwischen 1980 und 1984 gegründeten Paarhaushalten bereits 30 Prozent wieder zerbrochen, gegenüber 18 Prozent zehn Jahre zuvor.

Die Reform des Eherechts führte dazu, dass Frauen nach einer Trennung oder Scheidung vermehrt besser gestellt wurden. Sie haben Anspruch auf Unterhaltszahlungen, das Verschuldensprinzip als Trennungs- und Scheidungsgrund wurde fallen gelassen. Die Trennungsschwelle sinkt. Heute wird getrennt, «wenn es irgendwie nicht mehr geht». Eine echte Auseinandersetzung findet vor der Trennung oft gar nicht statt. Für die Frau ist nach der Trennung existenziell meistens gesorgt. Die Väter hingegen bleiben oft auf der Strecke. Und die Kinder leiden unter der Vaterlosigkeit. Mittlerweile lebt in Deutschland jede vierte Familie ohne Vater, in den USA leben 51 Prozent der Kinder nicht mit beiden Elternteilen zusammen. In der Schweiz geht der Trend in die gleiche Richtung.

Die Folgen dieser Entwicklung für die Kinder ist eine Katastrophe. Aus vaterlosen Familien stammen in den USA 63 Prozent der jugendlichen Selbstmörder, 71 Prozent der schwangeren Teenager, 90 Prozent der Ausreisser und obdachlosen Kinder, 71 Prozent der Schulabbrecher, 85 Prozent der Jugendhäftlinge.

Auch für die Männer ist diese Entwicklung verheerend. Die Männer leiden am Verlust ihrer Lebensbasis, an den seelischen Blessuren durch die Trennung, am Entzug des Kontakts mit den Kindern, an finanzieller Ausblutung. Sie werden oft zu verbissenen, verbitterten ‹Scheidungskrüppeln›, die kaum zu einer weiteren Liebesbeziehung fähig sind. Dem Mann drohen bei einer Trennung oder Scheidung finanzieller Ruin, Vereinsamung, Anfang bei null. Als attraktiver Liebespartner fällt er als Vater mit Kindern für viele Frauen weg. Der Lebensstress ist akut erhöht. Gesundheits- und Suchtprobleme nehmen zu, er lebt oft allein, hadert mit sich selbst, fühlt sich gescheitert, als Versager, schuldig, demoralisiert.

Remo kommt seit seiner Trennung nicht mehr auf die Beine. Er hat eine Freundin, aber die wohnt in einer andern Stadt, zwei Autostunden entfernt. Er leidet extrem darunter, seine Kinder nicht mehr jeden Tag zu sehen und den Alltag nicht mit ihnen zu teilen. Seine Ehe war nicht mal besonders schlecht, seine Frau und er haben die häuslichen und beruflichen Aufgaben fair geteilt. Sie haben jedoch in den Stressjahren zu wenig für die Beziehung getan, die Stimmung ist immer gereizter geworden, bestehende Missverständnisse wuchsen sich zu grossen Gräben aus. Man teilte keine schönen Dinge mehr miteinander, der Alltag bestand nur noch aus Pflichten.

Jeden Morgen, wenn Remo aufwacht, spürt er einen Stich in der Herzgegend, vermisst die lebhaften Stimmen seiner Kinder, fühlt sich als gescheiterter Vater und kämpft mit Wertlosigkeits- und Sinnlosigkeitsgefühlen. Er kann sich nicht richtig auf seine neue Beziehung einlassen, in Gedanken ist er immer noch am alten Ort. Er schluckt Anti-Depressiva, um über die Runden zu kommen.

Die Autorin Karin Jäckel hat mit ihrem Buch ‹Der gebrauchte Mann. Abgeliebt und abgezockt – Väter nach der Trennung› Aufsehen erregt. Sie polemisiert gegen den alten Schwanz-ab-Feminismus, der im Mann den Feind sieht, und gegen den neuen Girlie-Feminismus, der den Schwanz sozusagen unideologisch stehen lässt, aber den restlichen Mann für dumm, verzicht- und entsorgbar hält. Ihrer Meinung nach ist die «grenzenlose Verächtlichmachung der Männer seit den 80er-Jahren» zum Gesellschaftsspiel geworden, an dem ironischerweise auch viele Männer mitwirken. Sie plädiert für einen Paradigmenwechsel. Emanzipation müsse wieder praktizierte Liebe und Partnerschaft sein und nicht verantwortungsloses, zynisches Ex-und-Hopp. Eine Gesellschaft, in der die Eltern unmittelbare Bedürfnisbefriedigung als Lebensrecht propagieren und beim geringsten Frust aus der Beziehung fliehen, brütet eine ich-schwache Null-Bock-Generation aus.

In diesem Umfeld, das von Beziehungstheoretikern wie Anthony Giddens als ‹authentizitätsfördernd› und ‹individualisierend› gefeiert wird, leiden Männer mit einer Sehnsucht nach einem guten Familienleben zunehmend. Will ein Mann heute seine Familie nicht verlieren, muss er ganz schön strampeln.

Der perfekte Mann ist also nicht nur beruflich top, er ist engagierter Vater, aufmerksamer Ehegatte, leidenschaftlicher Liebhaber, einfühlsamer Gesprächspartner. Schafft er das Multirollenprogramm nicht tadellos, ist er durchgefallen und wird freigestellt. Tschüs Honey.

So wie die Frauen sich selbst in die Mehr-Rollen-Überforderung manövriert haben, finden sich nun auch die Männer in dieser Falle. In allen Rollen Erfolg haben können sie gar nicht und geraten deshalb zwingend in Gefühle des Ungenügens.

Die so genannte Life-work-balance will uns weismachen, wie dieser Mehrfachrollen-Überforderungsstress allen Ernstes erfolgreich gemanagt werden soll. Ich bin skeptisch. Das Rezept kann nicht aufgehen. Die meisten Männer, die ehrlich mit sich selbst sind, erkennen, dass sie durch die Forderung, überall top sein zu müssen, überfordert sind auf der ganzen Linie.

Die Familie hat für viele Männer heute eine zentrale stabilisierende Funktion. Sie stellt nicht mehr wie früher das klassische Haushalts-‹Backoffice› dar, *dafür* bräuchte der Mann keine Familie, eine Haushälterin täte es auch. Die Familie könnte in den unsicheren Zeiten der postmodernen Risikogesellschaft, in der die Arbeit immer weniger identitätsgarantierend ist, vielmehr einen festen Orientierungsrahmen, eine Verankerung in der Realität und einen emotionalen Halt darstellen. Viele Männer haben Familiensehnsucht. Doch es gibt Frauen, die die Männer als überflüssig erachten, um einen Familienbetrieb aufrechtzuerhalten, und oft zu schnell auf Trennung oder Scheidung drängen, wenn Konflikte auftauchen. War früher für Frauen das Kinderkriegen eine Falle, so ist es heute oft die Vaterschaft für Männer, die mit ihrem Familienprojekt trotz grossen Engagements unglücklich werden.

Geld und Macht sind geil

Ja, das liebe Geld. Dieser Faktor ist für die allermeisten Männer, die kein grosses Erbe antreten, eng mit dem Faktor Arbeit verkoppelt. Sie fühlen sich ungenügend, wenn sie nicht die ganz grosse Kohle machen. In diesen Zeiten der ungehemmten Profitgier einiger weniger Spitzenmanager verdienen die meisten Männer für ihre eigenen Begriffe immer irgendwie zu wenig, um die Konsumwünsche ihrer Kinder rundum zu befriedigen. Zu wenig, um die Ehefrau bei Laune zu halten. Zu wenig, um etwas auf die Seite zu legen. Eben einfach zu wenig.

Die Bilanz ist ernüchternd und deprimierend.

Verschiedene Umfragen zeigen, dass Frauen als dauerhafte Partner tendenziell finanziell erfolgreiche Männer wählen, Männer hingegen mehr auf die Schönheit und die Charaktereigenschaften ihrer Frauen achten. Der Frau und den Kindern ein tolles Zuhause und ein sorgenfreies Leben zu ermöglichen, wird zum Selbstzweck. Es wird gerackert, um möglichst viel zu bieten. Logisch, dass dann kaum Zeit fürs zweckfreie Zusammensein mit der Familie bleibt. Der Mann wird zerrieben in der Anforderungsmühle zwischen Familie und Beruf. Fast die Hälfte der Männer (49,2 Prozent) geben im Mikrozensus ‹Familie in der Schweiz› an, wegen ihrer beruflichen Tätigkeit zu wenig Zeit zu haben. Die wichtigsten Bereiche, die laut den meisten Männern zu kurz kommen, sind die Erholung und Freizeit und die Partnerschaft. Dieser Zustand ist eine permanente Quelle von Frustration und Ungenügen.

Der gnadenlose Liebesmarkt

Die meisten Männer möchten leidenschaftlich und fürsorglich lieben. Und möchten geliebt, anerkannt und umsorgt werden. Und wünschen sich die ‹richtige Frau›, die zu ihnen passt. Wunsch und Realität sind jedoch zwei Paar Schuhe.

Im Lebensalter zwischen 40 und 50 zerbrechen bei vielen Männern die langjährigen Lebenspartnerschaften. Eine persönliche Erfahrung: Von den zehn Elternpaaren, die vor zehn Jahren den selbst verwalteten Kindergarten getragen hatten, sind heute neun getrennt!

Der Psychoanalytiker Irvin Yalom zählte jeweils zusammen mit seiner Frau an Partys die glücklichen Paare. Sie kamen nie über fünf Prozent.

Mit der Liebe wills nicht mehr so recht klappen. Sie verläuft in öden Bahnen. Vielleicht funkelt sie noch in leidenschaftlichen Begegnungen oder stellt sich für bestimmte Lebensabschnitte glückhaft ein. Doch wo ist die verlässliche, stabile Liebesbeziehung, die es in sich hat, geblieben? Die ganz grosse Liebe, von der mann träumt? Die Liebe, die alles überstrahlt, die energetisiert? Die Liebe, die ihn antreibt, anspornt, die ihn den ganzen Krampf besser ertragen lässt? Er hört von vereinzelten positiven Beispielen, meist nicht aus seinem engeren Bekanntenkreis, liest in Zeitschriften davon. Doch er scheint meilenweit davon entfernt zu sein.

Er sehnt sich nach dieser Liebe und würde vieles dafür tun. Aber wo ist sie? Die Frauen scheinen je länger, je weniger daran interessiert. Das Wort ‹Liebe› darf heute sowieso kaum noch fallen. Die guten Frauen, so stellt er fest, sind in festen Händen, und sie bleiben dort, auch wenn sie selber es nicht so toll finden. Er macht auch die Erfahrung, dass viele Frauen alles ihrer Arbeit unterordnen. Es scheint, als hätten sie die traditionellen männlichen Werte übernommen, sie wollen für die Beziehung kaum noch Energie und Zeit investieren. Mit anderen Frauen wiederum droht man sich in Kämpfe um Nähe und Distanz, um Dominanz und Unterordnung zu verstricken.

Er fühlt sich auf dem Liebesbeziehungsterrain ungenügend. Er schafft es nicht, und es nagt an ihm. Ist er ein unmöglicher Kerl? Zu wenig anpassungsfähig? Stimmt mit ihm etwas nicht? Soll er eine Therapie machen? Oder liegt es an den Frauen? Oder am oberflächlichen Zeitgeist? Der Mann zieht Midlife-Bilanz. Arbeit: ungenügend. Familie: ungenügend. Geld: ungenügend. Liebe: ungenügend. In der Gesamtwertung: durchgefallen. Fazit: angeschlagen.

Männliches und weibliches Gehirn

Grundsätzlich stammen Gefühle des Ungenügens aus drei Quellen: erstens aus realistischen Wahrnehmungen der Überlegenheit anderer, zweitens aus irrationalen Einbildungen. Und drittens aus negativen Einflüsterungen. Oft spielt alles zusammen: Mann nimmt ein bestehendes Ungenügen übertrieben wahr, generalisiert eine punktuelle Unterlegenheit auf andere Bereiche, lässt sich durch destruktive Kritik ins Bockshorn jagen, weil mann selber mit sich gnadenlos ins Gericht geht.

Niemand ist in allen Bereichen perfekt, weiss alles und kann alles. Das ist schlicht menschlich. Es gibt viele realistische Anlässe, sich als Mann, als Mensch berechtigterweise in seinen Fähigkeiten begrenzt zu fühlen. Es gehört zur emotionalen Reife, dass mann feststellen und anerkennen kann, dass und inwiefern andere überlegen sind. So kommt es vor, dass ein anderer besser zuhören und kommunizieren kann. Oder mann muss die grösseren beruflichen Fähigkeiten eines Konkurrenten (vielleicht zähneknirschend) anerkennen oder ist gezwungen, bei einem anderen neidvoll körperliche Attraktivität oder bezwingenden Charme zu konstatieren. Dies sind alles reale Grundlagen eines stimmigen punktuellen Gefühls eigenen Ungenügens.

Wir sind nicht alle mit den gleichen natürlichen Gaben und Begabungen gesegnet. Wir haben unterschiedliche Eltern. Wir sind nicht alle gleich seelisch stabil, gleich ehrgeizig, gleich tüchtig. Dies hat mit ungleichen Anlagen, Prägungen, Sozialisationen, Entwicklungen zu tun. Ausserdem beruht unterschiedlicher Erfolg auch – nicht nur! – auf realer unterschiedlicher Bereitschaft, etwas zu leisten.

Neuere Studien zeigen, dass es nicht nur individuelle Fähigkeitsunterschiede, sondern auch eine Menge geschlechtsspezifischer Differenzen gibt. Es gibt Dinge, die Frauen aus neurophysiologischen Gründen im Durchschnitt besser können als Männer und umgekehrt. Der Pariser Psychologe Serge Ginger hat sie zusammengetragen:

- Die Mehrzahl der Männer und Frauen haben in vielen Teilbereichen unterschiedliche Gehirne.
- 20 Prozent der Männer haben ein eher ‹feminines› Gehirn und zehn Prozent der Frauen ein eher ‹maskulines›.
- Frauen haben im Durchschnitt ein zwei- bis dreimal besseres Gehör (d.h. Frauen hören Männer ‹schreien›, wenn diese selbst erst das Gefühl haben, ‹klar und deutlich zu reden›).
- Frauen hören mit beiden Hirnhälften, d. h. mit der verbal-logischen (linken) und der intuitiv-emotionalen (rechten), weil bei

ihnen die Verbindung zwischen den Hirnhälften wichtiger ist, d. h. sie hören nicht nur, *was* jemand sagt, sondern auch, *wie* jemand etwas sagt, während die Männer vor allem den Inhalt hören.
- Die linke Hirnhälfte ist bei den Frauen besser entwickelt.
- Die rechte Hirnhälfte ist bei den Männern besser entwickelt (im Gegensatz zur immer noch vorherrschenden öffentlichen Meinung).
- Man weiss, dass die linke Hirnhälfte die ‹wissenschaftliche› (rationale, sprachliche) und die rechte die ‹künstlerische› (räumliche, bildhafte, emotionale) ist.
- Die Frau tendiert zum Gespräch und zur Kommunikation, der Mann zum Handeln, Gestalten, Konkurrieren.
- Im Kindergarten reden die Mädchen viermal mehr als die Jungen, die Jungen toben zehnmal mehr herum.
- Als Erwachsene telefonieren die Frauen im Durchschnitt zwanzig Minuten pro Anruf, die Männer sechs Minuten.
- Die Frau ist weniger emotional, aber sie kann ihre Gefühle besser mit Worten ausdrücken, der Mann ist gefühlvoller, aber er zeigt seine Gefühle nicht mit Worten, sondern im Handeln – ein Umstand, der weder in den Liebesbeziehungen noch in der Psychotherapie angemessen berücksichtigt worden ist! Solche natürlichen Überlegenheiten müssen anerkannt und berücksichtigt und nicht bekämpft und qualifiziert werden.
- Die Frau ist räumlich und zeitlich linear, d. h. zweidimensional orientiert, sie nimmt die Dinge und Ereignisse eher in Reihenfolgen wahr.
- Der Mann ist räumlich orientiert, er nimmt eher global und dreidimensional wahr.
- Die Frau hält sich an konkrete Zeichen und Objekte.
- Der Mann hält sich an allgemeine Richtungen (so findet er das Hotel in einer fremden Stadt auch via Abkürzungen dank seiner räumlichen Orientierung).
- Die Frau ist in der Wahrnehmung überlegen: besseres Gehör,

besserer Hautkontakt (zehnmal so viele Hautrezeptoren wie der Mann), stärkeres Bedürfnis nach Berührung, feinerer Geruchssinn (bis zu hundertmal besser zu bestimmten Zeiten ihres Zyklus), besser entwickelte Visualität und direkter visueller Eros, d. h. sie findet unmittelbare körperliche Merkmale attraktiv (während der Mann eher auf indirekte Attribute wie Kleider, Schminke oder ganzheitliche Charakteristika wie Bewegungen oder Handlungen der Frau anspricht).

Die hormonellen Unterschiede führen ebenfalls zu dramatischen Verschiedenheiten:

- Männer haben mehr Testosteron – das Hormon des Begehrens, der Aggressivität, der Eroberung.
- Männer haben 40 Prozent Muskelmasse, Frauen 23 Prozent.
- Männer sind reaktionsschneller und ungeduldiger.
- Männer sind aggressiver, wettbewerbsorientierter, dominanter (sie versuchen den Raum zu beherrschen).
- Männer sind ausdauernder und hartnäckiger.
- Ihre rechte Körperhälfte dominiert.
- Männer sind weitsichtiger (sie halten Ausschau nach Beute und Gefahren).
- Männer sind abenteuerlustiger, risikofreudiger, sensationshungriger.
- Frauen haben mehr Östrogen – das Hormon der Fruchtbarkeit, der Empfängnis, der Lust.
- Frauen können sich präziser bewegen (z. B. jeden Finger einzeln beugen).
- Ihre linke Körperhälfte dominiert.
- Sie haben 25 Prozent Körperfett, Männer 15 Prozent.
- Sie haben ein besseres Worterinnerungsvermögen und können sich den Ort von Objekten besser merken.
- Sie erkennen Geräusche und Melodien besser.
- Sie erkennen Farben besser.

Aus diesen natürlichen Unterschieden und entsprechenden punktuellen Überlegenheiten können Missverständnisse, Entwertungen und Geschlechterkämpfe entstehen oder auch Ansätze für die Anerkennung von Differenz.

So sind Männer im Angang schwerfälliger und ungeschickter, wenn es darum geht, Gefühle wahrzunehmen und darüber zu reden. Männer brauchen motorische Aktivität, bevor sie in einer Gesprächssituation ihr volles Potenzial ausschöpfen können. Frauen sind zunächst ängstlicher und zaghafter, wenn es um die Behauptung im Raum und im Leben überhaupt geht. Sie brauchen in dieser Beziehung eine längere Anwärmphase.

Diese realen individuellen und geschlechtsbezogenen Fähigkeitsunterschiede können Gefühle des eigenen Ungenügens bewirken. Sie sind jedoch immer spezifisch auf den betreffenden Bereich bezogen und lassen sich entweder durch ein gewisses Nachlernen auffangen oder durch Gefühle der Kompetenz in anderen Bereichen erfolgreich kompensieren.

Chronische, verallgemeinerte und besonders starke Gefühle des Ungenügens sind meistens fantasie- und nicht realitätsfundiert: Jemand wähnt subjektiv (und fälschlicherweise), er sei ungenügend, schwach, dumm, unattraktiv, unmännlich und was der disqualifizierenden Eigenschaften mehr sind, während die Umwelt ihn ganz anders wahrnimmt.

Fantasiertes Ungenügen – eine Tour d'Horizon durch die Brutstätten der Neurosen

Übertriebene Gefühle des Ungenügens wurzeln immer in irrationalen Vorstellungen und Überzeugungen hinsichtlich bestimmter Fähigkeiten und Potenzen. Woher stammen solche ‹falschen› Bilder?

Wir waren alle einmal Kinder, und das sehr lange. Als Kinder standen wir in einem eher ungemütlichen Wettbewerb mit anderen Kindern und mit Erwachsenen. Wir machten dort die Erfahrung, dass andere vieles besser, schneller können, besser wissen. Und wir erwarben eine Überzeugung, im Vergleich mit anderen ungenügend zu sein.

Die klassische Situation des Ungenügens wurzelt – wie Sigmund Freud anfangs des letzten Jahrhunderts feststellte – im Ödipuskomplex: Als kleiner Junge begehrten wir die Mutter (als Mädchen den Vater) und machten die Erfahrung, keine Chance bei ihr (bzw. beim Vater) zu haben im Vergleich zu erwachsenen Konkurrenten.

Diese Erfahrung des ausbleibenden Liebeserfolgs bei den jeweiligen Elternteilen erklärten wir in unseren Kinderköpfen damit, dass es uns an entsprechenden Attributen und Fähigkeiten mangelte. Es bildete sich eine verzweifelte Vorstellung, zu klein, zu hässlich, zu dumm, zu blöd zu sein. Diese subjektiv erlebte kindliche Insuffizienz in Liebesdingen ist nach Freud die Wurzel bzw. der Kern jeglichen Insuffizienzgefühls.

Männer, die bei jeder Gelegenheit das Gefühl haben, sie seien nicht genügend, man würde sie nicht ernst nehmen, sie könnten es sowieso niemandem recht machen und was der individuellen Ausdrucksformen männlicher Ungenügensgefühle mehr sind, leiden an einem nicht überwundenen Ödipuskomplex. Sie kommen sich – wenn sie die Erfahrung machen, dass sie bestimmte Dinge weniger gut können als andere – was ja immer irgendwo der Fall sein kann – wie kleine Jungs vor, die mit ihren Vätern oder grösseren Geschwistern nicht mithalten können. Sie überhöhen die Fähigkeitsunterschiede ins Absolute.

Oft werden die Ungenügensgefühle, die aus dem nicht verarbeiteten Ödipuskomplex stammen, verdrängt und überspielt nach dem Motto: Ich spiele mich besonders gross auf, weil ich mich so klein fühle! Angeberische, grossspurige, prahlerische Männer gehören in diese Kategorie.

Eine weitere Quelle genereller Ungenügensgefühle ist ein angeschlagener Narzissmus.

Der Narzissmus umschreibt die positive Besetzung des Selbstbildes oder vereinfacht gesagt: wie sehr man sich selbst liebt. Ein gesunder Narzissmus ist die Basis seelischer Gesundheit: Wer sich angemessen realistisch selber liebt, aber auch seine Schwächen sieht, kann auch andere Menschen lieben und positiv besetzen. Wer sich selbst zu wenig liebt, fühlt sich immer ungenügend und braucht von aussen zu viel positive Zuwendung; er ist überempfindlich, projiziert seine mangelnde Selbstliebe in andere oder kompensiert sie mit einem krankhaft übersteigerten Selbstgefühl, gebärdet sich grandios, ist unnahbar und überheblich.

Der Narzissmus hat seine Quelle in unserer Kindheit, angefangen bei den frühesten Erfahrungen mit den ersten Bezugspersonen.

Wenn wir dort die Erfahrung machen, nicht genügend und adäquat wahrgenommen, gespiegelt und geliebt zu werden, resultiert eine Wunde in unserem Selbstgefühl, die nur sehr schwer verheilen kann.

Viele Männer fristen ihr Leben mit einem angeschlagenen Narzissmus. Diese Art von Unterlegenheitsgefühlen wurzelt in der Erfahrung, von der Mutter oder vom Vater mangelhaft wahrgenommen, gespiegelt und geliebt worden zu sein.

Das mangelnde männliche Selbstgefühl kann auch durch eine mangelnde Verinnerlichung des väterlichen Phallus bedingt sein.

Das bedeutet, dass der Mann seinen Vater als impotent und kastriert wahrgenommen hat und dieses impotente, kastrierte Vaterbild als negatives Vorbild verinnerlicht hat: Mein Vater ist ein Schlappschwanz, ich bin auch einer! Diese mangelnde Verinnerlichung eines starken Männerbildes wird dann oft angestrengt durch ein pseudo-potentes phallisches Gehabe überspielt, d.h. es wird so getan, als besässe man einen starken, potenten Phallus, die innere, oft unbewusste Überzeugung des Ungenügens wird kaschiert durch Polieren an einer glänzenden perfekten Männlichkeitsfassade. Untergründig lauert eine grosse Angst, demaskiert und als kastriert und unmännlich entlarvt zu werden.

Mogelpackung statt Lebendigkeit

Solche Männer sind Mogelpackungen. Sie verbergen ihr mangelndes männliches Selbstgefühl hinter einem brillanten hypermännlichen Auftritt. Bei näherem Hinsehen und genauerer Prüfung halten sie nicht stand (‹verhebed nöd›, wie es unübersetzbar und treffend auf Schweizerdeutsch heisst). Sexuelle Impotenzprobleme verdeutlichen das manchmal ganz konkret: Dann, wenn es drauf ankommt, fühlt sich der Mann nicht getragen durch ein starkes, von innen kommendes Gefühl eigener Kraft, sondern macht schlapp, weil seine angeschlagene Männlichkeit ihn behindert.

Mein Patient Reto ist ein attraktiver, athletischer Student von 28 Jahren. Er kommt bei den Frauen gut an, ist äusserst charmant und gewinnend. Er leidet unter seinem widersprüchlichen Verhaltensmuster in den Beziehungen zu Frauen: Er wirbt heftig um sie, gewinnt auch regelmässig ihre Herzen, doch wenn er sie gewonnen hat, kommen ihm Zweifel an seiner eigenen Männlichkeit, er traut es sich nicht zu, eine Frau wirklich zu befriedigen, wird ängstlich und zieht sich zurück. Es zeigt sich in der Therapie, dass er an der Vorstellung leidet, sein Penis – und sein ganzer Charakter – sei eine Täuschung, alles nur falscher Schein. Aussen fix, innen nix. Er fürchtet, die Erektion könne mitten im Geschlechtsakt zusammenbrechen, weil es ihm «an männlicher Substanz» fehle, wie er sich ausdrückt. Oder er hat Panik, von der Frau als intellektueller und sexueller Versager entlarvt zu werden. Er fühlt sich wie ein Gernegross, der den anderen etwas vorspielt. Die von ihm erlebte Fantasie, eine Art männliche Mogelpackung zu sein, ist eine typische Männerfantasie und beruht auf einer mangelnden Verinnerlichung männlicher Eigenschaften, die auf einer als ungenügend erlebten ‹Versorgung› durch väterliche Zuwendung und Rückenstärkung beruht. Wenn ein Mann nicht gelernt hat, von seinem Vater oder anderen männlichen Vorbildern etwas anzunehmen und zu lernen oder solche Identifikationsfiguren schlicht fehlten oder ungenügend präsent waren, resultiert oft diese quälende Identitätsschwäche.

Auch die Kastrationsangst kann verantwortlich sein für ein chronisches Gefühl männlichen Ungenügens: Der Mann identifiziert sich mit der Idee eines kastrierten Vaters oder einer kastrierten

Mutter, oder er beruhigt seine Angst, zur Strafe kastriert zu werden, mit der Idee, er sei ja schon kastriert.

Warum die Wichtigkeit des Kastrationsthemas? Dies hat mit der in den Tiefen unserer Seele herrschenden kindlichen Logik zu tun: Für das Kleinkind, das den Geschlechtsunterschied wahrnimmt, besteht zunächst die einzige vernünftige Annahme, dass alle Menschen einen Penis haben. Es kann doch nicht sein, dass nur ein Teil der Menschheit einen hat, nur Papa hat einen, Mama aber keinen. Das heisst, es versucht, den Geschlechtsunterschied zu leugnen. Und es sucht nach Erklärungen für den wahrgenommenen Unterschied. Zunächst wird es sich einreden, Mama habe auch einen Penis, der sei halt versteckt, im Innern des Körpers beispielsweise. Unsere unbewusste seelische Erklärungskreativität kennt keine Grenzen. Mit zunehmender erdrückender Evidenz des Geschlechtsunterschiedes – da unten ist *wirklich* nichts dran bei der Frau! – versucht das Kind, den Unterschied nicht mehr wegzuleugnen, sondern als Folge eines Geschehens zu erklären: Der Penis war auch einmal da, aber jetzt ist er es nicht mehr! Damit tritt die Kastration als Ursache des Geschlechtsunterschiedes in die Fantasie der Menschen. Die Idee, dass die Frau ein kastrierter Mann sei, findet Beifall beim Jungen, weil er sich so überlegen fühlen kann. Das Mädchen hingegen wehrt sich gegen diese Fantasie und wird sich allenfalls als Frau am Mann dafür rächen und ihn zur Rache ebenfalls kastrieren. Die Kastrationslogik begründet somit auch eine spezifische Aggression zwischen den Geschlechtern.

Die Lust am Männerkastrieren

Männer werden oft kastriert. Symbolisch, mit Worten und Taten. Sie werden entwertet, lächerlich gemacht, verspottet, ihrer Würde beraubt. Durch ihre Ehefrauen, Partnerinnen, andere Männer, ihre Kinder, Kollegen, Chefs, Eltern.

Gründe gibt es in den unbewussten Fantasien genug. Der Phallus ist das beneidete Symbol par excellence. Er wird in der Fantasie des Kindes aufgeladen mit der Bedeutung von Macht, Reichtum; er ist das ultimative Zeichen, auf ihn kommt es an. Man kann alles Gute, Entscheidende, Mächtige, Kräftige in ihn hineinprojizieren. Wenn mann/frau ihn hat, hat mann/frau den Schlüssel zu Macht, Reichtum, Potenz, Glück, einfach zu allem (wohlverstanden – in der kindlichen Fantasie, aber die ist in uns allen – verdrängt! – lebendig).

Einen Mann kastrieren kann also heissen sich rächen (für subjektiv empfundene Impotenz), ihn berauben (aus Neid und dem Wunsch, das Entscheidende zu klauen, um auch mächtig zu werden), ihn ermorden (und damit den Neidgrund, die Eifersucht, den Groll aus der Welt schaffen), ihn impotent und lächerlich machen (um ihn nicht mehr beneiden und begehren zu müssen).

Mann muss sich allerdings im Klaren sein: Kastrierende Aggression ist universell. Sie ist auch nicht moralisch verwerflich. Sie ist einfach ein psychologisches Faktum, mit dem wir uns herumschlagen müssen. Verleugnen nützt nichts. Die oft krasse, z.T. subtile Aggression wahrzunehmen und sich gegen sie zu wappnen, ist sinnvoller. Die subjektive phantasmatische Kastrationsangst des Mannes und die Kastrationswünsche der Umgebung addieren sich, lassen sich jedoch nach ihrer Quelle unterscheiden: Kommt die Gefahr von innen oder aussen (oder von beiden Seiten)?

Was reizt den Kastrationswunsch bei anderen besonders? Es sind immer Gefühle der Erregung, des Neids, des subjektiven Ungenügens. Je potenter ein Mann, desto mehr wird er das Objekt des Neides und Kastrationswunsches der Umgebung.

Die Hitliste der inneren und äusseren Feinde männlichen Selbstbewusstseins ist lang. Die kastrierenden Frauen beispielsweise sind Frauen mit unbewusstem oder bewusstem Penisneid, die es darauf abgesehen haben, den Mann in seiner Potenz zu demontieren, um ihren eigenen Neid etwas zu lindern. Es sind Frauen, die Männern immer ins Wort fallen, sie kritisieren, an ihnen kein gutes Haar lassen, aggressiv dominieren und so unbewusst ausdrücken: Du hast keinen (mehr), *ich* hab einen (jetzt).

Aber nicht nur neidische Frauen haben ein Interesse daran, Männer zu kastrieren. In der Fantasie können andere neidische Männer oder Rivalen oder die eigenen Kinder einen kastrieren. Grundsätzlich haben es alle, die Mühe mit der Stärke des Mannes haben, auf sein bestes Stück abgesehen.

Wir leben in einer Gesellschaft, welche die Männer zunehmend kastriert. Väter dürfen nicht mehr mit Autorität auftreten, Männer dürfen nicht ihre volle Potenz zeigen, Mässigkeit und Mittelmass sind gefragt, sonst treten die Neider auf den Plan.

Leserinnen und Leser, die nicht mit den abgründigsten Tiefen der Seele ausgiebig vertraut sind, mögen jetzt erstaunt sein, dass in jedem und jeder solch grässliche Ideen hausen.

Doch die Erfahrung hat gezeigt, dass es tatsächlich so ist. Der Geschlechtsunterschied beschäftigt uns alle unablässig; der Neid auf das andere Geschlecht und die vielen illusorischen Versuche, ihn aus der Welt zu schaffen, sind allgegenwärtig. Der männliche Phallus ist ein Symbol männlicher Stärke, ein Symbol von Potenz und Macht generell. Als solches ist er eine Provokation. Weil er die Habenichtse und die Habenden teilt, und weil er Rivalität und Angst hervorruft.

Gelänge es der Gesellschaft, den Phallus aus der Welt zu schaffen, hätten wir es mit einem Rückfall in eine kulturlose, primitive und gefährliche Gesellschaft zu tun, die den Mangel nicht mehr denken und an ihm leiden kann, sondern den Mann und alle Differenz eliminieren muss. Das wäre gleichzeitig auch der Tod der menschlichen Kultur, denn der Unterschied ist das Lebendige. Die Gleichheit, die Leugnung des Unterschieds, ist tödlich.

Mütter z. B., die den Mann aus ihrem eigenen Leben drängen und den Vater aus dem Leben ihrer Kinder, sorgen dafür, dass die Jungen keine Identifikation mit dem Vater, sondern nur eine Gegen-Identifikation mit der Mutter entwickeln können.

Christiane Olivier (2000) beschreibt die seelische Situation von Jugendlichen, die in Familien ohne die Väter aufwachsen, so: «Das ganz natürliche Aufbegehren gegen die Autorität wird also verdrängt oder in Schweigen gehüllt, wenn kein Vater mehr da ist, der der Mutter zur Seite steht: Wenn sie allein erziehend ist, ist die Mutter die einzige Person, mit der sich die Kinder identifizieren können. Sie wird im gleichen Masse zu ihrem einzigen Bezugspunkt, wie sie ihnen keine wirkliche Orientierung bieten kann. Während sich die Situation der Mädchen dadurch nur geringfügig ändert, weil in jedem Fall in allen Familien die Erziehung der Töchter vor allem durch die Mutter erfolgt, sieht es für den Jungen, aus dem ein Mann werden soll, ganz anders aus. Er kann nicht seine Mutter als Vorbild nehmen, weil sie eine Frau ist, aber auch nicht seinen Vater, da dieser als ‹ungeeignet› aus der Familie entfernt wurde.»

Diese Situation führt dazu, dass die normale, immer etwas inzestuös gefärbte Liebe der Mutter, die auch unter normalen Umständen dem Jugendlichen lästig ist, in diesem Fall noch viel lästiger wird. Es kommt – spätestens in der Pubertät – zu einer heftigen Gegenreaktion auf die Mutter, wenn diese dem Sohn verbietet, so zu werden wie der Vater. Was schon unter normalen Umständen schwierig ist, wird bei Abwesenheit des Vaters zur Unmöglichkeit:

«Die Folge ist, dass die Identifikation mit dem Vater durch die Gegen-Identifikation mit der Mutter ersetzt wird, d.h. dass es, um ein Mann zu werden, ausreicht, keine Frau zu sein. Eine seltsame Schlussfolgerung, die auf endgültige und negative Weise die Beziehung vieler Männer zu ihrer Frau prägt und die Aussage des amerikanischen Psychoanalytikers Stoller bestätigt: «Die erste Pflicht eines Mannes ist es, keine Frau zu sein.»

Die erste Pflicht und vor allem das Recht jedes Mannes ist es, er selber zu sein, d.h. ein einzigartiger, unverwechselbarer Mann, der sich nicht den Wünschen und Projektionen anderer ausliefert. Erst wenn er er selber ist und nicht ein Abziehbild der Erwartungen oder Bilder anderer, wird er dieses authentische Selbst gegen Übergriffe und Zumutungen in Beziehungen – auch in Liebesbeziehungen – verteidigen können.

Die Aufforderung des amerikanischen Schriftstellers Philip Roth an die Männer lautet: «Nein zu seiner Mutter sagen, um nein zu den anderen Frauen sagen zu können.»

Der kastrierende Vater lässt den eigenen Sohn nicht hochkommen, er versucht ihn klein zu halten, indem er ihm Steine in den Weg legt, die Anerkennung versagt, ihn sabotiert, ihm seinen Erfolg neidet und vermiest. Er hält es nicht aus, dass sein Sohn dereinst besser sein könnte als er. Er fühlt sich durch den Sohn zu sehr bedroht: Dieser könnte ihn angreifen und kastrieren. Statt auf eine gute Weise mit ihm zu kämpfen und sich mit ihm auseinander zu setzen, hält er ihn sich vom Leib. Der kastrierende Vater ist gewalttätig oder hinterhältig oder beides. Er kann sich über Siege seines Sohnes nicht freuen.

Last, but not least kann man sich auch selbst kastrieren oder kastrieren lassen. Die tieferen Motive, warum sich Männer immer wieder selber kastrieren oder andere dazu benutzen, ihnen diese Wunde symbolisch zuzufügen, verdienen eingehende Beachtung, weil sie bisher viel zu wenig untersucht wurden.

Was bewog den amerikanischen Präsidenten Richard Nixon dazu, einen Einbruch in der Parteizentrale der Demokratischen Partei zu inszenieren, der ihm schliesslich politisch das Genick brach und ihn als Politiker und Menschen vernichtete?

Was trieb Bill Clinton an, sich auf aufdringliche und riskante Weise so blosszustellen, dass eine wütende Jagd auf ihn begann, die ihn um ein Haar das Amt gekostet hätte?

Was bewegt Männer zu selbstschädigenden Aktionen? Was bewegt Männer dazu, Aggressionen anderer zu provozieren?

Hinter vielen provozierenden Verhaltensweisen steckt ein Selbstkastrierungswunsch. Dieser hat zum einen sicher das Motiv, die Angst vor der Kastration zu bannen, in einer Art Wendung vom Passiven ins Aktive: Wenn ich mich selbst kastriere, kann ich nicht mehr kastriert werden, kann man mir nichts mehr antun. Diese Erklärung dürfte allerdings alleine nicht ausreichen. Es muss neben der Angst noch ein Wunsch als treibende Kraft im Spiel sein, ein regelrechter Kastrationswunsch. Diesen Wunsch finden wir in Darstellungen bestimmter Märtyrer schön dargestellt. Wenn z. B. der von Pfeilen durchbohrte heilige Sebastian mit verzücktem Gesicht lächelt, erkennen wir darin nicht nur den Stolz, sich für die gerechte Sache aufgeopfert und der Tyrannei die Stirn geboten zu haben, sondern auch einen passiven körperlichen Wunsch: Er wollte es, und er hats bekommen! Möchte man denken.

Die Zürcher Psychoanalytikerin Judith Le Soldat spricht vom Kolposwunsch. Der Kolpos ist die Scheide, die Einbuchtung, die anatomisch nur die Frau hat. Dem Mann ist der Kolpos versagt worden, deshalb sehnt er sich nach ihm, um auch mit einem passiv empfangenden Sexualorgan ausgestattet zu sein.

Ist dieser Kolposwunsch drängend und gleichzeitig unbewusst, weil er konflikthaft besetzt ist, setzt er sich in Inszenierungen durch. Diese Männer schaffen dann unbewusst eine Situation, in denen die anderen über sie herfallen und ihnen symbolisch einen Kolpos zufügen, die begehrte Körperöffnung. Je mehr sie bluten, desto mehr könnte man meinen, der Wunsch sei befriedigt.

Die Bereitschaft der Männer, sich verletzen und kastrieren zu lassen, muss etwas mit diesem unbewussten Wunsch nach einer (blutenden) Öffnung zu tun haben. Die paradoxe Enttäuschung vieler Männer nach Erfolgen hat z. T. auch damit zu tun. Sie sind enttäuscht, weil ‹es› wieder nicht passiert ist. Der Erfolg ist halt kein passives Erlebnis.

Fazit meiner Tour d'Horizon durch die Tiefen der männlichen Psyche: Männer fühlen sich in ihrer seelischen Tiefe, aufgrund eines Gemischs von schwer akzeptierbaren Fakten und irrationalen Ideen, Gedanken, oft ungenügend, wertlos, kastriert. Das ist eine der Ursachen, wenn sie in Beziehungen, vor allem zu Frauen, Angst haben, nicht zu genügen, zu versagen.

Das Thema der Kastration hängt wie ein Damoklesschwert in vielerlei Hinsicht über dem Mann. Da ist die Angst, von andern kastriert zu werden. Da ist die Absicht, sich selbst zu kastrieren.

Die Idee, nicht zu genügen, zu wenig potent zu sein, kann eine Vorbeugemassnahme sein gegen die Angst, kastriert zu werden, wenn man voll zu sich stünde.

Der Mann steht mit seinem Phallus auf jeden Fall im Kreuzfeuer. Im Kreuzfeuer fremder Aggression, Neid, Gier. Im Kreuzfeuer der eigenen Kritik: Er sei zu klein, zu mickrig, ungenügend.

Das Problem ist, die psychologische Tatsache der Kastration in unserem Innenleben anzunehmen und sich mit ihr auseinander zu setzen. Ein perfekter Mann sein wollen heisst auch: prinzipiell unkastrierbar sein wollen. Das überfordert aber. Menschlicher ist: nicht perfekt sein zu müssen, seinem Ungenügen, seiner Verletztheit, seiner Wunde ins Gesicht zu schauen. Wir alle laufen mit kleinen oder grösseren Wunden aus unserer Kindheit herum, die z. T. schlecht vernarben, schmerzen, aufbrechen, weiterbluten, nicht heilen wollen.

Erst wenn wir unsere Wunden erkennen und uns die Frage stellen, woran wir leiden, kann es mit uns vorwärts gehen.

Erst durch den Schmerz erkennen wir uns selbst. Wir finden uns selber, wir fangen an zu entdecken, wer wir sind.

Wir müssen uns um diese Wunden kümmern, wir müssen sie genau untersuchen und sie angemessen behandeln. Wenn wir sie nur zukleistern und anästhesieren, damit wir die akuten Schmerzen nicht mehr spüren, wird unsere Lebensenergie im Kampf gegen den unterdrückten Schmerz aufgezehrt.

Wenn wir das quälende innere Gefühl des Ungenügens erkennen, hart daran arbeiten und es nicht auf die traditionelle männliche Art wegschaffen, nämlich durch Identifikation mit einem von aussen gegebenen Ideal, sondern es studieren, seine Ursachen untersuchen und diese überwinden, sind wir auf dem Weg zu einem authentischen männlichen Selbst.

Der authentische Mann

> *Der perfekte Mann ist ein Mann ohne Eigenschaften. Er ist ein Abklatsch anderer Meinungen, er lebt nach Mythenschablonen. Er weiss nicht, wer er ist. Der authentische Mann ist echt, selbstbewusst und weiss, wer er ist. Er unterwirft sich nicht Mythen und Ansprüchen anderer. Er lebt sein eigenes Leben.*

Der authentische Mann inszeniert keinen Männermythos, sondern lebt aus seinem persönlichen Selbst heraus. Er ist echt. Ein perfekter und sich selbst entfremdeter Mann hingegen verschwendet einen grossen Teil seiner Lebensenergie dafür, sich sklavisch einer Idee von Männlichkeit anzupassen, um die Anerkennung anderer zu gewinnen. So verliert er sich. Er bricht den Kontakt zum echten Mann in sich ab.

Jeder Mensch, und mag er noch so unterdrückt sein durch den Zwang, die Erwartungen der anderen zu erfüllen, trägt in sich ein authentisches Selbst, das sich frei entfalten und ausdrücken möchte, und sei er in seinem Verhalten noch so angepasst, fremdbestimmt und durch ein fiktionales Selbst gesteuert.

Der selbstbewusste, authentische Mann lebt aus dem Männlichen in sich heraus und er lebt sein unverwechselbares, individuelles Selbst.

Was ist das Echte im Mann? Was ist das Männliche?

Auf der Suche nach dem Männlichen

Das Männliche ist das Unbestimmte

In der traditionellen, phalluszentrierten Betrachtung der Geschlechter, in deren Sichtweise sich alles um das beste Stück dreht und der Mann sich vor allem als stolzer Besitzer von etwas erlebt, das die Frau nicht hat und dessen Verlust er fürchtet (Kastrationsangst), scheinen die Dinge für den Mann einfach zu liegen: Er ist definiert durch phallische Potenz. Er ist der Bessere und Überlegene.

Nach über hundert Jahren Psychoanalyse und Feminismus präsentieren sich die Verhältnisse in anderem Licht, die Frau wird heute als seinsnäher, mehr in sich ruhend, im biologischen Sein fundiert, gesünder, widerstandsfähiger und klarer konturiert als der Mann beschrieben. Der Mann wirkt angeschlagen, verunsichert, widersprüchlich, bedroht. Die Frau ist das ‹Sexe Fort› (so der Titel des neuen Albums der französischen Chanteuse Patricia Kaas). Der Mann ist das problematische Geschlecht. Der Stolz auf den Besitz des Penis, der früher sein Selbstbild beherrschte, ist nur noch ein randständiger Aspekt seines Seelenlebens.

Der Mythos Mann wurde und wird sukzessive demontiert. Der kraftvolle Krieger, der Eroberer, der Herrscher, diese Rollen werden nicht mehr als Ausdruck von urwüchsiger Stärke, sondern als Mythen, die zur Kompensation narzisstischer Schwäche genutzt werden, entlarvt.

Die feministische Kritik führt heute oft weiter als bis zur Gleichwertigkeit beider Geschlechter und verkommt zur Disqualifizierung des Mannes.

Die Männer stehen unter Dauerbeschuss: Sie gelten als lächerliche Versager, beziehungsunfähig, emotional minderbegabt, krank. Sie versuchen sich zwar permanent als ernst zu nehmend, fit, perfekt, in jeder Hinsicht dominierend und der Lage gewachsen, als die wahren Herren und Helden der Welt zu beweisen und darzustellen, aber die Anstrengung, wenn sie denn überhaupt erfolgreich ist, wirkt aufgeregt und lächerlich. Man traut den Männern nicht mehr. Die Mythen über den Mann haben als Orientierungshilfe ausgedient. Es ginge jetzt darum, den Männern nicht neue trügerische Bilder anzubieten, an die sie sich wieder klammern und mit deren Hilfe sie eine weitere perfekte Inszenierung liefern können, sondern sie zu einem inneren Prozess zu führen, der sie zu authentischen Männern werden lässt, die im Einklang mit ihrem echten Selbst leben und mit ihrer Männlichkeit zufrieden sind. Dazu müssen sie sich von ihrer Mythomanie und Bildersucht emanzipieren und begreifen, was jenseits der Mythen an Konturen des Mannseins übrig bleibt. Sie müssen bereit sein, den Weg ihrer persönlichen Entwicklung zu gehen, und dürfen sich nicht mit der Herausbildung eines falschen männlichen Selbsts, eines entfremdeten Schablonencharakters, zufrieden geben.

Viele Männer begnügen sich damit, der Frage nach ihrem authentischen männlichen Selbst dadurch auszuweichen, dass sie sich darauf beschränken, sich in sexualisierender Weise als Nicht-Frauen zu definieren.

Dies hat mit der unbewussten Identifikation aller Männer mit ihrer Mutter zu tun. Die Negativ-Identifikation ‹Ich bin nicht wie meine Mutter, ich bin eine Nicht-Frau!› ist der nahe liegende, oberflächliche Abgrenzungsschritt, der aber unbewusst oft gerade dazu verwendet wird, grundsätzlich weiblich identifiziert zu bleiben.

Wenn wir die Mutteridentifikation überwunden und uns von den Männermythen freigemacht haben, was bleibt als spezifisch Männliches übrig?

Zunächst gilt es, mit der Symmetrie der Geschlechter aufzuräumen. Dass die patriarchalen Mythen nicht stimmen, bedeutet nicht, dass die Geschlechter in einer harmonischen Symmetrie leben. Weder trifft zu, dass sich die Männer- und Frauenpsyche ideal ergänzen, wie das ein harmonisierendes Geschlechterverständnis uns weismachen möchte, noch sind sie psychisch gleich und nur durch die ungleiche Sozialisation der Geschlechter zu polarisierten Wesen verformt. Die ganze Frage ist sehr viel komplexer. Jedes Geschlecht ist aus sich heraus zu bestimmen. Es gibt den biologischen Geschlechtsunterschied und was wir in unseren individuellen und kulturellen Fantasien daraus machen. Im Rahmen dieser phantasmatischen Ausgestaltung des biologischen Fundaments gibt es geschlechtsspezifische Konstanten, die es rechtfertigen, auch psychologisch gesehen vom ‹Mann› und der ‹Frau› zu sprechen.

Ein erster psychologischer Eckwert ist die Unbestimmtheit und Undefiniertheit des Mannes. Ein Mann ist durch die Tatsache seiner Zeugungsfähigkeit viel weniger in seiner Vorstellung als Mann bestätigt als die Frau durch ihre Fruchtbarkeit. Der weibliche Zyklus konfrontiert die Frau konstant mit ihrer weiblichen biologischen Funktion. Ein Mädchen erlebt die Menarche als radikalen Schritt in die Weiblichkeit, viel mehr als der Mann die Tatsache des Einsetzens seiner Spermienproduktion.

Wann erlebe ich mich biologisch fundiert als exquisit männlich? Wenn ich mein bestes Stück spüre. Beim Pinkeln mag dies ein wenig der Fall sein, bei einer Erektion auch, und hauptsächlich wenn ich mit einer Frau schlafe, d.h. den Geschlechtsunterschied lebendig erlebe. Sonst gibt es wenig Situationen, die mich an den biologischen Geschlechtsunterschied erinnern. Die grössere körperliche Kraft ist für Geistes- und Büroarbeiter ebenfalls nicht mehr deutlich als biologisches Männlichkeitszeichen erlebbar. Vielleicht ermöglicht der Sport Männern noch ein wenig, sich als das starke Geschlecht zu fühlen. Auch wenn die Kultur den Männern heute ebenfalls zugesteht, ihre körperliche Eitelkeit offener zu befriedigen als früher, ist daraus kein grosser Gewinn an männlicher Identität ableitbar.

Kommt hinzu, dass auch auf der körperlichen Ebene eine immer grössere Tendenz zur Androgynie festzustellen ist. Männer lassen sich manikürieren und pedikürieren, verwenden Hautcremen, unterziehen sich Schönheitsoperationen. Der in den USA dominierende Trend schwappt mit der üblichen Verzögerung auf den alten Kontinent hinüber.

Männer sind mehr als Frauen auf die eigene seelische Selbstkonstituierung angewiesen, durch persönliche Initiationen, Phantasmen und seelische Reifungsschritte.

Hilfreich in diesem Prozess – hin zum ‹inneren› Mann – ist ein Mentor, der diesen Prozess bereits durchlaufen hat, seinem Schützling aber nicht seine Sicht aufzwingt, sondern ihn seinen eigenen Weg gehen lässt. Der Jüngere kann von der Erfahrung des Älteren profitieren.

Die Frau bedarf weniger der kulturell organisierten Initiationsrituale, um sich als Weib zu fühlen. Männer hingegen müssen sich ihrer Männlichkeit kulturell versichern, denn diese ist innerlich weniger festgelegt.

Die Unbestimmtheit des Mannseins birgt für die Männer eine Gefahr. Die damit verbundene ständige Verunsicherung und fragile Identität verführt die Männer dazu, vor der Wahrnehmung ihrer Unbestimmtheit zu flüchten, Männlichkeitsmythen zu produzieren und sich ihnen perfekt anzupassen, in einem Entfremdungsprozess, der sie von ihrem echten männlichen Selbst entfernt. Die Unbestimmtheit als Störung zu beseitigen und Illusionen von Bestimmtheit und Festgelegtheit zu pflegen, ist der traditionelle Weg des perfekten patriarchalen Mannes. Der Weg des authentischen Mannes ist trotz aller Verunsicherungen langfristig der befriedigendere Weg.

Das Männliche ist das Unfertige

Eng verbunden mit der männlichen Unbestimmtheit ist eine andere Eigenschaft, die ebenfalls oft überspielt wird, weil sie zunächst nicht so leicht auszuhalten ist. Es ist die Unfertigkeit, Vorläufigkeit, das Provisorische und Projekthafte jedes Mannes (und mag er noch so sehr die beruhigende Illusion pflegen, fertig und abgeschlossen zu sein). Der Mann ist nie in Ruhe, er hat eher weniger einschneidende biologische Zäsuren, die seine Entwicklung strukturieren.

Er ist ständig auf der Suche. Sein Leben ist eine Reise. Das Schicksal des Ödipus nahm seinen Lauf, als er auf seiner Reise, ohne es zu wissen, seinem Vater begegnete. Parzival suchte seine innere Kraft auf dem Weg zum Heiligen Gral.

Das Kind Parzival wird von seiner Mutter aufgezogen. Sein Vater ist als Ritter im Kampf gefallen. Seine Mutter fürchtet, dass er den gleichen Weg geht, enthält ihm alles Wissen über den Vater vor und zieht ihn im Wald in weiter Entfernung vom Hof gross. Eines

Tages jedoch kommen Ritter durch den Wald, und Parzival ist von den mächtigen Männern begeistert. Er läuft nach Hause und erzählt alles der Mutter: Er will Ritter werden und macht sich trotz der Warnungen der Mutter auf den Weg zum Hofe des Königs Artus. Die Mutter rät ihm, immer ein weisses Hemd zu tragen.

Am Ende eines langen Reisetages trifft Parzival einen alten Fischer, der ihm den Weg zu einer Burg beschreibt, in der er übernachten kann. Er reitet durch dürres, totes Land und kommt schliesslich zu der von einem Graben umgebenen Burg. Nachdem die Zugbrücke hinter ihm hochgezogen worden ist, wird er zu einem Festmahl eingeladen und begegnet dem unheilbar kranken König der Burg, dem Fischerkönig. Dieser ist an den Hoden verletzt und kann weder gesunden noch sterben. Eine Lanze hat ihn an seiner Männlichkeit verwundet. Während des herrlichen Banketts sieht Parzival den Heiligen Gral, aus dem alle Herrlichkeiten hervorströmen. Er vergisst, die wichtige Frage zu stellen: Wem dient der Gral? Als er am nächsten Morgen erwacht, ist die Burg verschwunden, ihm bleibt nur die lebendige Erinnerung an den Abend zuvor.

Auf seinem Weg zu König Artus trifft Parzival auf den roten Ritter, einen der Erzfeinde des Königs. Im Zweikampf trifft Parzival mit seiner Lanze ins Auge des roten Ritters, der daraufhin tot niederfällt. Parzival trägt von nun an Kleider und Rüstung des Besiegten über seinem weissen Hemd.

Nach langem Umherreisen erreicht Parzival den Artushof und wird wegen seiner Heldentaten zum Ritter geschlagen. Erst am Ende seines Lebens sieht er den Heiligen Gral zum zweiten Mal. Dieses Mal stellt er die Frage, wodurch der Fischerkönig wieder gesund und das Land wieder fruchtbar wird.

Die Parzivalsage (hier zusammengefasst in Anlehnung an Ton van der Kroon, 2000) ist ein männlicher Entwicklungsroman. Ein Junge soll nach dem Wunsch der Mutter unschuldig und kindlich (weisses Hemd!) bleiben und nicht Mann werden. Doch er reisst sich los und geht seinen Weg. Er muss sich mit den ungelösten

Fragen der Männlichkeit konfrontieren, der verletzten männlichen Identität (Fischerkönig), der Aggression (roter Ritter), der Lebendigkeit (Heiliger Gral). Erst wenn er seine Lebendigkeit in den Dienst der Menschen gestellt hat, die unbändige Aggression nutzbringend kultiviert und seine eigene Wunde erkannt, ist er ein wahrer Ritter.

Jedes Männerleben hat seinen Ausgangspunkt in der Loslösung von der Identifikation mit der Mutter und in der Suche nach dem eigenen männlichen Selbst. Die Weltliteratur ist voll von männlichen Entwicklungsromanen, in denen die Protagonisten auf der Suche nach sich selbst sind.

Was will der Mann?
Zwischen Phallizität und Kolposwunsch

Der körperliche Geschlechtsunterschied ist Segen und Fluch des Menschen. Er beschäftigt uns ununterbrochen vom Moment an, in dem wir geistig in der Lage sind, d.h. mit ca. eineinhalb Jahren, ihn wahrzunehmen. Als Kinder bilden wir Fantasietheorien über den Geschlechtsunterschied aus, die nicht mit den wirklichen Gegebenheiten übereinstimmen. Oder unsere Wünsche knüpfen sich daran, ihn durch die sexuelle Vereinigung zu überbrücken. Oder wir negieren ihn. Oder wir identifizieren uns mit dem anderen Geschlecht. Wir sind durch den Geschlechtsunterschied sexuell erregt, lustvoll und angstvoll, wir sind narzisstisch gekränkt durch ihn, weil er uns daran hindert, alle körperlichen Möglichkeiten auszuschöpfen. Dem Mann ist es von seinen Genitalien her unmöglich, passiv sexuelle Lust zu empfangen, zu fühlen, wie es ist, wenn in einen eingedrungen wird. Der Frau ist es hingegen unmöglich zu erleben, wie es ist, aktiv in einen anderen Menschen sexuell einzudringen. Selbstverständlich ist der Mensch fähig, sich in die vorgestellte Erfahrung des anderen Geschlechts einzufühlen und sich mit ihr zu identifizieren. So kann die Frau sich als aktiv penetrierend fantasieren und der Mann sich als passiv empfangend. Und mit bestimmten sexuellen Praktiken kann dies auch handelnd erlebt werden (z. B. Dildospiele, anale Penetration). Dies kann ein Teil der sexuellen Kreativität sein und das sexuelle Erleben bereichern.

Die prinzipielle körperliche Unveränderbarkeit und Begrenztheit bleibt jedoch in der unbeugsamen Anarchie unseres Unbewussten trotz der Plastizität der sexuellen Fantasien ein Stein des Anstosses. Die Frau möchte den sexuellen Unterschied nicht anerkennen und wünscht sich einen Penis. Der Mann will den Unterschied nicht anerkennen und wünscht sich eine körperliche Öffnung, eine Scheide, einen Kolpos, einen Uterus, die Gebärfähigkeit. Der Kolposwunsch wird jedoch verdrängt und tabuisiert wie die meisten passiven Wünsche des Mannes.

Der Mann will die gleiche passive sexuelle Einstellung einnehmen wie die Frau einem Mann gegenüber, er will penetriert werden und empfangen können. Viele Männer haben einen Horror vor der Passivität und sind nicht in der Lage, eine offene, empfangende seelische Einstellung einzunehmen, weil sie sich das Erlangen einer Körperöffnung nur über eine Kastration vorstellen können (so wie sie sich die Frau als einen kastrierten Mann vorstellen) und eben diese Kastration durch die Vermeidung einer passiven Einstellung verhindern wollen. Viele Männer sind zerrissen zwischen ihren passiven Sehnsüchten und ihren Ängsten vor ihnen. Sie verbergen hinter ihrem hektischen Aktivismus eine nicht zugelassene passive Sehnsucht, die sich auf Umwegen dann doch wieder in ihr Leben einschleicht, z. B. in der Unfähigkeit, in den wirklich wichtigen Dingen des Lebens die eigenen Anliegen in die Hand zu nehmen.

Die passive Strömung kontrastiert im männlichen Seelenleben mit der aktiv-phallischen Tendenz: Der Mann will eindringen und erobern, körperlich-konkret und symbolisch. Dies ist der Wunsch, mit dem die meisten Männer auf der bewussten Ebene keine Probleme haben, er ist mit der traditionell männlichen Rolle kompatibel, gilt als ur-männlich. Er ist den anatomischen Realitäten nachgebildet und lässt sich schon im Kinderspiel nachweisen. Der Entwicklungspsychologe Erik H. Erikson beobachtete, dass Mädchen mit Bauklötzen eher Häuser mit Innenräumen gestalteten und einrichteten, Jungs hingegen Türme, Raketen und dergleichen bauten. Die unbewussten Fantasien greifen die körperlichen Realitäten auf.

Das Angenehme an den phallischen Wünschen des Mannes ist, dass sie keine Trugbilder sind. Sie können von einem Weib befriedigt werden. Der Geschlechtsakt ist die Erfüllung einer männlichen phallischen Wunschfantasie.

Der phallische Wunsch ist bei einem Mann meist auch deshalb hoch besetzt, weil er ihn gemäss der Kastrationslogik seiner männlichen Überlegenheit versichert: Auf der Grundlage der Fantasie, dass beide Geschlechter einen Phallus hatten, die Frauen jedoch die kastrierte Ausgabe der Männer seien, kann sich der Mann stolz als das intakte Geschlecht wähnen. Jeder Geschlechtsakt beinhaltet für ihn demzufolge hauptsächlich die unwiderlegbare Konfrontation mit der Anatomie und ist auch die Wiederholung eines Triumphes über das Weib.

In der phallischen Logik versichert sich der Mann nicht nur seiner überlegenen Männlichkeit, er ist obendrein ein Wohltäter, er schenkt, oder vielleicht besser: leiht der Frau seinen Penis, füllt sie mit seinem Samen, ‹macht› ihr Kinder.

Der phallische Wunsch und seine Befriedigung ist für viele Männer zur Aufrechterhaltung des Egos derart zentral, dass dessen Versagung Selbstwertkrisen provoziert. Er eignet sich hervorragend zur Bildung eines neuen Mythos (der ‹phallische Mann›).

Nichts scheinen phalluszentrierte Männer so sehr zu fürchten wie einen Verlust ihrer Erektions- und Beischlaffähigkeit. Es ist, als würde sexuelle Impotenz den zentralen Baustein einer labilen Brückenkonstruktion entfernen: Das ganze imposante männliche Selbstdarstellungsbauwerk kracht zusammen. Wenn ein Mann sich auf seine phallischen Wünsche reduziert, ist das Verhalten seines besten Stücks Sinnbild seines eigenen Schicksals. Steht ‹er› nicht, so ist er am Boden. Potenzpillen sind deshalb auch chemische Stützen des männlichen Selbstwertgefühls, weil sie die phallische Illusion garantieren: Du kannst immer!

Der Mann braucht einen Mann

Viele Männer sagen, wenn sie zu ihren Beziehungen befragt werden, dass sie keinen Freund haben, mit dem sie über alles reden können. Sie berichten, sie könnten nur zu Frauen Freundschaften pflegen, nur ihnen gegenüber könnten sie offen sein.

Das ist ein gravierendes Problem. Es ist ein Ausdruck der Vaterlosigkeit, der Entfremdung zwischen Männern, der mangelnden männlichen Identität, des fehlenden männlichen Selbstwertgefühls und zeigt den blockierten Zugang zum männlichen Selbst.

Aber: Jeder Mann braucht einen Mann.

Ohne einen männlichen Freund fehlt dem Mann die Spiegelung, die Projektionsfläche für das eigene Selbst. Eine Frau ist vielleicht in der Lage nachzuvollziehen, wie ein Mann fühlt. Ein anderer Mann jedoch vermag es nachzufühlen. Ein Mann möchte sich mit diesem Mann in einer Beziehung finden und sich im anderen wieder erkennen und wünscht sich, dass sie für den anderen die gleiche Bedeutung hat. Diese Alter-Ego-Beziehung befriedigt die Wünsche nach Spiegelung, Anerkennung, Verständnis, Freundschaft.

Leider kennen viele Männer oft keinen Mann, der diesen Wünschen entspricht. Oft werden nur die aktiven rivalisierenden Strebungen ausgelebt, meist unpersönlich, im Beruf und im Sport. Es fehlt die seelische Beziehung, die exklusive Intimität mit einem anderen Mann.

Wenn es so klar ist, dass Männer einen Mann brauchen: Warum klappt diese Liaison so selten? Warum haben Männer Mühe, sich Männern gegenüber zu öffnen?

Ein erster Grund sind die allgemeinen neurobiologisch bedingten Anfangsschwierigkeiten der Männer bei der intimen Kommunikation: Frauen können leichter aus dem Stand über Gefühle, Gedanken, über innere Vorgänge reden. Männer brauchen die motorische Aktivität, um ihr Gehirn in Schwung zu bringen, sie reden leichter über etwas Drittes Gemeinsames statt über unmittelbare

Gefühle. Doch wenn Männer diese Initialhemmung überwunden haben, steht dem offenen Austausch von Gedanken und Gefühlen mit anderen nichts mehr im Wege. Und doch klappt es zu selten. Zwei andere psychologische Barrieren spielen eine wichtige Rolle:

1. Die generelle Schwierigkeit der Männer, über Gefühle zu reden, weil Nähe und Verständnis gemäss dem Geschlechterklischee als weiblich gelten.

Die Fähigkeit, über Gefühle zu reden und die Gefühle eines anderen Menschen zu verstehen, wird als Empathie bezeichnet (pathos = Gefühl, en = in, Empathie = Einfühlungsfähigkeit). Diese Fähigkeit ist grundsätzlich allen Menschen eigen, die in ihrer Kindheit die gute Erfahrung gemacht haben, von wenigstens einer Betreuungsperson verstanden worden zu sein. Von daher betrachtet, ist es nicht einzusehen, warum Männer weniger einfühlend und beziehungsfähig sein sollten als Frauen. Sie sind lediglich biologisch weniger darauf angelegt (im Lauf der menschlichen Entwicklungsgeschichte waren kriegerische Motive bei Männern wichtiger, bei Frauen fürsorgliche!).

Es ergibt sich jedoch wegen des Geschlechtsunterschiedes und wegen der Tatsache, dass in unserer Gesellschaft überwiegend die Mutter die erste Pflegeperson ist, eine Komplikation beim Mann, wenn er versucht, mit seinen fürsorglichen Gefühlen in Kontakt zu bleiben und sie zuzulassen: Der Junge ist zunächst wie alle Kinder primär identifiziert mit der Mutter, er muss diese Identifikation jedoch verdrängen und bekämpfen, weil sie im Widerspruch zur männlichen Identität steht. Dem erwachsenen Mann bleibt die reife Lösung, die totale Identifikation mit der Mutter zu beenden und allenfalls teilweise Identifizierungen mit bestimmten persönlichen Eigenschaften zu bilden und sein echtes männliches Selbst, angereichert durch Identifikationen mit Männern, zu entwickeln. Oder die problematische Wahl: Die völlige Identifikation mit der Mutter wird verdrängt aufrechterhalten und mit pseudo-männlichem Gehabe überspielt. In diesem Fall wird der

Mann versuchen, im Verhalten möglichst wenig weiblich zu wirken, sondern eher aggressiv und wenig einfühlend zu sein.

2. Die spezifische Schwierigkeit, als Mann einem anderen Mann emotional nah zu sein, weil die Angst vor homosexuellen Gefühlen ins Spiel kommt.

Wenn Männer seelische Intimität zulassen, können bei ihnen Berührungswünsche auftauchen. Dies kann für viele Männer eine seelische Bedrohung sein, weil sie fürchten, homosexuell zu sein. Dabei sind homosexuelle Gefühle bei beiden Geschlechtern etwas völlig Normales. Wir sind grundsätzlich seelisch bisexuell angelegt und können beiden Geschlechtern gegenüber Zärtlichkeit empfinden und sexuelle Wünsche haben. Diese grundsätzliche Fähigkeit ist zu unterscheiden von der sexuellen Orientierung: Die meisten Menschen entscheiden sich mehr oder weniger unbewusst für die Wahl eines Geschlechts als Objekt der eigenen sexuellen Wünsche. Eine heterosexuelle Orientierung wird durch zärtliche gleichgeschlechtliche Gefühle nicht in Frage gestellt.

Um als Mann sich einem anderen Mann zu öffnen, ist es nötig, sich von der ausschliesslichen Frauenfixiertheit zu befreien, sich im anderen nicht nur den Konkurrenten vorzustellen und den Wunsch nach einem seelischen Austausch auf der Männerebene zu vertreten, ohne sich immer nur perfekt präsentieren zu müssen.

Haben Männer und Frauen die gleiche seelische Grundausstattung?

Die psychologische Grundausstattung beider Geschlechter ist dieselbe. Frauen wie Männer verfügen über die gleiche Bandbreite von Affekten, die sich im Laufe ihrer Entwicklung differenzieren. Frauen wie Männer sind fähig zu Zorn, Zärtlichkeit, Liebe, Fürsorge, Gewalt, Ekel, Neugier, Passivität, Aktivität, Dankbarkeit – zu allen menschenmöglichen Gefühlen.

Auch die Grundparameter des seelischen Apparates sind bei Männern und Frauen gleich: Beide verfügen über ein sich im Austausch mit der Umwelt entwickelndes Selbst, über ein wahrnehmendes, prüfendes, steuerndes Ich. Es gibt auch keine rosaroten oder himmelblauen Abwehrmechanismen: Sowohl Frauen wie Männer verdrängen, projizieren, verleugnen, spalten.

Die Tendenz, den seelischen Geschlechtsunterschied zu übertreiben, die gemeinsame Grundausstattung zu ignorieren und in psychologische Mythenbildung über das Wesen der Geschlechter zu verfallen, ist eine männliche Abwehrtaktik. Weil die Männer von der Biologie her weniger identitätsbildenden und identitätsbestimmenden Grundstoff erhalten, stehen sie vor dem Dilemma: Entweder sie bejahen ihre innere Unsicherheit und gehen auf die Reise zu ihrem authentischen Selbst und arbeiten kreativ an sich. Oder sie drücken sich vor dieser Aufgabe und pressen sich in das Schema einer sexualisierenden Identitätsvorstellung, in einen Männermythos, und versäumen so ihre innere Bewegung und Entwicklung.

Männer lieben anders

Eines der Klischees über Männer und Frauen ist, dass Männer kopf- und triebgesteuert, Frauen gefühlsgesteuert seien. Tatsache ist: Männer sind eher gefühlsintensiver und drücken dies eher in Handlungen aus, Frauen verarbeiten Gefühle leichter mit Bildern und Worten. Ausserdem spielt das Verhältnis von Aktivität und Passivität bei beiden Geschlechtern in der Sexualität und im Gefühlsbereich eine grosse Rolle und wird oft zu wenig beachtet.

Das empfangende Organ der Frau ist der Unterleib, dasjenige des Mannes der Brustbereich und das Herz. Ein Mann, der sich nicht sicher ist, ob die Frau ihn liebt und achtet, ist nicht in der Lage, diese Frau aktiv zu lieben und zu begehren. Wird ein Mann also in der Brust nicht erreicht, werden seine passiven Liebeswünsche zu wenig befriedigt, wird er verzweifelte Dinge anstellen, damit sein Herz doch noch erreicht wird. Er wird Konflikte anzetteln und andere provozieren, ihn zu verletzen, um wenigstens auf gewaltsame Weise Zuwendung zu bekommen. Nichts ist so qualvoll für einen Mann wie das Gefühl einer inneren Leere, die nicht durch kräftige Liebesenergie gestillt wird. Ist ihm diese passive Sehnsucht nicht bewusst, so wird sie ihn umso stärker steuern. Die Annahme dieser Sehnsucht hingegen wird ihn befähigen, von anderen Menschen etwas anzunehmen und seelisch zu wachsen.

Der Mann braucht die Liebe, die seinen seelischen Innenraum füllt, um seinen Penis (in der körperlichen Dimension) und seinen Phallus (als Symbol seiner Kraft) zu energetisieren und die Welt aktiv-penetrierend zu erobern, zu lieben, zu schützen.

Dies ist der energetische Kreislauf: Der Mann liebt aus seinem Phallus heraus in den Bauch der Frau; diese wiederum liebt den Mann aus ihrem Herzen in seines hinein.

Der innere Energiefluss beim Mann läuft vom Herzen zu seinem Phallus, bei der Frau vom Bauch zum Herzen. Der äussere Energiefluss zwischen den Geschlechtern verläuft vom Bauch des Mannes zum Bauch der Frau und vom Herzen der Frau zum Herzen des Mannes. Der Mann ist im Herzen empfangend, die Frau im Bauch. Der Mann ist aktiv im Bauch, die Frau mit dem Herzen.

Wenn ein Mann eine Frau mit ganzer Kraft liebt und sie sich ihm ohne Vorbehalte hingeben kann, sind für dieses Paar günstige energetische Bedingungen gegeben. Männer haben eher Mühe, sich von einer Liebe zu lösen. Frauen haben sich von ihrer Mutter losreissen müssen, um ‹fremde› männliche Wesen zu lieben. Sie stehen dem anderen Geschlecht abgegrenzter, klarer, nüchterner, emotional intelligenter und pragmatischer gegenüber als Männer. (Pragmatische Anhänglichkeit muss nicht Liebe sein!)

Männer verfallen leicht da, wo sie emotional erreicht werden, unbewusst in die emotionalen Tiefen ihrer frühen Mutterbeziehung zurück, können sich schlecht abgrenzen, schlecht trennen und rennen mit übertriebener Aggressivität oder emotionaler Kühle gegen die bedrohende Nähe und Verschmelzung an.

Männer werden durch die Liebeserfahrung ins Mark ihrer Identität getroffen, sie wähnen sich vor der Wahl: Liebe oder eigene Identität? Ihre Selbststabilität wird bedroht. Sie fürchten, vom Liebesobjekt verlassen, nicht wahrgenommen, nicht gespiegelt zu werden. Sie kämpfen um die Anerkennung durch das Liebesobjekt und brauchen seine Unterstützung.

Viele Männer umgehen das Problem, indem sie sich gegen die Liebe wehren. Sie kapitulieren, weil sie die kreative und spannende Balance zwischen Liebesfähigkeit und Selbstentwicklung nicht halten können.

Der Mann braucht eine Mission

Männer brauchen ein Thema, das sie gepackt hat, das sie mit ihrem Geist, ihrem Herzen oder mit den Händen wälzen können, das sie nicht mehr loslässt: eine Mission. Sie benötigen eine Sache, an die sie ihr Herz hängen können, der sie sich unabhängig von ihren Liebesbeziehungen und Freundschaften verschreiben. Wenn ein Mann kein Thema hat, ist er unruhig, nicht ausgefüllt, sein inneres geistiges und gefühlsmässiges Leben hat kein Zentrum. Eine Mission ist die Zentrierung, die seinem Leben einen Sinn gibt.

Für viele Männer ist ihr Beruf die Mission. Andere haben einen Brotberuf und finden ihre Mission im politischen Engagement, im Sport oder in einem anderen individuellen Interessengebiet.

Die Mission erfüllt mit grosser Befriedigung. Es ist nie ein Muss, sich mit ihr zu befassen. Oft stellt sich ein Flow-Erlebnis ein, wenn sich der Mann seiner Mission hingibt.

Doch wie eine Mission finden, wenn mann keine hat?

Es lässt sich nicht erzwingen. Man kann sich ihr nur öffnen, bereit sein dafür, dass sie einen findet. Wieder ist es die empfangende Haltung, die der Mann einnehmen muss, um in seinem Herzen erreicht zu werden. Rennt er verschlossen und hyperaktiv durchs Leben, wird er sich mit Tausenden von Dingen befassen, seine Mission wird er nicht finden. Er wird sich davon ablenken. Wer seine Mission gefunden hat, ist zufriedener. Er hat seinem Leben einen Sinn verliehen. Die Mission kann eine Lebensaufgabe sein. Sie gehört zu ihm. Er muss sich ihr stellen. Und sie wird ihn belohnen, wenn er sich ihr verschreibt.

Auf der Suche nach dem authentischen Selbst

Nel medio del cammin della mia vita
Mi ritrovai per una selva oscura
Chè la mia via era smarrita

Grad in der Mitte meiner Lebensreise
Fand ich mich in einem dunklen Walde
Und hatte meinen Weg verloren

Dante Alighieri (1265–1321), aus:
‹La divina commedia› (Die göttliche Komödie)

Das allgemein Männliche in sich finden ist eine Aufgabe, das individuelle authentische Selbst in sich entdecken die andere.

Männer haben sich gesellschaftlich und individuell verirrt. Die traditionelle Rolle hat sich überlebt, ein neuer Weg ist nicht in Sicht. Männer müssen sich deshalb neu finden und von dort aus ihren Weg gehen. Identitätsarbeit ist gefragt, eine neue Art von Auseinandersetzung mit sich selbst, um das eigene Männliche und das authentische Selbst zu entdecken und zu verwirklichen und sich nicht noch tiefer im Mythenwald zu verirren. Gerade die Männer sträuben sich aber oft am meisten gegen diese seelische Arbeit, weil sie ihnen zunächst einmal auch ihre Schwächen aufzeigt.

1. Der Weg aus dem Mythenwald beginnt auf einer Lichtung

Wie stark bin ich vom Virus, ein perfekter Mann sein zu wollen, angesteckt? Wie tief bin ich mit der krank machenden, einengenden traditionellen männlichen Rolle identifiziert? Wie sehr von meinem authentischen, wahren Selbst entfremdet? Welche Minderwertigkeitsideen und Ungenügens-Überzeugungen schleppe ich mit mir herum?

Der erste Schritt aus dem Mythenwald heraus ist das Innehalten. Wer sich im Wald verirrt hat, ziellos weiterrennt und kopflos nach einem Ausweg sucht, wird sich mit grosser Wahrscheinlichkeit im Kreise drehen. Er wird irgendwann erschöpft niedersinken, seine Nahrungsvorräte werden aufgebraucht sein – Burnout-Syndrom! – und er kann schliesslich nur noch auf Hilfe und Rettung von aussen hoffen.

Besser zuerst innehalten. Wer sich verirrt hat, sucht eine Lichtung oder schlägt sich selbst eine, um dort rasten und sich orientieren zu können. Er nimmt sich Zeit und fängt an, sich viele Fragen zu stellen. Und scheut sich nicht vor schonungslosen, ehrlichen Antworten.

1. Bin ich vor allem motiviert durch den Wunsch, die Zustimmung anderer zu gewinnen, Autoritäten zu gefallen? Oder motiviere ich mich durch eigene Überzeugungen oder durch das Bewusstsein einer Lebensaufgabe (Mission)?
2. Beruht meine Selbstachtung als Mann auf der Meinung anderer, suche ich nach äusserer Bestätigung meiner Männlichkeit oder beurteile ich mein Mannsein selbstbestimmt und unabhängig davon, was andere denken?
3. Treffe ich wichtige Entscheidungen auf Druck von aussen oder aufgrund eigener Prioritäten?
4. Vermeide ich die Wahrnehmung von Gefühlen und die Auseinandersetzung mit ihnen, oder suche ich gefühlsmässige Erkenntnis und innere Klarheit?
5. Versuche ich vor allem, Unangenehmes und Anstrengendes zu vermeiden (defensive Lebenshaltung), oder suche ich aktiv nach Befriedigung und Erfüllung, auch wenn damit Aufwand und Risiken verbunden sind (offensive Lebenshaltung)?
6. Schimpfe ich mich innerlich als ungenügend, dumm und als Versager, oder bin ich optimistisch und zuversichtlich, was meine Leistungs- und Lernfähigkeit angeht?
7. Höre ich auf die inneren Stimmen meiner Eltern oder anderer Autoritätspersonen? Oder kann ich mich davon distanzieren, sie prüfen und auch loslassen?

8. Bin ich meistens in Sorge, dass etwas schief gehen könnte, und dementsprechend ängstlich, oder lasse ich es nicht zu, dass Pessimismus in meinem Leben Platz ergreift?
9. Verzettle ich mich mit meinen Aktivitäten oder konzentriere ich mich voll auf das, was ich will?
10. Wenn ich schlaflos bin: Wälze ich dann unruhig und ängstlich den nächsten Tag und frage mich, ob ich ihn überhaupt schaffe? Oder erlaube ich mir, lustvoll kreativ zu sein und mich auf den nächsten Tag zu freuen?
11. Bin ich in einem lustlosen Lebenstrott und habe Mühe, ein neues Projekt zu starten? Oder bin ich energiegeladen und gehe Neues gerne an?
12. Grüble ich depressiv daran herum, warum andere Männer erfolgreicher sind als ich? Oder weiss ich, dass Erfolg nicht alles ist und nur erreicht wird, wenn mann hundertprozentig hinter seiner Sache steht?
13. Habe ich das Gefühl, nicht das Leben zu leben, das ich eigentlich leben wollte, und bin verbittert darüber, wie vieles herausgekommen ist? Oder bin ich glücklich damit, wie ich mein Leben lebe und wie vieles in meinem Leben sich gut entwickelt hat?

Je nachdem bei wie vielen Fragen ich zur ersten Alternative tendiere, bin ich fremd- und aussengesteuert und nicht im Einklang mit der eigenen Vision von Männlichkeit und mir selbst. Je häufiger ich die zweite Alternative wähle, desto mehr bin ich auf dem Weg, ich selbst und nicht ein perfekter Abklatsch eines Männermythos zu sein. Ich habe eine ungefähre Vorstellung, wie stark ich von mir selbst entfremdet bin und unter den Folgen von Anpassungs- und Perfektionsstress und Gefühlen des Ungenügens leide.

Der Perfektionsstress entsteht durch die Nicht-Übereinstimmung zwischen authentischen Wünschen und Gefühlen und der Absolvierung einer perfekten Männerrolle. Er kann sich durch alle Lebensbereiche ziehen.

Tretmühle oder Eigenprojekt?

Arbeit sollte für den Menschen nur ein Drittel des Lebens ausmachen (ein Drittel Arbeit, ein Drittel Liebe, ein Drittel Genuss = die ‹Freud-Formel›). Für viele Männer ist Arbeit jedoch das ganze Leben. Besonders tragisch wirds, wenn die Arbeit nicht einmal glücklich macht.

Karl Marx hat den Unterschied zwischen der entfremdeten Arbeit und der sinnstiftenden, frei gestalteten Arbeit eingeführt.

Perfekte Männer laufen ständig Gefahr, um der Anerkennung, des Erfolgs und des Geldes willen sich in ihrer Arbeit völlig von sich selbst zu entfremden und das Gefühl dafür, wer sie sind, zu verlieren.

Es ist relativ leicht, abzuschätzen, ob ich wie eine Ratte in der Tretmühle perfekt funktioniere oder ob ich einer Arbeit von innen heraus nachgehe. Es zeigt sich daran, ob ich gerne zur Arbeit gehe. Ich spüre es, wenn ich mich frage, ob ich eine sinnvolle Arbeit mache. Wenn ich in einem Team oder einer Organisation arbeite, kann ich es daran ablesen, ob das Arbeitsklima von Respekt, Vertrauen und Menschlichkeit geprägt ist, oder ob es vergiftet ist durch Rivalität, Mobbing und Zynismus. Ich merke es am Ausmass meiner Freude und Energie, mit der ich meine Arbeit mache: Muss ich mich zu jedem Schritt zwingen, oder arbeite ich beschwingt und im Flow-Gefühl?

Auch das Verhältnis zu meinem Beruf ist wichtig: Habe ich ihn nach meinen Neigungen gewählt, oder ist die Berufswahl auf Druck von aussen zustande gekommen? Mache ich, was meine Eltern von mir verlangten? Oder entspricht mein Beruf einer inneren Entscheidung, gar einer Berufung?

Mein inneres Engagement ist ein weiterer Indikator dafür, ob ich im Einklang mit meinem authentischen Selbst arbeite: Leiste ich Dienst nach Vorschrift, mache ich gerade genug, um Reklamationen zu vermeiden? Oder arbeite ich so, dass ich selbst mit mir zufrieden bin?

Die Lust auf Weiterentwicklung zeigt auch an, ob ich entfremdet oder selbstbestimmt arbeite: Habe ich das Gefühl, an einer Grenze angelangt zu sein, oder habe ich den Mut, die Lust und das Interesse, mich weiterzuentwickeln und meine Grenzen zu sprengen?

Schliesslich geht es auch darum, wie belohnend ich die Arbeit erlebe: Bin ich vom Lob des Chefs abhängig, oder belohne ich mich in meiner Tätigkeit dadurch, dass ich sie gut mache und stolz darauf bin?

Wa(h)re Liebe

Auch in den Liebesbeziehungen kann mann sich selber sein oder sich in einem Gestrüpp von Unterwürfigkeit, falscher Anpassung, ungesunder Abhängigkeit, absurdem Leistungsdruck und sexueller Vermarktung verstrickt haben. Das Liebesleben der heutigen Männer steht in vielfältiger Hinsicht auf dem Prüfstand: Sensibel soll er sein, der ‹neue› Mann! Aber doch potent und selbstironisch machohaft, damit frau ihre Hingabewünsche leben kann. Der Kontaktmarkt ist gnadenlos: Auch bei Männern fällt das Aussehen zunehmend ins Gewicht, gute Manieren sind Pflicht, und beruflicher Erfolg (oder zumindest viel Geld) erhöht die Chancen gewaltig! Muss mann es frau recht machen? Oder darf mann er selber sein?

1. Bin ich in Liebesangelegenheiten im Stress? Leide ich unter der Angst, im Bett oder generell in Beziehungen zu versagen?
2. Habe ich das Gefühl, ich muss es meiner Frau (meiner Partnerin, generell den Frauen) recht machen, sie immer zufrieden stellen? Empfinde ich Schuldgefühle oder leide ich an Verlustängsten, wenn ich das nicht tue? Bin ich ihr Sklave (markiere aber nach aussen den Chef)?
3. Habe ich Angst vor den Frauen, weil ich sie heimlich übergross und übermächtig erlebe?
4. Habe ich die Frau, mit der ich zusammen bin, gewählt, weil sie mir gut tut oder weil ich damit bei anderen gut ankomme? Oder weil ich nicht allein sein kann?

5. Gehe ich auf die Wünsche meiner Frau ein, weil es mir Freude macht, ihr was Liebes zu tun, oder weil ich nicht ihr Missfallen erregen will?
6. Bringe ich meine Wünsche in die Beziehung ein, auch wenn meine Partnerin andere Wünsche hat? Oder vermeide ich Konflikte? Und entschädige mich in anderen Beziehungen?
7. Bin ich in der Sexualität darauf aus, ein perfekter Liebhaber zu sein? Macht es mir vor allem Spass, eine Frau zu befriedigen, weil ich dann ein toller Mann bin? Oder suche ich ein Gleichgewicht zwischen meiner und ihrer Befriedigung? Die perfekten altruistischen Liebhaber, die sich krampfhaft nur um den Orgasmus der Frau kümmern, sind nicht die Favoriten der meisten Frauen. Rang 1 belegt der gute Liebhaber, der auch sein Begehren sucht: Er vermittelt der Frau gleichzeitig das Gefühl, eine gute Liebhaberin zu sein. Knapp dahinter folgt der perfekte tantrisch geschulte Frauenversteher, der sogar seinen eigenen Orgasmus zurückhalten bzw. nach innen ableiten kann und der Frau immer den Vortritt lassen muss. Weit abgeschlagen ist der traditionelle Macker, der sich einen Dreck um die Lust der Frau kümmert und nach fünf bis zehn Stössen kommt.
8. Halte ich es aus, wenn frau mich mal nicht toll findet? Oder muss es um jeden Preis immer stimmen in der Beziehung?
9. Habe ich Angst vor Trennungsdrohungen? Lasse ich mich erpressen?
10. Liebe ich eine Frau, oder will ich vor allem von ihr geliebt und flattiert werden, um meine Minderwertigkeitsgefühle nicht zu spüren?

Selbstsorge
Das seelische und körperliche Wohlbefinden ist eine wichtige Quelle eines guten, echten Selbstbewusstseins.

Gutes körperliches Wohlbefinden besteht nicht nur aus den objektiven Fitnesswerten wie Gewicht, Ruhepuls, Body-Mass-Index. Es ist in hohem Masse subjektiv. Die Seele lebt im Körper, der

Körper ist das Zuhause der Seele. Wenn ich mich in meinem Körper wohl fühle, heisst das nichts anderes, als dass er eine Wohnung ist, in der ich mich gut eingerichtet habe, die ich gerne habe und nicht hergeben möchte.

Ich fühle mich wohl mit meinem Körper, ich fühle mich wohl in meiner Haut, ich sehe mich gerne im Spiegel, ich habe mich mit den Eigenheiten und Eigenarten meines Körpers angefreundet. Ich habe mir meinen Körper zu Eigen gemacht, es ist mein Körper, ich mag ihn. Da ich eine gute Beziehung zu ihm habe, behandle ich ihn auch gut. Ich ernähre mich gesund, stopfe mich nicht mit fettigen und schwer verdaulichen Speisen voll, leere nicht sinnlos Gifte in mich hinein, gebe ihm die Nährstoffe, die er braucht. Ich lasse ihn nicht wie einen unnützen Gegenstand verrosten, sondern bewege ihn, kräftige ihn, stärke ihn. Ich pflege ihn und zeige ihm, dass ich ihn mag. Und wie in jeder Beziehung: Wenn ich ihm etwas gebe, kommt auch etwas zurück. Mein Körper wird es mir danken.

Wenn ich meine Wohnung mag, lasse ich sie schliesslich auch nicht vergammeln. Mit meinem Körper ist es genau gleich. Ich tue alles, um mich in ihm wohl zu fühlen, wenn er mir wichtig ist.

Auch das Aussehen ist wichtig. Ich stelle nicht irgendwelche unpassenden Möbel in die Wohnung. Also ziehe ich auch nicht irgendwelche beliebige Kleider an, sondern schenke meinem Körper passende Kleider, die ihn schön aussehen lassen, in denen er sich wohl fühlt.

Leider behandeln viele Männer ihren Körper nicht wie eine schöne Wohnung, zu der mann Sorge trägt, sondern wie einen beliebigen Gebrauchsgegenstand. Viele kümmern sich um ihr Auto mehr als um ihren Körper.

Sie achten nicht darauf, was und wie viel sie essen, was sie anziehen, wie und wie oft sie sich bewegen. Sie hören nicht auf die Signale des Körpers, was seine speziellen Bedürfnisse sind, sie übergehen sogar deutliche Notrufe und wundern sich, wenn er eines Tages sagt: So, jetzt reichts mir, ich streike. Wer nicht hören will, muss fühlen. Und produziert einen Infarkt. Oder eine schwere Krankheit. Oder einen depressiven Zusammenbruch.

Die so erzwungene Pflege des Körpers könnte eine Denkpause sein. Jede Krankheit, jeder körperliche Zusammenbruch zeigt eine Krise des gesamten Organismus an.

Männer sind das kranke Geschlecht. Dies wird einerseits genetisch dadurch erklärt, dass die Frauen mit ihren zwei X-Chromosomen eine grössere Ersatzteilwerkstatt haben, andererseits aber eben auch durch die lieblose Lebensführung, durch den Mythos, Männer seien das starke und damit das gefühllose Geschlecht, das alles aushält, das seinen Körper nach Belieben traktieren kann.

Diese Idee ist eine narzisstische Grossartigkeitsillusion und beruht auf dem Wunsch, sich aus der Abhängigkeit vom Körper befreien und sich über ihn erheben zu können.

Die Realität ist hart: Wir sind von unserem Körper abhängig. Wir sind ihm ausgeliefert. Das müssen wir akzeptieren. Diese Realität sollten wir annehmen und uns um unseren Körper kümmern.

Auch für die Seele sollte man sich Zeit und Musse nehmen, um sie zu umsorgen. Die Seele ist schwerer zu fassen als der Körper. Der portugiesische Schriftsteller Fernando Pessoa schrieb in seinem legendären ‹Buch der Unruhe›, dass er seine Seele manchmal nicht mehr aushalte, eine andere wolle. Das Unabänderliche ist aber, dass wir unsere Seele ebenso wie unseren Körper haben und nicht austauschen können. Wir können sie nicht abstreifen, wir können ihr nicht entrinnen, sie ist die Färbung, durch die wir die Welt erleben.

Wir können jedoch mit unserem Geist eine bewusste und gesunde Beziehung zu unserer Seele gestalten.

Die Psychoanalytiker nennen das die ‹produktive Ich-Spaltung›. Wir können mit einem beobachtenden Teil unserer Person, mit unserem Geist, den anderen, erlebenden, erfahrenden Teil unserer Seele beobachten, untersuchen, studieren, uns um ihn kümmern, für ihn sorgen.

Wichtig ist, dass diese Haltung nicht die einer auf Fehlersuche und Verbrechensbekämpfung programmierten Überwachungs-Videokamera ist, die nur kritisch und unerbittlich beobachtet, mit dem Ziel, zu bewerten und zu verurteilen. Nein, es soll ein liebevolles, neugieriges, ein forschendes Auge sein, das wir auf uns werfen, mit dem Ziel, zu verstehen, unsere Stärken zu entdecken, sie zu befreien und ihnen zum Durchbruch zu verhelfen.

Diese seelenumsorgende Haltung hilft der Entdeckung und Entwicklung des eigenen authentischen Selbsts. Vernachlässigen wir unsere Seele, so zieht sie sich in sich zurück, das authentische Selbst ist verschüttet, unzugänglich, wir sind von unseren kreativen und lebendigen Ideen abgeschnitten.

Folgende Fragen können helfen, sich mehr um die eigene Seele zu kümmern (und vergessen Sie nicht, dass motorische Aktivität hilft, den männlichen Denkapparat anzukurbeln. Es empfiehlt sich also, vor oder beim Reflektieren zu laufen, Rad zu fahren usw.):

1. Wie viel Zeit räume ich mir pro Tag und pro Woche ein, um mich mit meiner Seele zu befassen, in mich hineinzuhören, mich ihr zu widmen, mich für meine Gedanken und Gefühle zu interessieren, ohne mich von irgendetwas anderem ablenken zu lassen?
2. Kann ich mich nach dem Aufwachen an meine Träume erinnern? Will ich mich an meine Träume erinnern? Denke ich über meine Träume nach? Schreibe ich meine Träume auf? Sind mir schon einmal wichtige Einsichten aufgegangen, währenddem ich über meine Träume nachgedacht habe?
3. Interessiere ich mich für meine Fantasien? Oder betrachte ich sie als überflüssiges Zeug, Spinnereien? Gehe ich meinen Fantasien nach, mit dem Ziel, etwas über mich herauszufinden?
4. Beschäftige ich mich mit meinen Charaktereigenschaften und Verhaltensmustern? Höre ich überhaupt, was andere Menschen mir über mich sagen? Oft weisen einen andere

Menschen auf Verhaltensweisen oder Einstellungen hin, für die man selber blind ist. Reagiert man in solchen Situationen empfindlich oder gekränkt, werden die betreffenden Menschen dies in Zukunft unterlassen, denn sie wollen sich ja nicht mit einem anlegen. Reagiert man aber interessiert auf freundschaftlich gemeinte kritische Rückmeldungen, wird dieser Austausch sich intensivieren.

5. Arbeite ich an Verhaltensweisen oder Charakterzügen, die mir problematisch erscheinen? Nehme ich auch Hilfe von aussen (z. B. eines Psychotherapeuten) in Anspruch, wenn ich alleine nicht mehr weiterkomme? Oder bin ich in einem falschen Stolz gefangen?
6. Bin ich in der Auseinandersetzung mit mir selbst proaktiv? Oder reagiere ich nur auf Probleme und befasse mich mit mir selbst nur, wenn ich muss, zum Beispiel, weil ich Schwierigkeiten in einer Beziehung habe?
7. Fällt es mir schwer oder leicht, über mich selbst in produktiver Weise nachzudenken? Bin ich zu unkritisch mit mir selbst? Oder eher zu kritisch oder gar negativistisch?
8. Habe ich in meinem Tages- oder Wochenablauf nährende Rituale eingebaut, in denen ich etwas für mich tue? Oder bin ich voll gebucht mit Aktivitäten, in denen ich mich von mir ablenke?
9. Befasse ich mich damit, wie und warum ich der geworden bin, der ich heute bin? Interessiert mich meine Geschichte? Oder geht es mir primär darum, das Vergangene zu vergessen oder beiseite zu schieben?
10. Rede ich mit einem Freund über mich? Echt über mich, und nicht nur über die Arbeit, die sportlichen Leistungen, die Erfolge? Meine Gefühle, meine Zweifel, meine Unsicherheiten? Öffne ich mich gegenüber einem Freund? Oder trage ich ein quälendes Geheimnis, einen Makel mit mir herum, von dem ich meine, niemandem erzählen zu können?

Die Fragen zum Selbstbewusstsein, zur Arbeit, zum Liebesleben, zur Körper- und Seelenpflege helfen bei der Bestandesaufnahme der ungesunden Entfremdung. Sie können die Augen öffnen, wie sehr mann krank machenden Illusionen nachrennt und vom selbstbestimmten Leben entfernt ist.

2. Dekonstruktion: Das Zertrümmern der Irrtümer

Sie möchten also etwas anderes sein als ein Mister Perfect, ein Mister Nobody, ein Mister False Self? Sie sind in eine Krise geraten, Sie möchten Sie selber sein, ein Mann, der aus sich selbst heraus seine Kraft schöpft und nicht irgendwelchen Bildern hinterherrennt, die ihm weismachen wollen, was er sein soll, was er in seinem Leben alles erreichen muss, damit er ankommt, gefällt, akzeptiert wird?

Aber Achtung, Gefahr! Männer neigen dazu, jede Aufgabe, die sie anpacken, zu einem neuen Mythos aufzubauschen! Hier wird nicht die Geburt eines neuen perfekten authentischen Mannes angestrebt. Der wahrhaft ‹perfekte› Mann ist wohl noch am ehesten jener, der den männlichen Perfektionszirkus durchschaut und eine ironische Distanz zu ihm hält. Der sich selber mag und seine eigene innere Wahrheit sucht. Der wirklich befriedigt ist.

Das authentische Selbst ist nichts Abgehobenes und Sphärisches, es besteht aus Eigenschaften, die Sie wirklich haben, die zu Ihnen gehören. Es sind die Ansichten über Sie, die ihren wahren Potenzialen und Fähigkeiten und nicht irgendwelchen Fehlinterpretationen über Sie entsprechen.

Im Gegensatz zum authentischen Selbst ist das fiktionale Selbst eine falsche Mär über Sie, die Sie übernommen oder sich zurechtgezimmert haben, die aber nicht mit Ihren natürlichen Eigenschaften übereinstimmt. Das authentische Selbst ist das Buch der stimmenden Geschichten, das fiktionale Selbst die Sammlung der falschen Märchen über Sie.

Doch wie findet, wie erfährt, wie entdeckt man sein authentisches Selbst?

Und wie unterscheidet es sich von dem fiktionalen Selbst?
Dies ist die Kernfrage und die Hauptaufgabe auf dem Weg zum authentischen, selbstbewussten Mann. Wenn Sie in der Krise sind, leiden Sie an der Diskrepanz, doch Sie sind bereits die Hälfte des Weges gegangen. Jetzt brauchen Sie noch Mut, Durchhaltewillen und Kraft, dann schaffen Sie auch die zweite Hälfte.

Die Aufgabe, zu seinem Selbst zu finden, besteht im Grunde aus zwei Haltungen, einer dekonstruktiven und einer konstruktiven. Die dekonstruktive besteht darin, alle Mythen, Fantasien, Vorannahmen, die mann über sich, über die Männer im Allgemeinen hat, einer kritischen Überprüfung zu unterziehen und zu entzaubern, über Bord zu werfen, wenn sie nicht stimmen. Dies ist der analytische Teil, das Säurebad für den Charakter gewissermassen. Mann ist kritisch mit all seinen Ansichten und Urteilen und fahndet nach Mythen und ihren Ursprüngen, zertrümmert Illusionen. Am Schluss bleibt vielleicht wenig übrig, vieles ist in Frage gestellt, frag-würdig. Würde es dabei bleiben, stünde man am Ende ziemlich zerzaust da.

Doch da gibt es die konstruktive Haltung: Man entdeckt Eigenschaften, Gefühle, Bilder, die einem entsprechen, die für einen stimmen, die einen überzeugen. Man vergrössert sie, schaut sie unter der Lupe an, reichert sie an, denkt über sie nach, verknüpft sie mit Einfällen und Gedanken darüber. Man macht neue Erfahrungen, introjiziert sie, sucht nach Anregungen, Begegnungen, Eindrücken, die wieder verarbeitet werden. Das ist konstruktive, nährende Arbeit. Das authentische Selbst wird ans Licht gebracht, drückt sich in der Beziehung zu belebten und unbelebten Objekten aus. An der Identität wird gearbeitet wie von einem Bildhauer an einer Skulptur.

Ein wichtiger Schritt bei der dekonstruktiven Arbeit ist das Über-Bord-Werfen der Mythen über den Geschlechtsunterschied. Das falsche Selbst besteht nicht nur aus individuellen falschen Vorstellungen über sich selbst als Person, es besteht auch aus falschen, zu hinterfragenden Mythen, was die Geschlechter seien und was sie voneinander unterscheide.

Das entfremdende männliche fiktionale Selbst beinhaltet eine starre Geschlechtsidentitätsvorstellung, eine enge Norm, was ein rechter Mann und was eine rechte Frau sei.

Diese Fantasien über die Geschlechterdifferenz stabilisieren vermeintlich die psychische Organisation der Geschlechter, sie polstern das fragile Selbstgefühl des Einzelnen, das durch den Geschlechterunterschied bedroht wird. Da diese Geschlechterdifferenzmythen durch den aggressivierten Geschlechterkampf und die zunehmende Androgynisierung der realen Geschlechterbeziehungen – Frauen fahren Busse, Männer weinen, Frauen ziehen Männerkleider an, Männer schminken sich usw. – immer mehr in Zweifel gezogen werden und damit ihre psychische Schutzfunktion unterminiert wird, muss die Mythenproduktion laufend verstärkt werden.

Die Perfektionierung der Männlichkeitsvorstellung, die subtile Ausarbeitung dieser Perfektionsfantasie ist Teil des verstärkten Abwehrkampfes gegen die subjektive Verunsicherung. Es werden ins Männlichkeitsbild immer neue Anforderungen eingebaut, die alte und neue verknüpfen und z. T. sogar in sich widersprüchlich sind. So soll der perfekte Mann einerseits durchsetzungsfähig, stark und hart bleiben, andererseits aber bei Bedarf weich und weiblich, kommunikativ und entgegenkommend sein.

Der perfekte neue Mann vereinigt in sich vielfältige Anpassungseigenschaften, er ist der Prototyp des flexiblen Menschen, den Richard Sennett beschrieben hat: Er hat gar keinen eigenen Charakter mehr, ist nur noch ein Abklatsch der an ihn gestellten Anforderungen.

Das Männer emanzipierende Projekt ist es, hinter diese Bilder und eine Ebene tiefer zu gehen, den persönlichen Subtext zu entziffern, die Identitätsverunsicherung zu ertragen und eine neue, eigene und unverwechselbare Männlichkeitskonstruktion zu schaffen.

Doch zurück zum Mythos der Geschlechterdifferenz:

Von dem Moment an, wo wir fähig sind, den Geschlechtsunterschied wahrzunehmen und geistig zu verarbeiten, ungefähr ab dem Alter von eineinhalb Jahren, bilden wir Fantasien über die Geschlechterdifferenz. Wir entwerfen Vorstellungen darüber, was ein Mann und was eine Frau ist. Diese Fantasien haben eine psychisch wichtige Funktion. Sie versichern uns, dass wir das ‹richtige› Geschlecht haben, sie begründen den Stolz auf unser Geschlecht und sind der Boden für individuelles Selbstvertrauen (Christa Rohde-Dachser, s. o.).

Die klassische männliche Fantasie über die Geschlechterdifferenz, die auch in vielen Männerbüchern anzutreffen ist, lautet etwa so:

- Jungen und Männer sind aktiv und erobernd
  (Mädchen und Frauen passiv und empfangend).
- Männer sind vollständig, ganz, potent
  (Frauen defekt, kastriert, impotent).
- Männer sind aggressiv (Frauen friedfertig).
- Männer haben Angst, kastriert zu werden
  (Frauen sind neidisch auf den Penis).
- Männer sind am grossen Ganzen interessiert
  (Frauen an den kleinen Dingen).
- Männer sind faktenorientiert (Frauen beziehungsorientiert).
- Männer sind an der Aussenwelt interessiert
  (Frauen an der Innenwelt).
- Männer haben die stärkere sexuelle Konstitution
  (das Begehren ist männlich, das Begehrtwerden weiblich).
- Die Klitoris ist ein verkümmerter Penis.
- Mit der Entwicklung der Weiblichkeit muss die klitoridale Sexualität aufgegeben und auf die Vagina, den ‹Lustort› des Mannes, verschoben werden.
- Der Mann handelt, die Frau reagiert.
- Der Mann denkt, die Frau fühlt.
- Männlichkeit ist phallische Kraft
  (Weiblichkeit ist passive ‹masochistische› Lust).

- Männer sind Helden, Krieger, Könige, Liebhaber
  (Frauen sind Prinzessinnen, Dienerinnen, Mütter, Huren).

Wir haben es mit einer sexualisierenden Auffassung der Geschlechterdifferenz zu tun, welche den körperlichen Geschlechtsunterschied symbolisch auflädt und überhöht. Sie liefert dem Mann einen Mythos, der ihn stabilisieren soll.

Sie hilft ihm, sich gegenüber der Mutter und später anderen Frauen abzugrenzen und sich der Frau nicht unterlegen zu fühlen. Sie unterstützt sein Selbstwertgefühl, indem sie die Frau zur Minderwertigen, Neidischen, Eifersüchtigen macht. Sie panzert ihn gegen die entsprechenden Gefühle auf seiner Seite ab: Nicht ich bin neidisch auf ihre Gebärfähigkeit, ihren Kolpos, sondern sie ist neidisch auf mich. Nicht ich bin eifersüchtig, weil sie die de facto grössere sexuelle Potenz hat, sondern sie ist es. Nicht ich bin unzufrieden mit meiner männlichen Unsicherheit, sondern sie ist unzufrieden mit ihrer Weiblichkeit.

Diese klassische männliche Version der Differenz ist eine Waffe im Geschlechterkampf. Beide Geschlechter ringen um ihre seelische Stabilität, sind anfällig auf Minderwertigkeitsgefühle: Neid, Eifersucht, Existenzangst. Die männliche Antwort darauf weist der Frau den inferioren Part zu. Wer an sie glaubt, kann sich immer wieder beruhigen: Gott sei Dank bin ich ein Mann!

Die feministische Version der Geschlechterdifferenz ist diametral entgegengesetzt und die weibliche Waffe im Geschlechterkampf: Männer sind emotional unfähig, haben keine fürsorglichen Gefühle, können sich nicht einlassen. Sie sind zu tiefen Beziehungen nicht fähig. Frau muss daher gar nicht neidisch auf den Mann sein, denn eigentlich ist er ja unfähig, ihr etwas zu geben. Frau kann sich problemlos von ihm abgrenzen: Sie ist stolz, eine Frau zu sein.

Beide Abwehrphantasmen sind im Grunde falsch. Sie entsprechen psychischen Abwehr- und Entlastungsbedürfnissen, vereinfachen die komplexe Realität, belasten die Beziehungen der Geschlechter und engen das eigene Entwicklungspotenzial ein.

Neben der Dekonstruktion des persönlichen Geschlechtermythos ist es nötig, auch das persönliche falsche Selbst zu dekonstruieren: Was habe ich für falsche Meinungen über mich selber als Person? Welche Ansichten, die ich über mich selbst habe (z. B. ich sei träumerisch, faul, schwierig o. Ä.), sind nicht Abbildungen dessen, wer und was ich wirklich bin, sondern beruhen auf Aussagen oder Phantasmen der Eltern oder anderer Beziehungspersonen?

Horst-Eberhard Richter hat in seinem Klassiker ‹Eltern Kind Neurose› (1972) beschrieben, wie sich Kinder unbewusst mit den Ideen und Vorstellungen der Eltern über das Kind identifizieren und sich ein falsches Selbst aneignen.

Oft sind diese Übernahmen elterlicher Ansichten und Glaubenssätze derart subtil, dass die Betroffenen lange Zeit – oft ein ganzes Leben – unbewusst identifiziert mit ihnen bleiben und so keine Anstrengungen unternehmen, sie zu überwinden.

Männliche Identitätsarbeit besteht in einem ersten Schritt aus Des-Identifikationsarbeit.

Die Auflösung von selbstbehindernden Identifikationen ist ein sehr oft beschwerlicher, trauriger und schmerzhafter Ablösungsprozess.

Sich falsche oder gar boshafte Interpretationen seiner selbst, verkehrte einengende und vergewaltigende Bilder bewusst zu machen und sich von ihnen zu trennen, ist harte, aber lohnende seelische Schwerstarbeit.

Pedro ist ein ‹Supermann›. Er ist athletisch, sieht beneidenswert gut aus, ist erfolgreicher Banker, hat eine bildhübsche Frau. Doch er leidet an Depressionen. Am Morgen kann er kaum aufstehen, quält sich aber mit einem Pepsodent-Lächeln auf den Lippen durch den Arbeitstag, ist zuhause ein Schatten seiner selbst. Er ist engagierter freikirchlicher Christ, erfüllt dort noch ein Ehrenamt als Pfarrer und hat in der kleinen Wohngemeinde ein Exekutivamt übernommen. Wie er es auch schafft, wöchentlich noch zweimal auf dem Tennisplatz zu sein, ist mir als seinem Psychoanalytiker ein Rätsel. Nur schon die Schilderung seines Terminplanes löst bei mir Beklemmungsgefühle aus. Er ist ein Ausbund an Pflichterfüllung. Er macht alles, weil eine innere Stimme ihm sagt: Du musst.

Er möchte seine Depressionen von mir möglichst schnell weggemacht bekommen. Er setzt mich von Anfang an unter den gleichen Erfolgszwang, dem er sich selber ständig unterwirft. Ich sage ihm, dass es Medikamente gegen Depressionen gebe und dass er die sicher auch irgendwo bekäme, wenn er wollte. Allerdings nicht bei mir, denn ich sei überzeugt, dass er etwas anderes brauche, dass seine so genannten Depressionen nicht eine medikamentös zu behandelnde Krankheit seien, sondern ein Protest seiner Seele gegen das erbarmungslose Programm, das er sich verordne. Seine Seele melde sich mit Verlangsamung und Antriebslosigkeit und zwinge ihn nachzudenken.

Er beginnt nachzudenken und erkennt, dass er schon als Kind an nichts Freude hatte. Im Elternhaus galt immer nur Pflicht. Er bemerkt, dass er gerne gezeichnet habe in der Schule, aber seine Eltern hätten kein Interesse gezeigt, ihm die Kunst als brotlos ausgeredet. Also sei er eben Banker geworden. Seine Frau habe er geheiratet, weil er gedacht habe, jetzt brauche er eine Frau, das sei nützlich für die Karriere. Liebeswünsche und Liebesgefühle kenne er nicht. Ob er noch Kinderzeichnungen habe, frage ich ihn. Er bringt mir in die nächste Therapiestunde die Zeichnung eines blühenden Gartens. Das habe ich im Kindergarten gemacht, sagt er, die einzige Zeichnung, die ich behalten habe.

Es geht in der Therapie von da an darum, seinen inneren ausgetrockneten und verschütteten Garten freizulegen. Pedro schafft sich Freiräume, legt ein paar Ehrenämter nieder, er lehnt sich gegen den inneren Gewissensterror auf, und die Gefühle kehren langsam zurück. Seine Beziehung zur Frau und zu den Kindern wird besser, er verzichtet auf einen Karrieresprung, der ihm zwar viel Geld, aber vor allem noch mehr Arbeit beschert hätte, und beginnt, Malunterricht zu nehmen.

Supermänner schaffen eine Welt des Drucks und der Angst. Freie und authentische Männer sind sinnlich. Sie stecken andere damit an. Sie schaffen eine Welt, in der zu leben es sich lohnt.

3. Konstruktion: Die eigene authentische Männerpower finden und entwickeln

Echte Männerpower hat es nicht nötig, eine perfekte Männlichkeitsshow abzuziehen, die nichts mit den wahren Gefühlen zu tun hat und nur eingebildetes oder oft sogar wirkliches Ungenügen übertüncht.

Echte Männerpower steht mutig zu Schwächen und arbeitet an ihnen.

Echte Männerpower hält ihre wahren Stärken nicht unter Verschluss.

Echte Männerpower besteht die Lebensprobe, sie ‹verhebed›.

Echte Männerpower drückt sich in der Arbeit, in der Ausdauer, im gesunden Eigensinn, in der Unkonventionalität, in der Liebe, in der Toleranz, in der Leidenschaftlichkeit, in der Zärtlichkeit, im echten Eros aus.

In der Liebe zeigt sie sich in einer warmherzigen, unprätentiösen Haltung, in echter und nicht hysterischer Leidenschaftlichkeit, in liebevollen Taten und nicht nur in Worten, in verführerischer, aber nicht manipulativer Zuneigung. Sie muss sich nicht mit sexuellen Grosstaten beweisen.

Echte Männerpower zeigt sich in tiefen, dauernden und Halt gebenden Freundschaften. Ein echter, starker Mann hat starke Gefühle, die Herausforderungen bestehen und nicht bei der geringsten Frustration einknicken. Er hält es aus, nicht dauernd bestätigt und ‹gepampert› zu werden. Er steht verlässlich zu seinen Freunden, gibt ihnen seine Loyalität, sein Vertrauen, seine Diskretion, seine Unterstützung. Er ist da, wenn man ihn braucht.

Echte Männerpower zeigt sich in gütiger, starker, herausfordernder Väterlichkeit. Ein Vater ist stabil und echt spürbar, macht nicht nur grosse Worte, hält seinen Kindern die Stange.

Ich möchte hier keinen neuen Mythos aufbauen, sondern nur den übergeordneten Wert der Authentizität und der Echtheit vertreten. Immer mehr wird in der heutigen Gesellschaft betrogen, die Wirkung, die auf Schein beruht, mit der Substanz verwechselt. Die Täuschung, die Fassade, ist epidemisch. Deshalb ist gegenüber lärmiger männlicher Selbstdarstellung und Protzerei Skepsis angebracht. Dahinter steckt nicht unbedingt Stärke. Im Gegenteil: «Lärm gibt dem Dummen das Gefühl der Macht.» (Karl Marx) Der Unternehmer Dieter Bührle war dafür bekannt, dass er einen bescheidenen Lebensstil pflegte. Er fuhr einen VW-Käfer. Befragt, warum er sich keinen Porsche leiste, sagte er: «Ich brauche keinen Porsche, ich bin ein Porsche.»

Es kommt nicht darauf an, was für ein Mann mann ist, Hauptsache, mann ist, was mann darstellt, und macht sich und den anderen nichts vor. Die Inhalte, die mit echter Männerpower gelebt und vertreten werden, sind jedes Mannes persönliche Sache, die es individuell zu entdecken gilt.

Der primäre Unterschied zwischen einem echten Mann und einem perfekten Mann besteht darin, dass der echte Mann wirklich davon überzeugt ist, potent zu sein, Fähigkeiten zu haben und diese zu nutzen – er ist selbstbewusst –, während der perfekte Mann eine Mogelpackung darstellt. Der perfekte Mann glaubt im Grunde nicht an seine Potenz, sondern erweckt angestrengt den Eindruck, potent zu sein. Er muss ständig sein Selbstbewusstsein polieren. Er ist von seinem Phallus, d.h. dem symbolischen Kern seiner Potenz, nicht überzeugt, er traut ihm nicht, er hält ihn für ungenügend. Deshalb fürchtet er ständig seine Entlarvung. Und da er seine beschämende Entlarvung als impotentes Würstchen befürchtet, muss er ständig angestrengt an seinem Männerbild basteln. Der bemüht perfekte Mann ist nicht lebendig, er lebt nicht aus innerer Kraft heraus.

Mann entwickelt echte Männerpower aus sich selbst heraus, im Kontakt mit dem authentischen männlichen Selbst und mit der Bereitschaft, persönliche und spezifische Einstellungen, Verhaltensweisen, Entscheidungen, Lebensentwürfe und -pläne zu verwirklichen.

Mann entwickelt keine echte Männerpower, wenn mann primär aussenorientiert ist, auf Zustimmung von aussen angewiesen ist, immer den Applaus anderer Menschen braucht, um dieser äusseren Anerkennung willen eine Rolle spielt und so ein fiktionales Selbst erschafft.

Die Befreiung des authentischen Selbsts, die Verabschiedung des fiktionalen Selbsts und die Entwicklung und Realisierung von echter Männerpower gehen Hand in Hand.

Der Veränderungsprozess zur Entwicklung eines authentischen, echten männlichen Selbsts ist nicht ein neuer Unterwerfungsprozess, sondern ein Aufbau, eine Pionierarbeit, die Entdeckung, Rodung und Belebung von Neuland.

Sich neuen Erfahrungen öffnen:
Lernen von Sensitivität und Kommunikation
Wandel ist nur möglich, wenn mann bereit ist, sich und andere neu zu erfahren, dabei zu lernen und zu wachsen. Perfekte Männer, die vor allem ihre Idealbilder pflegen und nach dem Applaus des Publikums schielen, müssen eine neue Einstellung entwickeln: lernen, in Kontakt mit ihren inneren Bildern und Gefühlen zu kommen, und bereit sein, sich neuen Erfahrungen auszusetzen.

Wichtig ist es, die Sinneskanäle und die Seele zu öffnen für lebendige Empfindungen.

Es geht darum, wieder leben zu lernen und die eingefrorene Sensitivität und Kommunikation aufzutauen.

Lutz (43) ist Manager, Vizedirektor einer mittelgrossen Industriefirma. Er ist einem grossen Druck ausgesetzt, der Firma geht es nicht besonders gut, die Auftragslage ist angespannt, die Kunden wenden sich z. T. günstigen Konkurrenten aus osteuropäischen Ländern zu. Er geht voll in seiner Arbeit auf, entwickelt im Feuereifer Strategien für den Turnaround, doch er wird von der Arbeit aufgefressen, arbeitet zeitweise 90 Stunden in der Woche.

Die Familie bekommt ihn kaum noch zu Gesicht, und wenn – dann gereizt, abgespannt, müde. Er leidet an Stresssymptomen, doch die Firma ist auf ihn angewiesen, und er selber hat das Gefühl, unersetzlich zu sein. Er macht sich Sorgen, dass er zusammenbrechen könnte, und nimmt auf Anraten seines Arztes, der ihn vor einem Herzinfarkt warnt und ihn ermahnt, seine Lebensweise zu überdenken, ein Coaching in Anspruch.

Seine erste Frage ist: «Wie kann ich alle meine Anforderungen effizienter erfüllen, weniger Zeit dafür brauchen, damit mehr Zeit für die Familie und andere Beziehungen bleibt?»

Ich lasse mir seinen Wochenablauf schildern und frage ihn, ob er wisse, was ihm gut tun würde. Er sagt, er spüre nur den grossen Druck und seine Pflichterfüllung, er wolle die Arbeit perfekt erledigen.

Ich sage, ein Problem sei, dass er ausser dem inneren Druck, perfekt sein zu müssen, überhaupt nichts spüre, und dass sich das ändern müsse. Er müsse wieder lernen, sich selber wahrzunehmen. Ich gebe ihm einen leuchtend roten Apfel und bitte ihn, mir genau zu beschreiben, was er empfinde und fühle, wie der Apfel rieche, schmecke, welche Farbe er habe, was das Essen in ihm für Empfindungen, Bilder, Gedanken auslöse. Langsam solle er jeden Bissen kauen und nach innen schauen, um seine Empfindungen und Gefühle zu beobachten. Er solle nicht bewerten, was in ihm vorgehe, nur wahrnehmen und registrieren. Alles sei o. k. Die Übung berührt ihn, er sagt, es sei ein ganz intensives Erlebnis gewesen, sich einmal sorgfältig um seine eigenen Gefühle zu kümmern.

Am Anfang der nächsten Coachingsitzung unternehmen wir einen Spaziergang in den Wald, und ich ermuntere ihn, seine Eindrücke des Waldes aufzunehmen und sich den Wahrnehmungen bewusst und sorgfältig zuzuwenden.

Fahren Sie mit dem Velo an einem schönen, ruhigen Gewässer entlang. Hören Sie die Geräusche, sehen Sie die Farbe des Sees? Riechen Sie den Duft der Gräser? Spüren Sie den Wind, die Sonneneinstrahlung im Gesicht? Nehmen Sie das alles mehr oder weniger passiv und peripher wahr, also mehr beiläufig und als Nebensache, oder nehmen Sie die verschiedenen sinnlichen Eindrücke aktiv in sich hinein? Aktiv hineinnehmen heisst genau wahrnehmen, bewusst wahrnehmen, d. h. hinsehen und aktiv das Gesehene hineinnehmen, sich durch die Sinneseindrücke füllen und nähren lassen.

Die volle Sensitivität besteht darin, nicht nur wahrzunehmen, sondern auch eigenes in die Natur hineinzugeben, sich bewusst in die Landschaft zu setzen, in sie hineinzugehen, sich in ihr zu bewegen, seine Stimmung, seine Gedanken in die Natur hineinfliessen zu lassen, sich in ihr auszudrücken.

Diese sinnliche Zwei-Weg-Kommunikation zu üben, kann helfen, sich von den Schemata des Denk- und Fantasieprozesses zu lösen und offen zu werden für Neues.

Sie können Ihre eigenen Offenheits-, Sensitivitäts- und Kommunikationsübungen in der Natur durchführen oder im Kontakt mit Menschen. Ich empfehle Ihnen, mit einfachen Sinnlichkeitsübungen in der Natur zu beginnen. Der sinnliche Kontakt mit Menschen ist schwieriger, weil das Wahrnehmungsfeld komplexer ist und durch das eigene Verhalten dauernd beeinflusst und irritiert wird.

Mit Self Work zu Self Competence

Das Selbstkonzept ist nicht nur ein Bild, eine Fantasie über sich selbst, die folgenlos abgespeichert wird, sondern es steuert das ganze Leben. Es gibt eine direkte ursächliche Verbindung zwischen dem, wie ich mich sehe und was ich über mich selbst glaube, zu dem, wie mein Leben herauskommt.

Jeder sammelt gewisse Lebenserfahrungen und reagiert darauf, interpretiert sie. Das Resultat dieses Prozesses ist eine Anzahl von Glaubenssätzen über mich selbst: Urteile über meine Kompetenz, meinen Wert, meine Akzeptanz, meine Liebenswürdigkeit, meine Stärken, meine Mächtigkeit.

Auf der Basis dieser Selbsteinschätzung und der Selbstzuschreibung bestimmter Eigenschaften erwirbt man eine einigermassen zusammenhängende Vorstellung seiner Person. Das ist das Selbstkonzept. Ausgehend von diesem Selbstkonzept präsentiert man sich der Welt, vermittelt eine Selbstbotschaft – ob bewusst oder unbewusst: Seht, hört, so bin ich!

Alles, was im Leben passiert, jeder Erfolg, jeder Fehlschlag, jede Beziehung, jede Liebeserfahrung, jede Wertschätzung oder Missachtung, Friede oder Konflikt, Harmonie oder Zwist, ist geprägt durch diese Selbstbotschaft.

Das heisst: Hat jemand ein falsches Selbstkonzept, das nicht seine wirklichen Stärken und Schwächen wiedergibt und ihn z. B. in negativer Weise verzerrt, so wird er dieses herabsetzende Selbstkonzept als Botschaft gegenüber der Welt via Aussagen und noch mehr mit dem Verhalten kommunizieren: Ich bin ungenügend! Und diese negative Selbstbotschaft wird dafür sorgen, dass man tatsächlich als ungenügend wahrgenommen und entsprechend behandelt wird. Das falsche Selbstkonzept wird von aussen bestätigt, und mann ist noch weiter davon entfernt, es zu überwinden.

Deshalb ist Self Work, Arbeit am Selbstkonzept, die entscheidende Voraussetzung für die Verwirklichung eines authentischen Selbsts. Nur durch Self Work, Identitätsarbeit, lässt sich Selbstkompetenz erwerben.

Welche Selbstbotschaft sende ich an die Welt? Wenn ich in meinem Verhalten und meiner Ausstrahlung kommuniziere «Ich bin der Supermann, ich brauche niemanden, ich bin perfekt!», dann werde ich vielleicht von einigen Menschen unkritische Bewunderung ernten, aber werde kaum geliebt werden. Ich werde allein sein, denn wenn jemand dauernd die Botschaft sendet «Ich bin perfekt», dann sagt er gleichzeitig: «Du bist nicht perfekt, du bist weniger gut.» Er setzt die anderen unbewusst herab, und diese nehmen innerlich Abstand von ihm.

Wenn ich der Welt die Botschaft sende «Ich bin das arme, ausgebeutete Opfer», dann wird mir vielleicht erst ein bisschen Mitleid entgegenschwappen, aber bald werden die Menschen genug von mir haben und erschöpft sein, sie werden mich nicht mehr mögen, und ich bin dann tatsächlich das Opfer von Ablehnung.

Ich bekomme von der Welt genau jene Reaktionen, die ich mit meinem Verhalten provoziere. Das Selbstkonzept steuert die Selbstbotschaft, diese wiederum das Verhalten. Das Verhalten steuert die Reaktionen, also bestimmt das Selbstkonzept via Verhalten die Reaktionen der Umgebung.

Falls man die Theorie «Ich bin halt so, wie ich bin» über sich hat, sollte man sie besser aufgeben. Es ist eine dumme Theorie. Sie lässt uns allein und gefangen in unserem Selbstkonzept, unseren Verhaltensmustern, unserem selbst produzierten Unglück.
    Wie ich bin, das bin ich geworden aufgrund von Erfahrungen und Interpretationen, nichts ist Zufall. Ich kann die Bilder und Interpretationen über mich selbst, mein Selbstkonzept, mein Verhalten einer genauen Untersuchung und Demystifizierung unterziehen und alles über Bord werfen, was falsch ist. Nur was ich als Teil meines echten Selbsts akzeptieren möchte, behalte ich.

Was sind nun die Indikatoren des authentischen Selbsts? In welchen Erfahrungen zeigt sich dieses? Und wie zeigt sich das fiktionale Selbst?
    Um dies herauszufinden, muss ich mich lebendig mit mir selbst auseinander setzen.
    Wer aus seinem authentischen Selbst heraus lebt, lebt gesund. Ein Organismus, der gesund bleiben will, muss sich kontinuierlich mit sich selbst und der Umgebung, in der er lebt, aktiv auseinander setzen. Das Prinzip heisst: lebendige Oszillation zwischen Innen- und Aussenwahrnehmung! Oder in der Psycho-Sprache: Subjekt- und Objektanalyse!
    Man pendelt zwischen der Wahrnehmung von Innenwelt und Aussenwelt hin und her, öffnet sich mal den Gedanken und Gefühlen und achtet dann wieder auf Signale aus der Umgebung. Die-

ser ständige Blickwechsel zwischen Innen-Schau und Aussen-Schau, zwischen Subjekt- und Objektanalyse ist die spannende, pulsierende Auseinandersetzung mit dem Leben in seiner ganzen Fülle.

Dieses Oszillieren ermöglicht Selbstwerdung und auch Teilnahme am Leben anderer – zwei zentrale Voraussetzungen langfristiger Gesundheit. Ich muss ich selber und in Begegnung mit anderen sein, dann habe ich die persönlichen und sozialen Kraftquellen für meine langfristige Gesundheit zur Verfügung.

Gelingt Subjekt- und Objektanalyse nicht oder nur unvollständig, sind wir schlecht gerüstet im Strom des Lebens. Wem die lebendige Oszillation zwischen Innen-Schau und Aussen-Schau nicht gelingt, weil er nur in sich hineinschauen, sich nur mit sich und seinen eigenen Zuständen befassen kann, wird Schwierigkeiten damit haben, die Chancen und Gefahren in der Umgebung wahrzunehmen und zu nutzen. Wer das lebendige Pulsieren zwischen Subjekt- und Objekt-Analyse nicht schafft, weil er sich mit der Wahrnehmung nur in der Aussenwelt orientieren kann und blind für die eigenen inneren Zustände und unbewussten Tiefen ist, wird sich in seinem Lebensvollzug selbst verfehlen.

Die selbstfixierten Narzissten, die sich von der sie störenden Aussenrealität abschotten, schneiden sich vom vollen Zugang zu den Lebenskraftquellen ebenso ab wie die aussenfixierten Macher, die sich von den sie beunruhigenden inneren seelischen Vorgängen abwenden.

Nur wer nach beiden Seiten, d.h. für die eigenen seelischen Realitäten und die äusseren Gegebenheiten offen ist, findet in der ständigen lebendigen Auseinandersetzung und Konfrontation mit dem eigenen Selbst und der Umgebung kreative Lösungen.

Die Suche nach dem authentischen Selbst braucht einen geistigen Rahmen. Er wird durch drei Fragen gegeben:

1. Wer bin ich? (Die Frage nach dem authentischen Selbst)
2. Was fehlt mir? Was brauche ich, was will ich?
   (Die Frage nach den echten Wünschen)
3. Wo will ich hin? (Die Frage nach den Lebenszielen)

Das authentische Selbst braucht Förderung, Nahrung, Unterstützung. Der Psychoanalytiker Christopher Bollas spricht von Self Management – Selbst-Handhabung. Wir bleiben gesund und entwickeln uns erfreulich, wenn wir mit unserem authentischen Selbst liebevoll, fürsorglich, entwicklungsfördernd umgehen, ihm Nahrung zuführen. Ein gesundes echtes Selbst lebt von stimulierenden Erfahrungen, liebenden Bezugspersonen, Räumen für die Entwicklung.

Julia Cameron, die New Yorker Kreativitätstrainerin, nennt unser authentisches Selbst, das sich entwickeln, ausdrücken, sich in Beziehungen und in der Arbeit realisieren will, das ‹Künstlerkind› in uns, dem wir eine gute Behandlung geben müssen, damit es sich lustvoll entfalten und ausdrücken kann.

Jedes authentische Selbst sucht sich, wenn wir es lassen und nicht einengen, jene belebten oder unbelebten Objekte, d. h. Menschen, Tiere, Pflanzen, Gegenstände, die es braucht, um sich in ihnen und an ihnen zu realisieren. Oft zeigt uns erst ein Objekt, z. B. ein Kunstgegenstand, ein Bild, das uns anspricht, dass wir in ihm einen bislang noch nicht entdeckten Aspekt unseres echten Selbsts wieder gefunden haben. Durch die Erfahrung mit dem ‹Selbst-Objekt› wird unser Selbst reicher, bewusster und geht auf die Suche nach neuen Objekten, um sich weiter auszuloten und sich zu entwickeln.

Dieser endlose, zirkuläre Prozess dauert in einem gesunden, lebendigen Menschen das ganze Leben an.

Der Entwicklungspsychologe Jean Piaget bezeichnete die beiden Prozesse Assimilation und Akkommodation: Ein Objekt wird zuerst ans eigene Selbst assimiliert (angepasst), das Selbst prägt sich in es ein, nimmt es gemäss seiner eigenen Schemata und Kategorien wahr. Im anschliessenden Akkommodationsprozess verändert sich das Selbst und passt sich dem neuen Objekt an.

Vom authentischen Selbst gehen Wünsche aus. Freud reservierte für das Wunschreservoir einen eigenen ‹Innenraum›, das ‹Es›. Das Es ist der Ursprung aller vitalen Triebwünsche, die uns unverkennbar individuell auszeichnen. Nicht die übernommenen ‹falschen›, suggerierten, durch Manipulation aufgezwungenen Wünsche sind gemeint, sondern die ureigenen, die den Stempel eigener Bilder und Fantasien tragen.

Wir Menschen sind ‹Wunschmaschinen›, wie die beiden französischen Psychoanalytiker und Philosophen Gilles Deleuze und Félix Guattari es ausdrückten. Wir produzieren ständig neue Wünsche. Wünsche sind individuell wie Fingerabdrücke. Nicht zwei Menschen haben gleiche Wünsche. Jeder hat ganz persönliche, unverwechselbare Triebwünsche (Sexualität, Aggression, Bemächtigung), allgemeine Selbsterhaltungsbedürfnisse (Durst, Hunger, Luft- und Lichtbedürfnisse), die nach Sättigung, und Gefühle (Zärtlichkeit, Liebe, Wut usw.), die nach Kommunikation drängen. Diese Wunsch-Energetik werfen wir in die Welt der Objekte, d. h. der unbelebten Gegenstände oder der Tiere und Menschen, und suchen uns meist unbewusst die günstigsten Partner für die Befriedigung und die Kommunikation.

Wünsche halten einen ständig auf Trab. Sie energetisieren. Deshalb ist es so wichtig, mit ihnen in Kontakt zu sein, sie zu spüren und sich um sie zu kümmern. Nur so können wir lernen, erfüllbare von unerfüllbaren Wünschen zu unterscheiden und angemessen damit umzugehen. Wir sind in der Lage, uns für die Befriedigung der erfüllbaren Wünsche einzusetzen und auf die Erfüllung der unerfüllbaren zu verzichten.

Self Management

Wir arbeiten an unserem Selbst, wenn wir beständig zwischen der demystifizierenden, dekonstruktiven Haltung und der konstruktiven, nährenden Einstellung hin und her wechseln.

Die Arbeit an der Persönlichkeit – Self Work – besteht darin, dass die eigenen Gedanken, Bilder, Verhaltensmuster, Einstellungen, Haltungen und die Lebensgeschichte unter die Lupe genommen werden und man sich fragt: Bin ich das? Woher habe ich das? Wie habe ich das erworben? Oder gehörte das schon immer zu mir?

Der amerikanische Psychologe Phillip McGraw empfiehlt in seinem Buch ‹Self matters› die zehn entscheidenden Momente im Leben, die sieben wichtigen Entscheidungen und die fünf zentralen Menschen zu definieren. Um diese Struktur herum erinnert man sein Leben und forscht nach, warum und wie man der geworden ist, der man heute ist.

Es wird an der Grenze zwischen innen und aussen gearbeitet, zwischen dem Selbst und seiner Umgebung. Jedes Mosaiksteinchen des Selbstkonzepts wird gedreht und gewendet: Ist das ein Teil meines vitalen Kerns, gehört das zu meinem authentischen Selbst-Kern, oder ist das etwas, was ich mir angedichtet habe, ansuggeriert, ein Teil des fiktionalen, falschen Selbsts? Die Unterscheidung fällt nicht immer leicht, aber sie ist unabdingbar.

Der fortwährende Prozess dieser Selbstarbeit ist das Entscheidende. Freud nannte eine seiner letzten Schriften ‹Die endliche und die unendliche Analyse›. Er meinte, dass die Auseinandersetzung mit sich selbst über die Dauer der eigentlichen psychoanalytischen Behandlung hinaus ‹unendlich› werden müsse: Der sorgfältige forschende Kontakt mit der inneren und äusseren Realität muss zur alltäglichen Psychohygiene werden.

Heiter, ernst und nicht verächtlich

Männer haben oft keine Lust, sich mit sich selbst auseinander zu setzen, weil sie damit in Verbindung bringen, nicht in Ordnung, ungenügend, daneben zu sein. Sie gehen in die Defensive. Oft verstehen sie auch nicht, was die obergescheiten Psychologinnen und Psychologen meinen. Sie nehmen jeden Hinweis als neuen Perfektionierungsübergriff wahr und hören keine noch so gut gemeinte Anregung heraus, sondern nur Kritik und den Vorwurf, nicht zu genügen, und die Forderung, noch perfekter zu sein.

Deshalb ist es so schwierig, den Zugang zu Männern zu finden. Penetrante Besserwisserei führt nirgends hin, Kritik schon gar nicht, einfühlsames oder pseudo-einfühlsames Gesäusel auch nicht.

Männer wollen spüren, dass sie geachtet werden, dann hören sie auch zu. Wenn sie merken, dass man ihnen nicht wieder mit der Botschaft ‹Du bist nicht gut genug, streng dich weiter an!› begegnet, dann können sie sich öffnen, entspannen sich und werden neugierig.

Der Stil des männlichen Self Work muss anders sein, als er in der üblichen psychologischen Literatur gepflegt wird. Vergegenwärtigen wir uns, dass die Psychologie und die Psychotherapie heute zu siebzig Prozent von Frauen ausgeübt werden: Die Zugangsweisen zu Problemen sind mehr auf Frauen ausgerichtet, Männer fühlen sich oft nicht abgeholt. Das fängt schon beim räumlichen Setting an. Sie brauchen motorische Aktivität, um in den Gefühlen und in der Kommunikation in Fahrt zu kommen, und räumliche Metaphern. Männer wollen handeln, sich in ihrem Lebensraum orientieren, bewegen.

Darauf muss der Stil des männlichen Self Work Rücksicht nehmen. Therapie-‹Sitzungen› können auch auf ungestörten Spaziergängen oder im Anschluss an motorische Aktivität durchgeführt werden. Ich empfehle meinen männlichen Patienten oft, sich vor den Therapiesitzungen körperlich zu betätigen und nicht direkt aus dem Büro zu kommen.

Der emotionale Umgang soll heiter, witzig, ernst, auf keinen Fall pädagogisch herablassend sein. Kein eifernder Furor therapeuticus. Männer hassen Therapie. Therapie tönt nach krank und defekt. Männer wollen an sich arbeiten, sich intensiv auseinander setzen, sie wollen Ergreifendes erleben und nicht das Gefühl vermittelt bekommen, sie seien defekt, unterentwickelt, krank. Herzlichkeit, Angefasstwerden und Berührtwerden im Seelischen ist ihnen wichtig. Und immer wieder: Akzeptanz.

Männer sind in ihrem Selbstgefühl und emotional leichter aus dem Gleichgewicht zu bringen als Frauen. Deshalb brauchen sie eine narzissierende Zugangsweise, die ihren Selbstwert stabilisiert. Geben wir den Männern zuerst immer zu verstehen, dass sie in Ordnung sind. Drücken wir dies in unserer Haltung aus, können wir auf dieser Basis anfangen, mit ihnen zu arbeiten.

Die den Männern heute entgegengebrachte Häme lassen wir draussen. Sie dient der Vermeidung einer echten Auseinandersetzung.

Mann sollte sich selbst gegenüber eine Haltung einnehmen, die Aristoteles als ‹Sein eigener Freund sein› umschrieben hat: liebevoll, humorvoll, selbstkritisch, nachdenklich.

Diese heitere Selbstdistanz und gleichzeitig gründliche selbstkritische Haltung finden wir bei Michel de Montaigne in seinen ‹Essais›. Er war seiner Zeit weit voraus, ist immer noch aktuell und kann uns auch heute als Rollenmodell dienen für gesundes männliches Selbstbewusstsein. Montaignes Sätze sind herzerfrischend, scharfsinnig und von einem gesunden männlichen Selbstbewusstsein getragen.

«Das Leben muss vielmehr auf sich selbst gerichtet sein, sich selber wollen. Seine wahre Aufgabe besteht darin, sich seine eigene Ordnung und Führung zu geben, mit sich ins Reine zu kommen.»

«Man sollte den Lüsten weder nachlaufen noch vor ihnen wegrennen. Man sollte sie willkommen heissen.»

«In der Liebe müssen Dichtung und Verrichtung nach Diebesgut schmecken.»

Montaigne war ein unabhängiger Denker. Er akzeptierte sich selbst, rannte nicht unrealistischen Idealvorstellungen nach, sondern ermunterte die Leser, der Natur gemäss zu leben, auf deren Signale zu achten, sich zu nichts zu zwingen. Seine philosophische Grundhaltung orientiert sich an den Lebensgegebenheiten: bescheiden, klug, realistisch, listig. Er versöhnt Realitätsprinzip mit Lustprinzip, wenn er dafür plädiert, die Lüste willkommen zu heissen, sich ihnen aber nicht willenlos zu überlassen, sondern schlaue Zurückhaltung und weise Selbstbeherrschung zu üben, um der Befriedigung einen festen Platz im Leben zu sichern.

Vom perfekten zum authentischen Mann
Wie kann ich mich von pseudo-männlichen Einstellungen und Verhaltensmustern befreien und echte Männlichkeit entwickeln?

Es fängt bei der Imagination des Phallus an. Phallus ist nicht gleich Penis. Penis ist das körperliche Organ, der Phallus ist eine Imagination männlicher Potenz, die Bedeutung des Männlichen, um die Bedeutung des Penis zentriert. Ein guter Phallus ist von Liebe erfüllt, er verströmt Libido und ergreift lustvoll Besitz von den Objekten.

Die Pariser Psychoanalytikerin Jacqueline Schaeffer entwickelt in ihrem Buch ‹Le refus du féminin› (Die Ablehnung des Weiblichen) eine Theorie des sexuellen Paares, die auch als Theorie reifer Männlichkeit und Weiblichkeit gelesen werden kann.

Sie schreibt über die männliche Identitätsarbeit: «Was den Mann betrifft, so muss er, wenn es ihm gelungen ist, sein Ich vom konstanten Verlangen durchdringen zu lassen, eine ‹Männlichkeitsarbeit› vollbringen, die schwierig ist und über die in der Psychoanalyse nicht nachgedacht wird.» (2000, S. 81) Laut Schaeffer besteht diese Männlichkeitsarbeit darin, dass der Mann eine offene Einstellung gegenüber den Liebesgefühlen und dem sexuellen Verlangen einnimmt und die dadurch in ihm ausgelöste innere Bewegung nicht bekämpft, sondern annimmt. Er muss sich von der übertriebenen Kontrolle durch sein rationales Ich freimachen. Er muss die beunruhigenden Phantasmen, welche durch die Intimität mit einer Frau ausgelöst werden, aushalten, sich jedoch nicht von ihnen abschrecken lassen, sondern mutig begehren und lieben.

Der echte Mann unterdrückt seinen Trieb nicht, er kann es zulassen, dass sein Penis von einem Weib erregt wird. Er fühlt sich nicht terrorisiert oder gedemütigt, wenn er ‹schwach› wird, wenn er nicht das kontrollierende überlegene Subjekt, sondern einer Frau hingegeben ist: «Das Ich des Mannes wird bereichert durch die Tatsache, einen libidinösen Penis mit dauerhaftem Begehren bekommen zu haben, der ihn von den Ängsten eines ‹kleinen, abtrennbaren Objektes›, einer ‹Exkrementenstange› oder eines von Kastration bedrohten Phallus wegführen kann.» (2000, S. 115)

Ein Mann mit einem liebenden Penis, der seine ‹Macht› gebraucht, um sich und der Frau Lust zu bereiten, hat seine Kastrationsängste überwunden, und er muss sich nicht ständig versichern, dass er funktioniert. Dieser selbstbewusste Mann weiss: Sein Phallus kann ihm weder entrissen noch weggeredet werden. Er begehrt echt. Er gibt der Frau das Gefühl, sich gefahrlos hingeben zu können, wenn sie es will.

Viele Männer haben ein Problem damit, dem konstanten Drängen des Triebes und ihren erotischen Wunschphantasmen zuzustimmen, sich beständig den sexuellen und zärtlichen, oft auch aggressiven Wünschen zu öffnen, nach denen das Weibliche in der Frau begehrt.

Die Frau ‹nehmen›, penetrieren heisst nicht, sie erniedrigen! Erektion und Penetrationsfähigkeit zielen nicht auf Erniedrigung und ‹Fäkalisierung› der Frau.

Der Mann muss sich, um voll liebesfähig zu sein, einer ganzen Palette von Problemen stellen: Kastrationsangst, Angst vor dem Weiblichen, seinen weiblichen Identifizierungen, seinem femininen Masochismus, seinen eigenen masochistischen Tendenzen. Er muss sich konfrontieren mit dem Bild der archaischen Mutter in der Frau, mit dem verinnerlichten eigenen Elternpaar. Er muss sich mit seinen Grössenfantasien auseinander setzen, mit seinen sadistischen Tendenzen, mit den das Liebesleben oft prägenden ‹Urszenenfantasien›, d. h. den zunächst meist unbewussten Bildern über die Sexualität der Eltern.

Man versteht, warum viele Männer sich dieses seelische Risiko nicht leisten wollen und ihre Liebesfähigkeit nur kümmerlich entwickeln.

Der suchende Mann

Ein selbstbewusster Mann ist nicht eingefroren in einer Idealvorstellung seiner selbst, er ist kein perfekter Mann, er ist ein suchender Mann, der innerlich nicht erstarrt, sondern in Bewegung ist.

In Bewegung bleiben ist nicht leicht. Wir leben in einer Gesellschaft, in der Männern von morgens bis abends eingetrichtert wird, was sie sein, tun und lassen sollen. Sie müssen immer Sex, immer Erfolg, immer Prestige und Geld – und das alles auf sicher – haben, sonst bricht die Panik aus. Da kann mann sich nur schwer darauf einlassen, seelische Energie für die persönliche Entwicklung freizubekommen, eine Entwicklung, bei der mann nicht einmal genau weiss, wohin sie führt ...

Seelisch in Bewegung, entwicklungsfähig bleiben wird einem ja nicht geschenkt. Dafür muss mann etwas tun.

Erstens: den Mut zum Leben finden und bewahren. Das Leben mit seinen Lebenstatsachen und Risiken annehmen. Nicht um jeden Preis Reichtum und Sicherheit anstreben. Sondern ein gesundes Vertrauen in sich entwickeln, unter allen Umständen irgendwie durchzukommen.

Zweitens: offen bleiben für das innere und das äussere Universum. Der Schriftsteller D. H. Lawrence (‹Lady Chatterley's Lovers›) hat einmal geschrieben, dass das innere Universum nicht weniger unheimlich und unergründlich sei als die Geheimnisse der Meere oder des Alls. Für beide Welten offen zu sein, die äussere und die innere, und sich berühren und bewegen zu lassen durch die Geschehnisse des Lebens, ist eine wichtige Voraussetzung für eine lebendige eigene Entwicklung.

Drittens: neugierig sein. Aktiv nach Chancen für die eigene Entwicklung, nach neuen Herausforderungen suchen. Es wissen wollen, sich nicht mit seichten Erklärungen, lauen Halbheiten und Gemeinplätzen zufrieden geben. Radikale Fragen stellen.

Viertens: die Liebe pflegen. Alle drei Arten von Liebe sind gemeint: Eros, Philia und Agape. Leidenschaftliche Begeisterung für einen Menschen, eine Idee. Verlässliche Freundschaft. Und selbstlose Nächstenliebe. Alle drei Arten von Liebe bergen in sich die richtige Einstellung, das Ja zum Leben, zur Welt, die gebende, verschwendende Grundhaltung. Wer sich verschwendet, wird reicher (Georges Bataille). Die anale Kontrollmentalität verhindert jegliche Entwicklung, lässt keinen Freiraum und keine lebendige Entwicklung zu. Veränderung ist nur durch Freiheit und Liebe (zu sich und anderen) möglich.

4. Grundübungen für mehr Authentizität

Das ganze Problem lässt sich in der Formel zusammenfassen: Die Frage ist nicht, was für ein Mann du sein sollst, sondern, was für ein Mann du bist!

Keine falsche Scheu vor Gefühlen!
Männer sind darauf trainiert, Gefühle zu kontrollieren, und dies, obwohl sie diese intensiv erleben. Gefühle haben einen Signalaspekt und einen Kommunikationsaspekt. Der Signalaspekt bedeutet, dass das Gefühl einen inneren Zustand, bestimmte innere Verhältnisse an unsere Wahrnehmung zurückmeldet und die Möglichkeit gibt, unsere Situation ganzheitlich einzuschätzen. Der kommunikative Aspekt besagt, dass wir Gefühle ausdrücken und damit anderen etwas mitteilen können.

Nehmen wir das Beispiel Ärgergefühle. Ärger bedeutet auf der Signalebene, dass wir nicht zufrieden sind, dass wichtige Anliegen oder Wünsche nicht auf ihre Rechnung kommen. Auf der Kommunikationsebene besagt er: «So nicht! Ich will das anders!» Männer sind oft auf der Signalebene und auf der Kommunikationsebene eingeschränkt. Weder nehmen sie ihre Gefühle vollumfänglich wahr noch sind sie in der Lage, den Ausdruck von Gefühlen als Mitteilung an den anderen effizient zu nutzen.

Nichts anderes besagt der Ausdruck ‹Gefühlsanalphabet›! Analphabeten, die lesen und schreiben lernen, üben immer wieder. Zuerst die Buchstaben, dann die Wörter und Sätze, zuletzt lesen sie ganze Bücher. Gefühlsanalphabeten müssen auch immer wieder üben, ihre Gefühle zu spüren und in Worte zu fassen. Sie zu lesen, zu verstehen, mitzuteilen, auszudrücken.

Nehmen Sie sich eine ruhige Stunde Zeit. Machen Sie zuerst einen viertelstündigen Spaziergang. Dann schreiben Sie folgende Wörter auf leere Papierblätter, auf jedes Blatt eines:

Wut
Angst

Ärger
Schuldgefühl
Freude
Ausgelassenheit
Trauer
Ekel
Sexuelles Gefühl
Liebesgefühl
Kummer

Fügen Sie Gefühle hinzu, die Sie kennen und die nicht auf dieser Liste sind. Nun gehen Sie die Liste durch und beantworten für jedes Gefühl folgende zwei Fragen:

1. Fühle ich mich einsam, wenn ich dieses Gefühl habe, oder kann ich es zeigen, ausdrücken, mit jemandem teilen, der es versteht?
2. Wurde ich in der Kindheit wahrgenommen und verstanden, wenn ich dieses Gefühl hatte, oder wurde es nicht beachtet, abgelehnt, übergangen?

Haben Sie die Gefühle identifiziert?
 Entscheiden Sie sich, an diesen Gefühlen zu arbeiten, und üben Sie, sie auszudrücken. Suchen Sie aus Ihrem Bekanntenkreis einen Menschen aus, den Sie sehr mögen. Vereinbaren Sie mit ihm ein Treffen, ein persönliches Gespräch unter vier Augen. Zeigen Sie ihm in diesem Gespräch Ihr Gefühl. Erzählen Sie ihm von Ihrer Trauer, Wut, Angst oder was auch immer es sei.
 Gratulieren Sie sich zu diesem ersten Schritt. Üben Sie mit anderen Menschen. Lernen Sie Menschen zuzuhören, die über ihre Gefühle erzählen, verlieren Sie die Scheu vor den Gefühlen. Sie sind etwas Normales, Natürliches, Menschliches, vor dem viele Männer falschen Respekt haben, als wäre es eine komplizierte Fremdsprache, von der sie nichts verstehen. Als hätten gerade sie keine intensiven, lebendigen Gefühle. Je mehr mann sich mit sei-

nen eigenen Gefühlen einbringt, desto mehr wird er zum Experten und lernt auch diejenigen der anderen besser zu verstehen.

Haben Sie einen würdigen menschlichen Respekt vor den Gefühlen, vor den eigenen und denen anderer. Trampeln Sie nie auf Gefühlen herum! Sie sind wie empfindliche, kostbare Lebewesen. Man muss sie hegen und pflegen. Sie sind die Botschaften aus dem Kern des Lebens. Wer mit ihnen umgehen kann, hat Informationen aus dem Zentrum des Lebens und handelt ihnen gemäss. Er versteht sich und die anderen.

Keine Angst vor Nähe!
Wir leben in einer Zeit zunehmender Unbezogenheit. Viele Menschen beziehen sich nicht mehr aufeinander, sondern ‹ziehen ihr Ding durch›, sie interessieren sich nicht für die Person, die Eigenschaften, Gedanken, Gefühle, Anliegen anderer Menschen. Ihre Kommunikation und ihre Handlungen sind nur durch die eigenen Interessen und Gefühle gesteuert. In dieser Optik ist der andere der Gefährliche, von dem Unruhe und Belästigung ausgehen. Schon ein Blick in die Augen wird als Übergriff empfunden. Viele Menschen versuchen, sich möglichst wenig durch die Nähe anderer ‹anstecken›, irritieren zu lassen.

Die Folge ist ein Zerfall menschlicher Anteilnahme, eine allgegenwärtige Gleichgültigkeit. Die Erosion der Bezogenheit fördert die soziale Isolation aller.

Besonders Männer leiden darunter. Ironischerweise tragen sie aufgrund ihres eigenen unbezogenen Umgangs mit anderen zum Elend bei. Männer sollten aber – schon ihrer eigenen Gesundheit wegen – ein Interesse an Bezogenheit und sozialer Anteilnahme haben. Frauen haben eher ihre Netze und beziehen sich natürlicher und verlässlicher aufeinander. Männer kümmern sich zu wenig darum. Höchste Zeit dazuzulernen.

Üben wir uns in Bezogenheit und Nähe. Sonst haben wir immer schlechtere Karten. Es ist erwiesen, dass Männer mehr unter den Folgen einer Trennung oder Scheidung leiden als Frauen. 80 Prozent der Trennungen oder Scheidungen werden von Frauen vollzogen. Eine der häufigsten Begründungen ist die fehlende Kommunikation.

Bezogenheit und Nähe sind das Gegenteil von Egozentrizität. Wer egozentrisch ist, zieht den anderen gar nicht in Betracht.

Der erste Schritt in eine gute Nähe ist, bewusst den anderen, seine Anliegen, Gedanken und Gefühle ins Zentrum der Aufmerksamkeit zu rücken. Der zweite Akt ist, diese Aufmerksamkeit und die Berücksichtigung des anderen auch zu kommunizieren.

Folgende Übung können Sie an einer Party oder einem anderen sozialen Anlass machen. Sie heisst: das 30-Minuten-Gespräch. Versuchen Sie, im Gespräch mit Ihrem Gegenüber sich bewusst dafür zu interessieren, was dieser für ein Mensch ist: Was hat er für Vorlieben? Wie lebt er? Wie geht es ihm? Lassen Sie diese interessierte Hintergrundshaltung während des ganzen Gesprächs mitschwingen und versuchen Sie aus dem, was er sagt, Hinweise auf Antworten zu diesen Fragen zu finden. Fragen Sie nach, wenn Sie etwas explizit wissen wollen. Beziehen Sie sich in dem, was Sie sagen, explizit auf etwas, was der andere gesagt hat (z. B. «Du hast vorhin gesagt, dass du gerne nach Schottland in die Ferien gehst. Ich war vor fünf Jahren in Schottland und ...»

Versuchen Sie, dieses Gespräch 30 Minuten lang nach diesen Regeln zu führen. (Und vergessen Sie nicht, sich vor dem Gespräch mit etwas körperlicher Aktivität – Spaziergang, Tanzen – anzuwärmen.) Denken Sie nachher über die Erfahrung nach. Hat sich dieser Gesprächsstil deutlich von Ihrem üblichen Gesprächsstil unterschieden? In welcher Hinsicht? Wenn Sie sonst unbezogener sind, wie zeigt sich das? Können Sie zuhören? Auf den anderen eingehen? Bringt Sie diese Übung in Stress? Versuchen Sie, das bezogene Gespräch auch im Alltag vermehrt zu üben. Sie werden sehen, dass sich Ihre Kommunikation entscheidend verbessert.

Bezogenheit drückt sich nicht nur in Gesprächen aus, sondern in der ganzen Einstellung und Haltung anderen Menschen gegenüber. In Bezogenheit leben ist für Männer oft neu. Der perfekte

Mann will alles allein machen, er lebt nicht in Bezogenheit auf andere. Er berücksichtigt deren Gefühle nicht, fragt sich nicht: Was bedeutet das für andere, wenn ich so und so handle? Er geht von seinen Ideen aus und marschiert los. Der perfekte Mann kann sich wunderbar verrennen. Er ist so von seinen eigenen Mythen besessen, dass er keinen inneren Raum hat, um sich mit anderen Menschen auseinander zu setzen. Der selbstbewusste, authentische Mann hingegen spürt seinen eigenen Kontaktwunsch, er will bezogen auf andere Menschen sein. Diese Bezogenheit drückt sich im direkten lebendigen Kontakt aus, sie zeigt sich in der bezogenen Lebensführung. Bezogensein heisst nicht ‹lieb› sein, alles verstehen, es dem anderen immer recht machen wollen. Bezogensein kann durchaus auch aggressiv sein. Es ist bezogener, jemandem, der einen wütend gemacht hat, dies in einer freien, direkten Weise zu sagen, statt ‹scheissfreundlich› zu sein, sich innerlich aber total zurückzuziehen und vor dem anderen zu verstecken.

Tatkraft!
Die Schulung und Übung gesunder Tatkraft wird in der heutigen Pädagogik, in den psychologischen Disziplinen und in den psychotherapeutischen Methoden vernachlässigt.

Tatkraft besteht darin, Ideen in Taten umzusetzen, auch dann, wenn dies schwierig und die Anerkennung vielleicht ungewiss ist. Mangelnde Tatkraft ist eine der häufigsten Klagen von Männern. «Ich bin zu passiv!», klagt ein 35-jähriger Teamleiter in einer Grossbank. Er lasse sich nur noch dahintreiben, erledige alles auf den letzten Drücker. Er habe zwar viele Ideen und denke daran, dieses Projekt oder jenes Projekt anzureissen, aber er mache es dann doch nicht. Er lasse sich durch das Tagesgeschehen, durch schlechte Laune oder durch die Spannungen im Team sofort ablenken und seine Ideen schliesslich fallen.

Die mangelnde Tatkraft ist eine Verwirklichungshemmung. Es besteht zwar das Verlangen, eine Idee zu realisieren, aber der Handlungsimpuls setzt sich nicht durch, er ist blockiert.

Wir lernen in der Schule vieles, wissen einiges, verstehen Zusammenhänge. Doch wir lernen kaum, etwas zu bewirken, einen Plan aufzustellen und diesen in die Tat umzusetzen. Wir denken, wir verstehen, wir reden, aber wir setzen uns nicht genug ein für unsere Anliegen. Es fehlt uns an gesunder Aggressivität, oder besser: Unsere gesunde Aggressivität ist zugeschüttet, an Ketten gelegt.

Man muss für nichts schon von vornherein ‹in Stimmung› sein. Nicht einmal für Sex. Erst recht nicht für die Arbeit, für mutige Taten, fürs Bücherschreiben. Die Idee, dass man sich für alles gut fühlen müsse, ist einer dieser Zwänge, die uns die ‹Wohlfühl-Psychologie› beschert hat. Dass wir alles, was wir tun, auch noch mit Freude und guter Laune tun müssen, setzt uns unter Druck und führt paradoxer- und logischerweise dazu, dass wir weder eine gute Laune haben noch etwas tun. Manchmal ist es besser, die Dinge einfach so anzupacken, aus der Stimmung heraus, in der wir gerade sind. Es ist einfacher, als man denkt. Wir sind nur furchtbar verzogen durch eine falsche, depressionsfördernde Pädagogik. Wenn wir uns an die Hand nehmen und uns nicht durch Wohlfühlzwang und Perfektionismus unter Druck setzen, geht es meistens besser.

Regel Nr. 1: Gehen Sie von der Stimmung aus, in der Sie gerade sind. Sie nehmen Ihre Liste unerledigter Dinge hervor, z. B. längst fällige Telefonate, Rechnungen, Gartenarbeit usw., aber auch Dinge, für die man sich schon lange mehr Zeit nehmen wollte: Klavier spielen, ein Buch lesen. Sie haben nur 30 Minuten zeitlichen Freiraum. Nehmen Sie sich vor, drei Dinge zu erledigen, also z. B. zehn Minuten Klavier spielen, ein Telefonat erledigen, zehn Minuten lesen. Entscheiden Sie sich zügig, welche drei Dinge Sie tun wollen, und beginnen Sie unverzüglich mit der ersten Aufgabe, dann mit der zweiten, dann mit der dritten. Machen Sie es einfach. Achten Sie nur nebenbei auf Ihre Stimmung, lassen Sie sie im Hintergrund, bleiben Sie tätig. Lassen Sie sich auf keinen Fall von ihr terrorisieren. Erledigen Sie Ihre Sachen. Falls Sie vorher in schlechter Stimmung waren, fühlen Sie sich nach dieser halben Stunde sicher besser.

So viel zum Thema Disziplin.

Regel Nr. 2: Öffnen Sie sich Ihrer Mission! Auch Sie haben eine. Mit der eigenen Mission ist es nicht so einfach wie mit anderen Einfällen. Man kann sie nicht erzwingen. Sie muss sich einem offenbaren, sie wird einen packen, wenn man sich freigemacht hat von allen ‹Du sollst›, ‹Du musst›, ‹Du darfst nicht›.

Mit Gewalt geht nichts. Signalisieren Sie Ihrem echten Selbst, dass Sie bereit und für die Mission, für Ihr Thema offen sind. Und gehen Sie dann mit offenen Augen, offenen Ohren und offenem Geist durch die Welt. Die Mission wird Sie erreichen.

Sie können ein paar unterstützende Übungen machen, z. B.:

Nehmen Sie sich nach einem kurzen Spaziergang eine ruhige Stunde Zeit und denken Sie über Ihr Leben nach. Breiten Sie es von der Geburt bis zum heutigen Zeitpunkt vor sich aus. Fokussieren Sie nun die Wahrnehmung auf Ihre ‹Werke›. Das sind Ihre Schulaufsätze, Gedichte, die Sie geschrieben haben, oder akademische Publikationen oder Liebesbriefe oder Musikstücke, Sketches usw. Nehmen Sie auch Tätigkeiten hinzu, die Sie bis heute mit grosser Energie verfolgt haben. Schreiben Sie die Titel dieser Werke und die Tätigkeiten in chronologischer Reihenfolge auf ein Blatt. Lesen Sie diese Titel immer wieder durch und lassen Sie Ihre Gedanken unverkrampft schweifen.

Die Übung sieht unscheinbar aus, hat es aber in sich. Seien Sie stolz auf das, was Sie erschaffen haben. Versuchen Sie, einen roten Faden darin zu erkennen, ein Thema, das sich durch alle Ihre Werke hindurchzieht, ein Gedanke, eine ungelöste Frage, die sich in Ihren Schulaufsätzen, in Ihren Gedichten, in Ihren Tätigkeiten zeigt. Erzwingen Sie nichts. Unterbrechen Sie die Übung nach einer Stunde, wenn Sie nicht etwas – ein Wort, eine Idee, ein Satz – gepackt hat. Lassen Sie es vorerst dabei bewenden.

Ihr Thema, Ihre Mission wird Ihnen zufallen, wenn Sie wirklich offen sind und Ihren Weg gehen wollen. Wenn Ihr noch unbewusstes authentisches Selbst spürt, dass Sie es ernst meinen und nicht den Weg des geringsten Widerstandes, des Opportunismus, des allgemeinen Kopfnickens gehen, sondern ihm wirklich dienen wollen, dann wird es sich auf die eine oder andere Weise zeigen. Sei es, dass Sie plötzlich einen Einfall haben, sei es, dass Sie ein Objekt, einen Menschen, einen Gegenstand, irgendetwas finden, das Sie fasziniert, mit dem Sie sich auseinander setzen müssen, in dem etwas von Ihrer Mission verkörpert ist. Haben Sie Zutrauen zu sich.

Regel 3: Wenn Sie es gefunden haben, greifen Sie zu und lassen Sie es nicht mehr los!

Kaptativität, die Fähigkeit zuzupacken und zuzugreifen, mit der Hand das begehrte Objekt zu fassen und nicht mehr loszulassen, ist ein wesentlicher Aspekt gesunder Tatkraft und Aggressivität. Er wird in unserer verweichlichten Kultur kaum noch geübt. Die Dinge sollen ja bekanntlich kaufbar oder leicht handhabbar sein. Sie liegen griffbereit in den Gestellen, man muss um nichts mehr kämpfen.

Schon dem Kind wird heutzutage das Wünschen und Zugreifen schwer gemacht. Weil schon alles da ist, bevor sich ein Wunsch überhaupt herauskristallisieren kann, wissen unsere Kinder, die in der Fülle der Angebote ertrinken, gar nicht mehr, was sie wünschen, geschweige denn wollen. Nur in der optimalen Versagung, d. h. in einer gewissen Objektleere kann ein Wunsch, kann die Fähigkeit, einem Wunsch Geltung zu verschaffen und für ihn zu kämpfen, überhaupt wachsen. Wie soll jemand, der alles hat, wünschen? Wie soll jemand, der seine innersten Wünsche gar nicht kennt, weil er in den Kompensationen und Ablenkungen erstickt, für irgendetwas kämpfen?

Die beste Schulung für die Entwicklung des Kaptativen ist eine gewisse Entschlackung. Dazu lernt man am besten zu unterscheiden, was nötig und was überflüssig ist. Erst wenn man sich auf das Notwendige beschränkt, tauchen die echten Wünsche auf, die es ernsthaft zu verfolgen gilt.

Nehmen Sie sich nach einem Spaziergang eine ruhige Stunde Zeit.

Ich nenne diese Übung ‹Inventar›. Machen Sie eine Bestandesaufnahme Ihres materiellen Besitzes. Eine Liste. Schreiben Sie alles auf, was Ihnen gehört. Also: Auto, Möbel, Bücher, Bilder, Kleider, einfach alles. Die Liste wird verdammt lang werden, auch wenn Sie sich auf die wichtigen Dinge beschränken und nicht jede Schraube in Ihrem Haushalt auflisten.

Gehen Sie dann die Liste durch und streichen Sie alles, was Sie als nicht unbedingt notwendig für Ihr Leben erachten. Man könnte auch sagen, was Sie mitnehmen würden, wenn Krieg ausbräche und Sie flüchten müssten. Oder nur die Gegenstände, die in einen einzigen Koffer passen. Seien Sie rigoros. Achten Sie auf Ihre Gefühle, wenn Sie innerlich die Gegenstände wegwerfen. Spüren Sie Widerstände, Verlustgefühle, Befreiung? Führen Sie die Übung zu Ende und schreiben Sie die Liste des Nötigen ab. Denken Sie darüber nach und sagen Sie zu sich: Nun ist in mir genug Raum, dass das wirklich Wichtige, wofür ich kämpfen möchte, Platz hat.

Wechseln Sie nun Ihren innern Fokus und schreiben Sie eine andere Liste. Die Liste Ihrer zwanzig wichtigsten Wünsche. Ich wünsche mir in meinem Leben ...

Lassen Sie auch diese Liste auf sich wirken. Das sind die Dinge, für die Sie kämpfen, nach denen Sie greifen sollten.

Wehre dich!
Die meisten Männer in unserer Gesellschaft haben nicht gelernt, sich effizient und klug zu wehren. Sie sind – vor allem weiblicher Aggression gegenüber – oft eher hilflos. Sie fangen an zu rotieren, halten die Abgrenzung nicht aus, verzweifeln oft, schlagen um sich und liefern sich damit erst recht aus. Sie machen sich lächerlich, beschämen sich selbst, richten Unheil an.

Männer sind oft primär verletzt. Sie wurden als kleine Jungen in ihrer Beziehung zur Mutter und zum Vater oft nicht wahrgenommen, abgelehnt, missverstanden. Ihre aggressiven Reaktionen wurden fehlinterpretiert und sie wurden als Person wieder abgelehnt, ein Teufelskreis. Sie lernten nicht, ihre Aggression zu kultivieren, zu kanalisieren und in eine gesunde, wehrhafte Haltung zu transformieren.

Wie können Männer aus dem Teufelskreis des Unverstandenseins und der eskalierenden Aggression herausfinden?

Sie müssen zuallererst lernen, ihre verletzte Seite in sich zu akzeptieren. Sie sind nicht harte Wesen, denen man alles antun kann. Sie tragen in sich lebendige Jungs, die Liebe und Anerkennung brauchen, aber auch Wilde, die sich austoben müssen.

Echte Wehrbereitschaft verlangt hohe Disziplin. Die Idee, es allen besorgen zu wollen, endlich Rache nehmen zu können für alle erlittenen Demütigungen, ist ein schlechter Ratgeber und führt nicht zum Ziel.

Wehrhaftigkeit ist etwas anderes als chronische Aggressivität. Wehrhaftigkeit ist innere Ruhe, Integrität, Entschlossenheit. Mann führt einen Krieg nur, wenn mit den Mitteln des Wortes nichts mehr auszurichten ist. In der westlichen Kultur fehlt eine Kultur der Aggressionsmeisterung und -kanalisierung, wie sie in den asiatischen Kulturen gepflegt wird. Die Regeln des Samurai sind ein Ehrenkodex, sorgfältig und zivilisiert mit dem männlichen Gewaltpotenzial umzugehen.

Die unbewusste Ablehnung des Männlichen überwinden

Die Schicht, auf die wir als PsychotherapeutInnen zuerst stossen, wenn wir mit leidenden Menschen arbeiten, ist die Schicht der Selbstablehnung: all die bewussten Gedanken, die sich zum Refrain ‹Ich bin nicht o.k.!› zusammenfassen lassen. Dieses ‹Ich bin nicht o.k.!› ist ein Chor mit vielen Stimmen. Eine singt: Ich bin ungenügend! Die andere: Und ich ein Versager! Die dritte: Ich bin ein schlechter, schwacher Charakter! Wieder eine andere: Ich werde es nie schaffen! Und: Ich bin dumm! Ich bin doof! Ich bin hässlich! Ich bin blöd! Ich bin unmöglich! Ich bin schlecht, schlecht, schlecht!

Dieser Chor der Selbstablehnung ist nicht eindimensional auf Stimmen der Eltern oder anderer Bezugspersonen aus der Kindheit zu reduzieren, auch wenn diese darunter vorkommen mögen. Oft sagen Patienten: Meine Eltern haben mich nicht abgelehnt, nicht geschlagen, nicht beschimpft, aber ich selber lehne mich ab, kasteie mich, quäle mich! Wie kommt das?

Wir setzen im Laufe unserer Entwicklung unsere inneren Stimmen selber zusammen, es sind Folgerungen aus Erfahrungen, Vermischungen von Erfahrungen mit Erklärungen, Mutmassungen, Fantasien. Das Kind kann sich zum Beispiel eine schlimme Erfahrung, z. B. dass sein Vater, der schwer krank wird und für längere Zeit im Spital ist, so erklären, dass es sich sagt: Das ist, weil ich so böse und schlecht bin! Ich habe meinen Papa nicht beschützt, ich habe ihn verletzt! Diese Fantasien sind typisch kindlich, das Kind schreibt sich eine übertriebene Wichtigkeit zu. Es hält sich für so mächtig, dass es den Vater krank machen kann. Dies tröstet über die Kleinheit und Hilflosigkeit hinweg, führt aber zu Schuldgefühlen und Überzeugungen an allem zu scheitern.

Die Kehrseite der Selbstablehnung ist immer eine Selbstüberhöhung. Das Kind wehrt die Erkenntnis ab, dass es nicht so grossartig und perfekt ist, und versinkt in Selbstanklagen.

Der Weg aus der Selbstablehnung führt über das Akzeptieren der Tatsache, dass man nicht perfekt und grossartig, sondern meistens recht gewöhnlich und doch gut und in Ordnung ist. Wir sind nicht so klein, dass wir grossartig sein müssen!

Der innere böse Einflüsterer, der sagt: Ich bin schlecht, schlecht, schlecht!, kann nicht durch positives Gegendenken zum Schweigen gebracht werden. Es muss ihm der Boden entzogen werden, der in der Überzeugung, perfekt zu sein oder zumindest gewesen zu sein, besteht. Die Selbstablehnung überwinden heisst, sich selbst als gewöhnlich und doch gut annehmen. Akzeptieren, dass man Fehler und Schwächen hat und diese auch wahrgenommen werden dürfen. Erfahren, dass dabei die Welt nicht untergeht.

Die personale Selbstablehnung zu überwinden ist ein harter Entwicklungsprozess. Die unbewusste Ablehnung des männlichen Geschlechts zu überwinden ist genauso schwierig.

Die Gender-Forschung hat deutlich gezeigt, dass unsere Geschlechtsidentität sehr früh geprägt wird. Der Psychoanalytiker Robert Stoller hat herausgearbeitet, dass die unbewussten Haltungen von Eltern dem Geschlecht des Kindes gegenüber eine entscheidende Rolle spielen. Lehnt beispielsweise die Mutter das männliche Geschlecht ab und kann ihren Jungen nicht als künftigen Mann besetzen, sondern muss ihn in verschrobener Weise als Mädchen behandeln, entwickeln sich schwere Störungen der Geschlechtsidentität. Auch in weniger krassen Fällen kann das Identitäts- und Selbstgefühl als Mann schweren Schaden nehmen. Ist beispielsweise eine Mutter in unbewusster und subtiler Weise überzeugt, dass Männer – und insbesondere ihr Ehemann und somit ja auch ihr Sohn – minderwertige Wesen sind (auch wenn sie das bewusst nicht spürt), dann wird sie ihren Sohn trotz bewusster gegenteiliger Reden entsprechend behandeln. Der Sohn wird sein Leben lang eine Wunde mit sich herumtragen und sich zu beweisen versuchen, dass er als Mann genauso wertvoll ist wie eine Frau.

Der amerikanische Autor Philip Roth ist der unbestrittene Meister in Sachen männlicher Identität. Seine Bücher kreisen unablässig um das Thema, wie ein Mann ein ihm selbst gemässes Leben leben kann, wie er sich selber akzeptieren kann. Im Roman ‹My life as a man› beschreibt er die Beziehungstragödien eines an sich erfolgreichen jüngeren Schriftstellers, der sich unablässig in Beziehungen zu komplizierten und ziemlich gestörten Frauen verstrickt, die ihm das Äusserste an seelischer Kraftanstrengung abfordern. Er kann sich von diesen Frauen nicht trennen, einerseits aus Schuld, andererseits weil er sich das Scheitern nicht eingestehen kann. Er muss – eigentlich seiner kastrierenden Mutter – immer wieder beweisen, dass er es schafft, dass er o.k. ist, dass er auch die schlimmste Beziehungskrise aushält. Der Mann sitzt in der Falle. Die Beziehung zur Frau wird zur Bewährungsprobe. Scheitert er in der Beziehung zu ihr, ist er als Mann gescheitert.

Viele Männer funktionieren nach diesem Muster. Sie beziehen ihr Gefühl, perfekt zu sein, aus den Beziehungen zu Frauen, aus der Leistung, einer anspruchsvollen Frau zu genügen, ihre Kritik zum Schweigen zu bringen.

Sie sind im Griff ihrer Frauen, an die sie den eigenen inneren Antreiber zum perfekten Mann delegieren.

Die Überwindung des Problems kann nur im Seelenleben des Mannes stattfinden. Nicht zufällig lässt der amerikanische Autor James Salter im Roman ‹Light Years› seinen Protagonisten Viri (vir = lateinisch für Mann!) am Schluss getrennt von seinen Frauen allein am Fluss stehen und eine gewisse Erleichterung, verbunden mit Trauer und Schmerz, fühlen. Das Gefühl, endlich angekommen zu sein, bei sich selbst angekommen zu sein und nicht ständig ausserhalb seiner selbst die Bestätigung suchen zu müssen, ist für einen Mann die wahre Befreiung.

Sie ist nur durch einen schmerzhaften Loslösungsprozess zu gewinnen. Wer sich versklavt und immer der Bestätigung durch die inneren Eltern, zum Beispiel verkörpert in immer neuen Frauenbeziehungen oder beruflichen Höchstleistungen, hinterherläuft, wird diesen Prozess nie durchmachen.

Die Loslösungsarbeit ist immens. Sie führt oft in die völlige Verzweiflung, in das Gefühl, im Kern ein Nichts, ein kastriertes, lächerliches Wesen zu sein. Die Selbstablehnung als Mann muss vollumfänglich erkannt und durchgestanden werden, damit sie endlich überwunden werden kann.

Logischerweise führt diese Überwindung auch zur Überwindung der Ablehnung des Weiblichen. Freud hielt die Ablehnung des Weiblichen für ein zentrales menschliches, eigentlich unüberwindliches Problem, weil der letztlich fehlende Phallus in unser aller Augen die Frau entwerte.

Jacqueline Schaeffer fügt eine Nuance hinzu. Sie betont auch die primäre Komponente der Ablehnung des Weiblichen, weil das

Weibliche uns mit allen Ängsten aus der Beziehung zur Mutter konfrontiert. Das Weibliche als das Nährende ist eine Bedrohung der Autonomie.

Lars von Trier lässt in seinem Film ‹Dogville› Nicole Kidman eine schöne, feinfühlige, zerbrechliche und sehr liebevolle Frau spielen, die es, von Gangstern verfolgt, in ein amerikanisches Nest verschlägt. Die Dorfbewohner wollen ihr zunächst die Aufnahme verweigern, nehmen sie dann skeptisch auf und erliegen zunehmend ‹dem Weiblichen›. Die Wünsche an sie nehmen überhand, sie muss allen Dorfbewohnern zu Diensten sein, damit diese sie nicht denunzieren, schliesslich wird sie angekettet und dann doch verraten.

Zum Schluss erscheint der Gangsterboss, ihr Vater, und sie rächt sich mit seiner Hilfe für alle Demütigungen, indem sie das Dorf auslöschen lässt.

Die Geschichte zeigt, wie wir das Weibliche fürchten und deshalb ablehnen. Wir haben Angst, ihm zu erliegen, und gerade weil wir uns dagegen wehren und die Frau ablehnen, statt sie zu lieben, führt der Weg ins totale Desaster, in den Geschlechterkrieg.

Die Ablehnung des Weiblichen überwinden heisst die Angst vor dem Weiblichen zulassen, ohne sich durch sie terrorisieren zu lassen. Sie nicht verdrängen, sie aushalten und wie einen Schmerz abklingen lassen.

In der Sexualität ist die Angst vor dem Weiblichen für den Mann extrem spürbar.

Wenn er sie nicht durch gefühllosen Sex abwehrt, ist er voll mit ihr konfrontiert.

Einer meiner Patienten, nennen wir ihn Boris, ist ein 33-jähriger Mann, der noch nie mit einer Frau geschlafen hat. Es ist ihm geglückt, den Frauen und seinen eigenen Triebwünschen auszuweichen, indem er die Frauen pauschal als ‹Schlampen› abgelehnt hat. Jetzt, da er sich zum ersten Mal richtig verliebt hat, kommt er in Nöte. Er merkt, was für einen ‹horror coitus› und ‹horror feminae› er hat. Beim Küssen drängen sich ihm Horrorbilder übergrosser Frauen auf, die ihn mit Fratzen anstarren und in Panik versetzen. In geduldiger Kleinarbeit lernt er, die Angst vor den Frauen als kindliche Projektionen zu erkennen und zu überwinden.

Die Ablehnung des Männlichen und die Ablehnung des Weiblichen zu überwinden ist für einen Mann eine Lebensaufgabe, die er nie vollenden wird und an der er ständig arbeiten muss. Sie ist nicht billig und mit faulen Kompromissen zu erlangen, im Sinne eines oberflächlichen ‹Seien wir doch nett zueinander!›-Geschlechterarrangements. Dies wäre dann zwar nett, aber langweilig. Die wahre Liebe muss durch den Hass und die Angst hindurch, nur dann wird sie ein unzerstörbarer Kristall.

Die fünf Prüfungen

Der authentische Mann muss fünf Herausforderungen meistern:

1. das Aggressionsproblem
2. die Kastrationsangst
3. die Neidfalle
4. die Mutterfixierung
5. den Sebastianskomplex

Auf dem Weg zu sich selber lauern Gefahren und Probleme, die der Mann überwinden muss, wenn er in seiner Entwicklung nicht stehen bleiben will. Fünf grosse Themen muss der Mann meistern: den Umgang mit seiner Aggression, die unbewusste Angst vor der Kastration, die Bewältigung des Neides, die vielfältige Loslösung von der Mutter und die Integration des Kolposwunsches in sein Seelenleben (Sebastianskomplex).

1. Aggression und Schuld

Die Quelle des menschlichen Glücks und des Unglücks ist, dass wir eine sehr lange Zeit brauchen, um erwachsen zu werden. Wir sind schon als Kinder den Leidenschaften, Triebwünschen und Gefühlen ausgeliefert und dem Ansturm der inneren und äusseren Reize über eine lange Zeitperiode nicht gewachsen. Die kulturellen Massnahmen der Elternschaft und der Familie versuchen, dieses Problem etwas zu mildern, bringen aber auch wieder neue Probleme mit sich aufgrund der fantasierten und realen Verstrickungen, die sich daraus ergeben. Vereinfacht ausgedrückt: Wir sind als Kinder uns selbst und der Umgebung nicht gewachsen, gleichzeitig sind wir so prägungsempfindlich, dass die Gefährdung gross ist, gewisse Probleme nicht zu meistern.

Eine der menschlichen Grundtatsachen ist die Aggression. Sie ist einerseits eine Triebquelle, andererseits wird sie durch Frustration zusätzlich angeheizt. Eine der Hauptaufgaben des Mannes ist es, seine aus verschiedenen Quellen stammende Aggression konstruktiv und nicht destruktiv zu nutzen.

Der Mann ist aufgrund verschiedener Faktoren von diesem Problem mehr betroffen als die Frau. Da ist zunächst der Einfluss des Hormons Testosteron, das ein grösseres Aggressionspotenzial verursacht. Testosteron ist das ‹Eroberungshormon›, es macht aggressiver, ungeduldiger, hartnäckiger. Hinzu kommt, dass Männer emotionaler sind und dazu neigen, die Gefühle eher in Handlungen als mit Worten auszudrücken. Wie kann der Mann seine Wildheit und Aggression in produktive Bahnen lenken?

Quellen der männlichen Aggression
Ein erster Schritt ist, die Aggressivierung im Laufe der männlichen Entwicklung zu verstehen.

Grundsätzlich entsteht in jedem Entwicklungsstadium die Dynamik Wunsch – Versagung – Aggression. Zu Beginn des Lebens sind es eher die oralen Versorgungswünsche, die Wünsche nach Liebe und narzisstischer Bestätigung, später die kindlich-sexuellen ödipalen Wünsche, die mächtig nach Erfüllung drängen und – wenn unerfüllt – die Seele aggressivieren. In jeder Entwicklungsphase entsteht durch die entsprechende Versagung eine spezifische natürliche Aggression – die orale, die narzisstische, die anale und die ödipale Aggression.

Die Aggression besteht immer aus einem Impuls (anzugreifen, zu zerstören) und einer entsprechenden aggressiven Fantasie. Aggressive Fantasien haben in der Seele vielfältige Konsequenzen. Sie erzeugen Angst (was ich dir antue, kannst auch du mir antun). Sie führen zu Schuldgefühlen, zu Verlassenheit – wenn ich jemanden in der Fantasie ermordet habe, bin ich innerlich allein – und haben die Tendenz, in einen Strudel von neuerlicher Aggressivierung zu führen: eigene Aggression – Angst vor der Aggression des anderen und Schuld – Rachefantasien – noch mehr Angst und Schuld ... Den Teufelskreis der Aggressivierung in einer Psyche zu durchbrechen, ist sehr schwierig. Es wird zusätzlich dadurch erschwert, dass Aggression für vielfältige psychische Zwecke einsetzbar ist, z. B. zur Neidbeschwichtigung, zur Distanzierung und Abgrenzung, zur Bekämpfung von Liebesgefühlen.

Männer werden in verschiedenen Stadien ihrer Entwicklung aggressiviert: zuerst in der Mutterbeziehung durch die frühen unausweichlichen Frustrationen und Kränkungen und den damit verbundenen Neid, dann in der ödipalen Mutter- und Vaterbeziehung und in der Geschwisterrivalität durch die Eifersuchtsgefühle.

Die aggressive Fantasie auf allen Stufen drückt sich darin aus, dem gehassten Objekt etwas zu rauben oder es gar zu zerstören. Auf den Raub- und Zerstörungswunsch folgen unmittelbar Ängste vor Vergeltung und Schuldgefühle, was das Innenleben erneut aggressiviert. Das Problem des Aggressionsmanagements beim Mann ist deshalb nicht nur ein inhaltliches aufgrund bestimmter Fantasien, sondern auch ein quantitatives ökonomisches: Wie kann der Mann sein Quantum an aggressiver Energie konstruktiv verwalten und kanalisieren? Wie kann er es für seine Interessen und nicht destruktiv gegen sich und andere einsetzen?

Wie kann er den Schuldkomplexen entrinnen, die mit der Aggressivierung untrennbar verbunden sind?

Der männliche Schuldwahn treibt oft groteske Blüten: Männer fühlen sich immer schuldig. Entweder leiden sie an bewussten quälenden Gewissensbissen, an den Mühlsteinen von Verpflichtungen, die ihnen am Hals hängen, oder sie sind von einem unbewussten Schuldgefühl und Strafbedürfnis getrieben, dem sie ihr Leben lang einen Tribut leisten müssen.

Gerade wenn es ihnen gut geht, wenn kein Wölkchen am Himmel ist, wenn sie eine Glückssträhne haben, beschleicht sie das Gefühl, dass da doch etwas nicht stimmen könne. Es wird ihnen unheimlich, sie sorgen dafür, dass sie wieder Sorgen haben und unter der Last des Daseins ächzen können.

«Nichts ist so schwer zu ertragen wie eine Reihe von glücklichen Tagen», schrieb schon Goethe, ein Kenner der Männerseele.

Marius hat den männlichen Schuldwahn auf die Spitze getrieben. Er ist ein 44-jähriger Mann, zufrieden verheiratet, glücklicher Vater von zwei kleinen Jungen, die er abgöttisch liebt, in seinem Beruf als Konstrukteur äusserst erfolgreich. Kurzum: Es läuft gut. Da entwickelt er ein eigenartiges Symptom, das wir heute gemeinsam seinen männlichen Schuldwahn nennen: Er hat den Zwang, sich ständig umzusehen, ob hinter seinem Rücken alles in Ordnung ist. Ob er nicht aus Versehen mit dem Auto unbemerkt einen Velofahrer überfahren hat. Ob er nicht einen Fehler im Konstruktionsplan übersehen hat, der die Firma ruiniert (was ihn zwingt, in einer Nachtschicht alles noch einmal durchzuchecken). Ob er zu laut gesprochen und damit jemanden so verletzt hat, dass der nun krank wird.

Der rote Faden, der sich durch seine Schuldwahnvorstellungen zieht, ist der: Habe ich dadurch, dass ich war, wie ich war (nämlich zu rücksichtslos, zu nachlässig, zu egoistisch), eine Katastrophe verursacht? Muss ich jetzt ein Leben lang büssen?

Wir stossen in der psychoanalytischen Therapie auf eine Existenzschuld. Nur schon dass es ihn gibt, ist ein Verbrechen. Er hat in seiner Fantasie das Leben seiner Mutter ruiniert, den Vater vertrieben. Er ist derart unerwünscht, dass er sich am besten in Luft auflösen würde. Jede Wirkung, die von ihm ausgeht, scheint ihm potenziell zerstörerisch.

Bewusste oder unbewusste Schuldgefühle stehen den Männern fast überall in ihrem eigenen Leben im Weg:

- Sie wählen aus Schuldgefühlen heraus nicht ihren Wunschberuf, sondern den vermeintlich vernünftigen oder von anderen erwarteten.
- Sie heiraten aus Verpflichtung, nicht weil sie es wollen.
- Sie haben Kinder aus Verpflichtung, nicht weil sie sie sich wünschen.
- Sie können sich nicht von einer Frau trennen, aus Schuldfantasien und Verpflichtungsgefühl, verharren in frustrieren-

den Beziehungen, rächen sich für ihre innere Unfreiheit an den Frauen und damit wieder an sich selbst.
- Sie sind zerstörerisch in Beziehungen, weil sie sich wie in einem Gefängnis vorkommen, das in Wirklichkeit aus ihrer unsichtbaren Schuld besteht.
- Sie können nicht geniessen, weil leere Zeit sie mit Selbstvorwürfen bedroht (du bist faul, du arbeitest zu wenig, du bist zu wenig erfolgreich).

Schuld annehmen und aushalten

Es geht darum, die ‹Schuld› gelassen anzunehmen, ihre individuellen fantasierten Wurzeln zu erkennen, sie nicht neurotisch werden zu lassen und sie nicht in Form eines Strafbedürfnisses und in Form von Gewissensqualen auszuleben.

Das Seelenleben des Jungen und des erwachsenen Mannes ist voller aktiver, triebhafter Aggression. Es ist eine der grössten Illusionen, den Menschen zu einem friedlichen Wesen, das nur reaktiv böse wird, zu verklären.

Männer sind aggressive Triebwesen. Diese Triebe sind nichts Schlechtes. Aber sie dürfen nicht gewalttätig ausgelebt werden.

Ein Mann muss lernen, sie zu kontrollieren, zu kanalisieren und produktiv einzusetzen.

Das Problem mit der Triebhaftigkeit besteht darin, dass sie nicht nur ein Beherrschungsproblem ins Leben bringt, sondern auch die Schuldfrage. Im Unbewussten gibt es keinen Unterschied zwischen Wunsch und Realisierung: Ein vorgestellter Mord ist ein Mord, und wir fühlen uns dafür so schuldig, als hätten wir ihn begangen. Wir müssen also lernen, unsere Trieb-Schuld auszuhalten und sie dort zu orten, wo sie hingehört: als verständliche Zutat zu unserem unbändigen Triebleben. Eine Schuldneurose entsteht erst dann, wenn wir anfangen, die Schuld zu verschieben und zu generalisieren. Wenn wir die wahren Schuldgründe – unsere Triebwünsche, unsere aggressiven Impulse – verdrängen und damit den Zugang zu ihnen versperren. Tragischerweise suchen dann der Triebwunsch und das zugehörige Schuldgefühl einen

Ausweg, und das Problem taucht an einem falschen Ort wieder auf. Mann fühlt sich für Dinge schuldig, für die er nichts kann.

Dieses psychische Ablenkungsmanöver ist belastend und lebenseinschränkend: Es verhindert die lebendige Auseinandersetzung mit sich selbst und damit seelisches Wachstum.

Aggression kultivieren und kanalisieren

Parzival erschlägt den roten Ritter und zieht dessen Rüstung an. Männer sind aggressiv und wenden Gewalt an, um ihre Ziele zu erreichen. Sie vergewaltigen Frauen, sie schlagen Kinder, sie führen Kriege.

Gewalt und Männlichkeit scheinen zusammenzugehören.

Parzival musste lernen, seine Aggression massvoll in den Dienst seiner Ziele zu stellen und nicht blind gewalttätig zu sein.

Das ist auch die Herausforderung für den Mann: Wie kann ich meine unbändige aggressive Triebkraft produktiv nutzen?

Der Krieger ist eine wichtige Figur im Fantasieleben des Mannes. Der Krieger setzt seine Aggression ein, um ein Ziel zu erreichen, etwas Wichtiges zu beschützen oder zu erobern. Der Krieg gebiert die Notwendigkeit, über sich hinauszuwachsen, um zu überleben.

Der Krieger hat keine falschen Hemmungen, das zu tun, was nötig ist. Er wirft all seinen Mut, seine List, seine Aggression in den Kampf, um das Ziel zu erreichen. Und er will unbedingt siegen. Unbedingt. Er benutzt alle Waffen, und er ist virtuos in ihrer Handhabung.

Aggressionshemmung und Gewalttätigkeit hindern einen Mann daran zu leben, wer er ist.

Wenn er aggressionsgehemmt ist, kann er nicht die nötige Energie mobilisieren, um seine Wünsche zu verfolgen. Wenn er gewalttätig ist, hat er seine Energie zwar quantitativ zur Verfügung, aber sie überrollt ihn, er steuert sie nicht. Sie verpufft, statt dass er die Aggression konzentriert auf ein Ziel richtet und zur Durchsetzung seines Ziels einsetzt.

Der aggressionsgehemmte Mann darf keine aggressiven Impulse, Bilder und Gedanken spüren und haben und erst recht nicht aggressive Impulse in aggressives Vorgehen, aggressive Strategien, Pläne, Handlungen umsetzen.

Er darf sich im Restaurant nicht beschweren, er darf nicht laut sprechen, er darf keinen listigen Plan aushecken, er darf einem anderen nicht die Frau ausspannen, er darf sich an Sitzungen nicht dezidiert zu Wort melden und darf keine Intrigen spinnen.

Alles Aggressive ist verboten und wird auch massiv unterdrückt. Der aggressionsgehemmte Mann will gut und brav sein, und er möchte dafür geliebt und gelobt werden. Er kommt nie auf seine Rechnung, brüstet sich aber immer mit der Rolle des moralischen Siegers.

Der gewalttätige Mann hingegen kämpft seelisch immer ums Überleben. Er fühlt sich ständig bedroht. Durch Konflikte in der Liebe, durch Nähe, durch Verlassenheit, durch alles. Letztlich ist er durch den anderen Menschen, besonders den geliebten, deshalb bedroht, weil ihm dieser freiwillig geben oder verweigern kann, weil er das ‹Objekt›, wie wir Psychoanalytiker sagen, nicht unter Kontrolle hat.

Der gewalttätige Mann holt sich mit Gewalt, was er anders nicht einfordern kann. Er fühlt sich im Grunde hilflos, er ist zu aufgeregt und traut sich nicht zu, vielleicht zu Recht, das Objekt zu überzeugen, ihm das zu geben, was er braucht. Er ist ein schlechter Anwalt seiner Wünsche, deshalb versucht er es mit Gewalt.

Der gewalttätige Mann muss lernen, mit Hilfe von Denken und Fantasieren weniger hilflos zu sein. Er muss lernen zu ertragen, dass er Grenzen hat und dennoch nicht verloren ist. Er muss lernen, mit den Mitteln der Gedanken und Worte, mit dem Mittel des Überzeugens andere für sich zu gewinnen. Gewalt wird überflüssig, wenn es nicht immer ums nackte seelische Überleben geht. Gewalt wandelt sich zu gesunder Aggression, wenn ein Mann sich den Raum nehmen, seine Wünsche spüren und beim anderen erfolgreich für deren Befriedigung einstehen kann.

Gesunde Aggression ist nötig, um sich den Raum zu erobern und zu erhalten, den man braucht, um sich selbst zu sein, um sich nicht zum Sklaven anderer oder einer Idee zu machen.

Diese Aggression kann in verschiedenen Formen eingesetzt werden. Ein Mann sollte sie so kultivieren, dass er sie bewusst und gezielt und nicht missbräuchlich einsetzt.

Im Westen mit seiner triebfeindlichen christlich-jüdischen Tradition haben wir keine Kultur der guten Aggressionsmeisterung entwickelt. Die östlichen Kulturen haben dafür Kodizes geschaffen. Die Figur des Samurai z. B. ist die Kultivierung der Kriegerschaft. Aggression wird grundsätzlich bejaht, darf aber nur auf bestimmte Art und in bestimmtem Rahmen eingesetzt werden.

Im Kodex des Samurai nach der Tradition des Bushido Shoshinshu von Taira Shigesuke werden viele Prinzipien und Regeln formuliert, die den Krieger in einen rechten Umgang mit der Aggression einweisen.

Die Prinzipien sind auf vier Ebenen organisiert: die gewöhnlichen Prinzipien mit der Unterteilung in Ritterschaftsprinzipien und Waffengebrauchsregeln, die Dringlichkeitsprinzipien mit ihrer Zweiteilung in Armeeregeln und Schlachtregeln.

Die Ritterschaftsregeln betreffen den zivilen Umgang, die Kultiviertheit des Kriegers im Umgang mit Menschen. Die Waffengebrauchsregeln sind identisch mit der Schulung in den Kriegskünsten wie Fechten, Reiten, Bogenschiessen, Schiessen.

Wenn die gewöhnlichen Regeln beherrscht werden, ist die Grundlage für das Erlernen der Dringlichkeitsregeln geschaffen, d.h. der Prinzipien, die im Krieg gelten. Die Armeeregeln und die Schlachtregeln betreffen die militärische Kunst im engeren Sinne, die Strategie und Taktik des Kampfes.

Dieses ausgeklügelte Regelwerk für den Krieger in allen Lebenslagen – der Samurai-Kodex regelt auch, wie man sich Freunde verschafft, wie mann die Ehe führt – verhindert ein Chaos der entfesselten Aggression. Der Krieger weiss immer, wann und wie er Gewalt einsetzen muss.

Eine wichtige Regel beispielsweise ist die Wachsamkeit: «Vergiss nie die Schlacht.» Ein Krieger vergisst nie den Kampfgeist, ob er nun spaziert oder stillsteht.

Er lebt ein bewusstes Leben auf das Ziel der Schlacht hin, auch wenn diese nie passiert. Er unterscheidet, was gut und böse ist, er hält seinen Geist und seinen Körper gesund, er pflegt Freundschaften, achtet auf ein gutes Zuhause. Er arbeitet ständig an sich.

Es scheint, als ob der Krieger sich immer bewusst ist, dass er eine gefährliche Quelle, die unbändige Aggression, in sich trägt. Er plant ihren Einsatz bewusst und kultiviert sich als zuverlässigen Aufbewahrungsort und als präzises Werkzeug dieser Quelle.

Die gleichen Aufgaben haben wir Männer, wenn wir nicht von unseren Aggressionen beherrscht werden, sondern diese kultivieren und kanalisiert einsetzen wollen.

Es liegt an uns, unsere Aggression als Schatz, als Quelle, als kostbares Instrument zu pflegen.

2. Kastrationsangst und Impotenz

Männer kastrieren sich oft selbst. Sie vermasseln den Erfolg kurz vor dem Ziel. Sie setzen Penaltys neben den Kasten. Eine Sache, die an sich recht gut läuft, machen sie mies. Männer auf der Höhe ihres Erfolgs inszenieren unbewusst eine Lebenskatastrophe und fallen tief. Richard Nixon provozierte mit Watergate seinen Ruin, Napoleon brach sich mit seiner Überheblichkeit das Genick, Hemingway tötete sich. An Beispielen, wie fähige Männer sich selbst kaputtmachen, fehlt es nicht. Was ist die Triebfeder männlicher Selbstdestruktivität? Was treibt Männer an, sich selber zu schaden, ihre eigenen Fähigkeiten zu sabotieren, zu zerstören?

Ein Bündel von Motiven spielt da mit. Eines der wichtigsten ist die Kastrationsangst. Männer leiden unbewusst unter Kastrationsangst, wenn sie im Unbewussten die Penislosigkeit der Frau als Ergebnis einer Kastration interpretieren. Sie fürchten das, was in der Logik des Unbewussten der Frau bereits widerfahren ist. Die Entdeckung des Geschlechtsunterschiedes ist für die Menschen ein Skandal, weil sie uns mit der Tatsache konfrontiert, dass wir nicht alles sein können. Wir sind nur eine Hälfte, und die andere Hälfte bleibt unserer Erfahrung verschlossen. In Platos Symposium wird erörtert, wie die Menschen ursprünglich kugelgleich eine Einheit gewesen seien und wie sie dann als Geschlechter in zwei Hälften geteilt wurden. Dagegen rebellieren unsere Grössenfantasien, und unser Unbewusstes sucht nach Erklärungen für den Skandal: Eine mögliche Erklärung ist, dass eigentlich alle Menschen einen Penis haben, die Penislosen haben ihn nur *verloren*, oder er wurde ihnen *weggenommen*. Und schon ist der Skandal ‹Geschlechterdifferenz› imaginär aus der Welt geschafft. Der Preis ist, dass die Idee der Kastration in unseren Köpfen herumgeistert. Und wir Männer, die wir unser bestes Stück ja sichtbar noch haben, sind nun bedroht, es zu verlieren. Unsere Fantasien kennen keine Grenzen. Die Kastrationsangst kommt beim Mann immer ins Spiel, wenn er etwas hat, haben kann oder haben will. Im Moment des Erfolges, den er mit seinen Fähigkeiten – seiner Phalluskraft – erzielt, schlägt auch die Angst zu, es verlieren zu können. Und da Angst ein schwer auszuhaltendes Gefühl ist, unternehmen wir oft alles, um es uns vom Hals zu schaffen. Wenn wir schon von Kastration bedroht sind, d. h. aus unbewusster Logik heraus uns die Kastration *gewiss* ist, dann wollen wir wenigstens unsere Kastration nicht hilflos abwarten, sondern bewirken sie aktiv selber. Dann sind wir nicht passive Opfer, sondern aktive Regisseure unserer Kastration. Ein bescheidener, illusionärer Gewinn an Kontrolle über die Situation, aber es ist nun mal seelisch ein Unterschied, ob ich mich hilflos einer Angst ausgeliefert fühle oder ob ich mich aktiv ins Schlamassel stürze.

Es gibt vielfältige Arten, sich zu kastrieren. Mann kann unbewusst etwas Kostbares, welches imaginär mit dem Phallus identifiziert wird, verlieren, d. h. ‹abschneiden›. Mann kann sich selber ‹abschneiden› von den anderen und sich dann ‹abgeschnitten› fühlen von den anderen Menschen, vom Rest der Welt. Mann kann andere dazu provozieren, den Kastrationsakt zu vollziehen, oder gegen sich aufbringen, sie so zur Weissglut reizen, dass sie darauf aus sind, einen kaputtzumachen.

Der Zwang zur Selbstkastration ist eine unglückliche Abwehrmassnahme gegen die Kastrationsangst. Er vertreibt zwar das Angstgefühl, richtet dafür oft reellen Schaden an. Deshalb ist es wichtig, dass mann den Zwang zur Selbstkastration in den Griff bekommt.

Der Weg besteht darin, sich der eigenen Kastrationsangst zu stellen.

Diese ist gar nicht so leicht zu entdecken. Sie tarnt sich geschickt. Der Zwang zur Selbstkastration, der auch hauptsächlich mental auftritt, lenkt davon ab. Es gibt Männer, die sich kleiner machen, als sie sind, die ihre Fähigkeiten unter den Scheffel stellen oder zumindest nicht voll ausspielen, die sich immerzu sagen: «Das ist alles Quatsch, was ich da mache.» Oder: «Ich muss das wieder wegwerfen, das ist nichts wert.» Hinter all diesen selbstdestruktiven mentalen oder sogar verhaltensmässigen Aktionen steckt oft die pure Angst, seine Potenz zu verlieren, das heisst, die Maximalstrafe zu erhalten, wenn mann lustvoll über seine Konkurrenten triumphiert. Da Kastration meist auch Tod bedeutet, ist die Todesangst damit verknüpft. Und da wir uns Kastration als Strafe fantasieren können, ist die Kastrationsangst auch Strafangst.

Gerade in den heutigen Zeiten, in denen die Gefühlserziehung schwer zu wünschen übrig lässt, sind die Menschen oft nicht mehr bereit oder fähig, intensive Gefühle zu ertragen und sie zu durchleben, um an ihnen zu wachsen.

Kastrationsangst aber muss erfahren, durchlebt, erforscht werden, damit sie wirklich überwunden werden kann.

Manuel ist ein junger Ökonom, der von Versagensängsten gepeinigt ist. Ständig fürchtet er sich davor, nicht zu genügen. Im Bett befürchtet er impotent zu sein, in der Arbeit hat er Angst davor, dass sein Chef ihn für unfähig halten könnte, an Meetings hat er Angst zu sprechen, weil er mit einer Welle von Kritik rechnet. Kurz: In seinem Selbstbild ist er derart überzeugt, total unfähig zu sein, dass er tatsächlich nur versagen kann.

Nachdem wir die Irrationalität seiner Ängste durchgearbeitet haben und er akzeptiert hat, dass er die Realität systematisch verzerrt, nur um sich für klein und unfähig und damit für einen potenziellen Versager zu halten, ist es möglich, ihm bei einer neuerlichen Litanei von «Ich habe Angst, ich werde versagen!» ins Gesicht zu sagen: «Noch mehr Angst haben Sie davor, nicht zu versagen!» Manuel ist einige Sekunden wie vom Donner gerührt. Dann rappelt er sich auf und sagt leicht stotternd: «Ja, aber dann müsste ich ja eingestehen, dass ich es kann ...» Er lacht. Es können und Erfolg haben scheint für ihn gefährlich zu sein, jedenfalls gefährlicher, als ein kleines, impotentes Nichts zu sein.

Er merkt, wie sich jetzt in ihm etwas wehrt, aber es stimme schon, jetzt spüre er nämlich Angst, eine Angst, die schwer zu fassen sei.

Achten Sie in Ihrem Leben darauf, wo Sie sich mit der Selbstkastrationslitanei gemütlich eingerichtet haben. Achten Sie auf Ihr inneres Selbstgespräch. Achten Sie auf alle negativen, selbstkastrierenden Aussagen über sich selbst, mit denen Sie sich einreden wollen, dass Sie beschränkt, nicht genügend, unfähig sind. Achten Sie darauf, wie Sie an sich selber herumnörgeln.

Machen Sie eine Liste Ihrer selbstkastrierenden Aussagen über sich. Nehmen Sie dann diese Liste und negieren Sie jede der negativen Aussagen über sich. Machen Sie sich aktiv klar, dass Sie es können, dass Sie gut sind, dass Sie trotz Schwierigkeiten ‹es schaffen› werden. Sagen Sie sich aktiv: «Ich kann das!», «Ich bin potent!», «Ich werde es schaffen!» Machen Sie sich eine Positivliste mit eigenen bejahenden Aussagen über sich selbst.

Und wenn es Ihnen gelungen ist, sich selbst zu überzeugen, achten Sie auf Ihre Gefühle. Spüren Sie Ihren Ängsten, Ihrem Unbehagen nach, wenn Ihnen etwas gelungen ist. Achten Sie darauf, wie Sie auf Erfolg reagieren. Gehen Sie gleich zur Tagesordnung über? Reden Sie Ihre Leistungen klein? Versuchen Sie auf solche selbstkastrierende Abwehrmanöver zu verzichten, und spüren Sie Ihren Ängsten nach, die sich melden, wenn Sie sich nicht mehr selbst kastrieren.

Sie werden Ihre Angst immer besser kennen lernen, sich mit ihr vertraut machen, sie immer besser verstehen und ihr standhalten und sie schliesslich überwinden.

Erst dann fällt der Zwang zur Selbstkastration weg. Sie sagen ja zu Ihren Fähigkeiten und schenken sie anderen. Sie sind im positiven Kreislauf, es geht wieder vorwärts.

Impotenz als Selbstkastration

Impotenz ist für immer mehr Männer ein grosses Problem. Die Verkaufszahlen von Viagra, Levitra und anderen Erektionshärtern steigen. Was ist eigentlich Impotenz?

Meistens wird darunter die Unfähigkeit, mit einer Frau Sex zu haben bzw. den Penis in die Vagina einführen zu können, verstanden. Das ist Impotenz im engeren körperlichen Sinne. Körperliche Impotenz ist oft – wenn sie nicht eindeutige organische Ursachen hat – die Unfähigkeit, voll zu fühlen. Denn wer voll fühlt, kann auch das volle sexuelle Gefühl zulassen, und dessen Erektion wird auch entsprechend ausfallen.

Die Unfähigkeit zum vollen Gefühl ist das, wovor viele Männer Angst haben. Aber warum sollte mann unfähig sein, voll zu fühlen? Doch wohl nur, wenn man vor dem vollen Gefühl Angst hat. Impotenz ist Angst vor dem vollen Gefühl. Das volle Gefühl ist für viele Männer bedrohlich.

Es ist wie ein Einbrecher, der in ein gemütliches, geordnetes Haus eindringt. Es wird als störend, überwältigend, gewaltsam erlebt. Man möchte sich ihm nicht hingeben, hat Angst und allerlei schlimme Vorstellungen, was passieren könnte, wenn man sich dem Gefühl hingäbe.

Ein ganz besonders heikles Gefühl für den Mann ist die Liebe. Das Liebesgefühl unterscheidet sich in verschiedenen wesentlichen Punkten von den anderen Gefühlen: Es drängt den Mann in die

Nähe des Liebesobjekts, es führt zu einer Abhängigkeit, die auf Liebeswünschen beruht: Wer liebt, möchte auch geliebt werden. Es rückt das Liebesobjekt in den Mittelpunkt des eigenen Lebens. Wer wirklich liebt, ist weniger egozentrisch, er möchte, dass es dem Liebesobjekt gut geht, er gibt sich ein Stück weit freiwillig auf, opfert etwas von seiner Autonomie, und das auch noch gerne. Liebe bedeutet in diesem Sinne eine gewisse Bereitschaft zu leiden.

Die volle Liebespotenz zulassen heisst seine ganzen Fähigkeiten, das Beste, was mann hat, einer anderen Person schenken, sich verschwenden.

Das löst ganz bestimmte Ängste aus: Ist der andere es auch wert, dass ich mich ihm schenke, ihm das Beste gebe, was ich habe? Mich an ihn verschwende?

Der Kontrollverlust macht Angst: Wo führt das hin, wenn ich mich dieser lustvollen Bewegung überlasse? Werde ich dann völlig verrückt? In den Kategorien unserer kapitalistischen Weltordnung ist Produktion entscheidend: etwas erarbeiten, sparen, akkumulieren. Der Saldo muss positiv sein, das ist das Gesetz der Ökonomie, das jede und jeder von uns eingeimpft bekommt. Wenn ich nun aber Lust habe, mich zu verschenken, ohne Rücksicht auf Verlust, werde ich da nicht eines Tages mit leeren Händen bankrott dastehen – ausgebeutet von jenen, die sich mit meiner Liebe und Grosszügigkeit die Taschen füllen, mir aber kaum etwas oder gar nichts zurückgeben? Mache ich mich nicht zum naiven Opfer? Sollte ich nicht besser meine Liebesenergie sparsam verteilen und immer darauf schielen, ob ja genug oder mehr zurückkommt? Sollte ich wie ein vorsichtiger Aktienanleger die Risiken streuen statt bündeln?

Diese Logik klingt auf den ersten Blick vielleicht bestechend und klug, ist aber psychologisch gesehen falsch.

Es verhält sich nämlich genau umgekehrt. Je mehr ich von meiner Liebesenergie angstfrei investieren und verschwenden kann, desto grösser wird meine Ausstrahlung und Wirkung sein, desto stärkere energetische Prozesse wird meine Liebe im anderen und in den anderen auslösen, und desto mehr wird auf lange Sicht zurückkommen. Und auch unmittelbar wird mein seelischer Haushalt profitieren. Liebesenergie zurückhalten ist gar nicht gesund. Man wird seelisch verklemmt, kultiviert seine Ängstlichkeit statt seinen Mut, man strahlt nicht. Es ist wie mit dem Blutspenden, das dem Organismus bekanntlich auch gut tut. Wer Liebe gibt, verliert nichts, er wird reicher. Das ist nicht schönes Gerede, sondern ein energetisches seelisches Faktum.

Freud schrieb: «Ein starker Egoismus schützt vor Erkrankung, aber endlich muss man beginnen zu lieben, um nicht krank zu werden, und muss erkranken, wenn man infolge von Versagung nicht lieben kann.»

Das Christentum drückt den Sachverhalt ähnlich aus: Liebe deinen Nächsten wie dich selbst. Das Freud'sche Diktum lässt an Deutlichkeit nichts zu wünschen übrig: Liebe dich selbst, dann suche Befriedigung und Austausch und liebe die Person, die dir gut tut. Die Fähigkeit zur Liebe wirkt umfassend: Wer sich selbst liebt, liebt andere, wer andere liebt, liebt sich selbst. Wer sich nämlich aus falsch verstandenem Egoismus in seinem seelischen Gehäuse einsperrt, weil er Angst vor den Menschen hat, vor der Verarmung, vor der Verletzung, vor der Enttäuschung, der lässt seine Liebesenergie verkümmern. Er unterbricht den energetischen Kreislauf mit anderen Menschen, wird auch nichts mehr bekommen und geht schliesslich ein. Wer hingegen Liebe fliessen lassen kann, fühlt sich stark, bekommt viel zurück, kann sich auch selbst lieben, kann denken, arbeiten, im Leben etwas bewirken.

Männer, die nichts von der Liebe in diesem Sinne verstehen, sind deshalb in der Regel unglückliche Männer. Sie sind abgeschnitten vom Kreislauf des Lebens.

Männer hingegen, die sich hingeben, mutige Liebhaber und Geliebte sein können, die nicht jeden Pfennig umdrehen und ständig auf ihr Gefühlskonto schielen müssen, diese Männer sind reich.

Irvin Yalom beschreibt in seinem Roman ‹Die rote Couch› einen ziemlich verkorksten Psychoanalytiker, dem eine bittere Lektion erteilt wird: Er glaubt nicht an die Liebe, ist ständig mit den Aktienkursen beschäftigt, vernachlässigt seine Frau und versteht so wenig von der Liebe und vom Leben, dass er das Opfer eines Trickbetrügers wird, der ihn an seinem schwachen Punkt, seiner Raffgier, nimmt und verführt. Der Betrüger lockt ihn mit Gewinnen ohne viel Investition, und der liebesunfähige Psychoanalytiker fällt darauf herein. Nehmen ohne zu geben, die Raffgier des Börsenkapitalismus, führt ins Nichts. Da mag das Geldkonto vielleicht schon stimmen, aber wie wir wissen, kann man bekanntlich auch mitten in einem goldenen Palast unglücklich sein, wenn man nicht zu leben versteht.

Wer grosszügig geben kann, fühlt, dass er reich ist, und er wird noch reicher.

Die Aufforderung an Männer, ‹potent zu werden›, wie dies der Männerforscher Walter Hollstein in seinem Buch propagiert, trifft meines Erachtens den Punkt nicht ganz. Wir sind potent, aber wir haben oft Angst, diese Potenz zu leben, wir haben Angst vor den Konsequenzen des Fliessenlassens unserer Liebespotenz.

‹Seine volle Potenz leben› müsste die Maxime heissen, nicht ängstlich die eigene Potenz herunterspielen, verkümmern lassen, den Porsche in der Garage lassen, um ja nicht ausschweifend, freigebig, mit dem Risiko des Lebens, ohne das es bekanntlich auch keinen Gewinn gibt, leben zu müssen.

3. Die Neidfalle

Wir alle sind neidisch. Neid ist das Gefühl, das sich einstellt, wenn wir etwas begehren, das jemand anderem gehört und über das wir nicht verfügen können.

Neid ist ein quälendes Gefühl, es brennt, martert, es kann nicht einfach durch eine Handlung erledigt werden, weil es ein ‹objektbezogenes› Gefühl ist, d.h. es ist beeinflusst dadurch, wie wir unsere Beziehung zu einem anderen Menschen erleben. Wenn wir ein Gefälle wahrnehmen, etwas wollen, was der andere besitzt, sind wir in der Neidsituation. Nur eine Veränderung an der

Wahrnehmung des anderen oder von einem selbst kann die Neidsituation mildern bzw. beseitigen. Bleibt die erlittene Differenz zum Objekt bestehen, bleibt auch der Neid.

Wir haben nur drei Strategien, dem Neid zu begegnen: Veränderung der Objektwahrnehmung und damit oft destruktive Abwehr des Neides; Veränderung der Selbstwahrnehmung; Aushalten des Neides.

Die Veränderung an der Wahrnehmung des Objekts eröffnet mir zwei Möglichkeiten: eine konstruktive und eine destruktive. Ich kann die Neidfantasie korrigieren, indem ich das Objekt in seinem Reichtum und seiner Macht nicht überhöhe, sondern realistisch sehe. Dann mildert sich der Neid. So kann Neid auch besser ausgehalten werden.

Oft versagen jedoch diese konstruktiven Bewältigungsversuche, und mann greift zur destruktiven Abwehr des Neides. Er legt Hand an das beneidete Objekt, beschädigt oder zerstört es oder attackiert es so, dass es nicht mehr zu beneiden ist.

Ein gutes Beispiel sind z. B. Machtstrukturen in männerdominierten Organisationen. Sie benachteiligen Frauen so, dass diese nicht mehr zu beneiden sind.

Die Selbstwahrnehmung können wir durch Verbesserung unseres Selbstbildes ändern, wir können dazulernen, Fähigkeiten verbessern, um die wir andere beneiden. Haben wir einmal ein besseres Selbstbild und entsprechende Selbstgefühle, sind wir überhaupt erst richtig zugänglich für andere und neigen auch weniger zur Idealisierung («Allen anderen geht es eh besser!»). Diese Strategie funktioniert nur, wenn der Neidgrund durch Veränderungen an mir selber prinzipiell aus der Welt zu schaffen ist. Ich kann beispielsweise bestimmte Fähigkeiten trainieren, den Abstand zur beneideten Konkurrenz verringern, und der Neid schwächt sich ab. Wenn ich hingegen neidisch auf etwas bin, das ich unmöglich haben kann, z. B. die Gebärfähigkeit der Frauen, geht dieser Weg nicht. Ich muss mich mit dem Neidgefühl auseinander setzen und mich mit dem Mangel auf reife Weise arrangieren.

Die Frau als Neidobjekt
Konsequent betrachtet ist der Neid die Abwehr einer Erregung. Der Neid will das Begehrte rauben, er will es nicht begehren müssen. Frustrane Erregung ist sehr schwer auszuhalten, der Neid bietet einen Ausweg, das Objekt und seine begehrten Attribute nicht mehr vergeblich begehren zu müssen, sondern hassen und angreifen zu können. Diese Umwandlung des Neides in Hass und Zerstörungswut ist allerdings mit hohen Kosten verbunden. Was man kaputtgemacht hat, kann man nicht mehr lieben, man hat es für immer verloren. Wird Neid in Zerstörungswut ausgelebt, wird mann einsam.

Die reife Lösung wäre, sich den unvermeidlichen Neid einzugestehen und sich mit ihm auseinander zu setzen, ihn auszuhalten und die Liebe vor ihm zu schützen.

Die phallozentrische Theorie der Geschlechterdifferenz, nach der nur die Frauen neidisch auf den Phallus sind – die Männer aber ihrerseits keinen Neidgrund haben –, hat die Männer davon abgehalten, sich mit ihrem spezifischen Neid genauer zu befassen.

Das ist die männliche Achillesferse. Die Energie, die Männer für die Abwehr ihres Neides aufwenden, für all die destruktiven und selbstdestruktiven innerseelischen und zwischenmenschlichen Manöver, um der Erfahrung und konstruktiven Meisterung des Neides auszuweichen, fehlt letztlich für die positive Entwicklung.

Worauf ist der Mann denn neidisch?

Die Ur-Neid-Situation für den kleinen Jungen ist, wenn er sich abhängig von der Liebe der Mutter fühlt und über ihre Liebe, Fürsorge, Zärtlichkeit nicht verfügen kann, sondern erlebt, dass er keine Kontrolle darüber hat, mal frustriert, mal glücklich ist, aber diesen ‹ersten Kapitalisten›, die Mutter, nicht beherrschen kann.

Er möchte alles haben, was die Mutter hat und er nicht: unermesslichen Reichtum (an Liebe), alles überstrahlenden Glanz, absolute Macht. Er neidet der Mutter all das, was er begehrt und nicht hat. Je mehr die Mutter ihn befriedigt, desto mehr stachelt das den Neid an.

Dieser Ur-Neid-Situation entgeht kein Junge. Komplizierend für den Jungen kommt hinzu, dass er diese Situation mit einer Person des anderen Geschlechts erlebt, einem Objekt, das er später sexuell begehren wird.

Das heisst: Alles männliche Begehren der Frau gegenüber stachelt diese Ur-Neid-Situation an. Je mehr eine Frau einem Mann gibt, desto neidischer wird er auf sie sein. Frustration mildert den Neid. Dies ist ein weiterer Grund, warum es trotz aller Leiden für viele Menschen derart attraktiv ist, in Beziehungen frustriert zu sein. Sie sind wenigstens nicht neidisch auf den anderen. Ist man in der Liebe hingegen befriedigt, so ist der andere ein begehrenswertes Neidobjekt, und das wiederum rührt an unsere frühesten Versagungen und Verletzungen.

Wir können dem Neidproblem deshalb nicht entrinnen. Unser lebendiges Begehren treibt uns immer wieder mitten in die Situation hinein. Wir müssten schon unser Begehren leugnen und nicht mehr spüren, dann könnten wir wieder Abstand gewinnen. Aber was wäre damit gewonnen? Ein wunschloses, depressives Leben, nur um seelische Hausaufgaben nicht machen zu müssen.

Gesunder Neid ist derjenige Neid, der seelisch ausgehalten und gefasst und deshalb konstruktiv verarbeitet werden kann. Es ist jener Neid, der die Differenz aushält. Wenn es sich um Ich-Ideal-Neid handelt, d.h. wenn der Neidgrund durch eigene Entwicklung überwunden werden kann, dann besteht die reife Leistung eines Mannes darin, sich mutig an seine Entwicklung zu machen.

Krankhafter Neid ist durch extreme Fantasien masslos übertrieben. Das begehrte Objekt wird in der Fantasie derart überhöht und das eigene Selbstbild derart entwertet, dass die Spannung unerträglich wird.

Der krankhafte, übertriebene Neid muss mit drastischen seelischen Massnahmen abgewehrt werden. Wenn ein Mann auf die

Frau(en) derart krankhaft neidisch ist, dass der Neid ihn an den Rand des Verstandes bringt, zwingt ihn das zu problematischen Strategien: Sexualisierung und Attacken auf das Neidobjekt.

Die Sexualisierung ist individuell und gesellschaftlich so verbreitet, dass wir sie oft gar nicht mehr als solche wahrnehmen. Sie ist ein komplexer seelischer Vorgang, mit dem Ziel, seelische Unterschiede zwischen Mann und Frau zu materialisieren, d. h. Mann und Frau prinzipiell als seelisch polarisiert und unterschiedlich zu wähnen.

Nicht existierende Unterschiede werden durch diesen Vorgang seelisch gewissermassen erzeugt, tatsächlich bestehende Unterschiede werden übertrieben.

Die Sexualisierung zementiert die Ideologie, Mann und Frau seien seelisch grundsätzlich, gleichsam in allen Punkten, anders. Das Entscheidende ist das unbewusste seelische Interesse an der übertriebenen Differenz, an ihrer Überhöhung. Ähnlich wie es auch ein Interesse an der Leugnung der Differenz gibt, was ebenso problematisch ist.

«Männer und Frauen sind grundverschieden», «Männer und Frauen können sich nicht verstehen.» Die Sexualisierung führt zu einer seelischen Apartheid-Politik zwischen Männern und Frauen.

Die Sexualisierung verdeckt eine Identifikation. Der Mann muss den Unterschied zur Frau vor allem darum – künstlich – betonen, weil er innerlich unbewusst keinen Unterschied zulassen kann, da er mit der Mutter nach wie vor identifiziert ist. Das heisst, das bewusste Interesse an der übertriebenen Differenz verdeckt das unbewusste Interesse an der Leugnung der tatsächlichen Differenz. Die Mutteridentifikation wiederum beruht auf der inneren Notwendigkeit, die Versagung und eben den Neid abzuwehren. Sexualisierung ist also das Endprodukt einer Abwehrkette, an deren Anfang die Notwendigkeit steht, die aus der Getrenntheit von der Mutter resultierenden Frustrations- und Neidgefühle abzuwehren.

Durch die lärmige Sexualisierung überdeckt der Mann seine Identifikation mit der Mutter und entfremdet sich von sich selbst.

Die Sexualisierung ist ein täuschendes Kleid. Gerade Männer, die sich besonders stark von Frauen abgrenzen müssen, zeigen damit, dass sie unbewusst mit ihnen identifiziert sind und dies auch bleiben wollen. Die oberflächliche Abgrenzung erspart so die Loslösung und Individuation in der Tiefe. Der perfekte Mann sexualisiert, damit er weiterhin innerlich nicht männlich werden muss.

Die andere Art, sich dem Neid nicht zu stellen, ihn somit nicht zu bewältigen und im Gefühl männlicher Minderwertigkeit zu verharren, ist die Attacke auf das Neidobjekt. Im Wesentlichen geht es darum, das Neidobjekt, die Frau, anzugreifen, herabzusetzen, zu zerstören. Dies muss nicht physisch sein, sondern kann auch durch seelische oder strukturelle Gewalt geschehen. Die unbewusste Botschaf lautet: Ich füge dir Schaden zu, damit es dir schlecht geht, damit du nicht mehr so viel hast, das ich nicht habe. Oder: Ich mache dich so fertig, dass du gar nichts mehr hast, das ich will. Dann muss ich dich nicht mehr beneiden.

Das Vertrackte am Neid ist, dass er ein ekelhaftes Gefühl und sozial verpönt ist: Wir *dürfen* nicht neidisch sein. Und wir *wollen* nicht neidisch sein. Und doch *sind* wir es. Männer haben aus verschiedenen Gründen Neidfantasien und -gefühle gegenüber Frauen. Diese wahrzunehmen und faktisch anzuerkennen ist kein Kinderspiel, aber es ist die Voraussetzung, sie zu überwinden und zu echtem männlichem Selbstbewusstsein zu finden.

Die blosse Leugnung des Neides («Worauf sollte ich denn neidisch sein?») und die destruktive Abwehr («Ich bin nicht neidisch, ich behandle Frauen einfach schlecht.») versperren den Weg, den Neid zu überwinden und zu echtem männlichem Selbstgefühl zu finden.

Das empfindliche männliche Ego

Wir Männer haben ein empfindliches Ego. Da wir von der Biologie her und aufgrund der Mutteridentifikation nicht so sicher im Sattel unserer Männlichkeit sitzen wie die Frauen in ihrer Weiblichkeit, reagieren wir empfindlicher auf Infragestellung. Und wir haben eine defensive Grundhaltung gegenüber Kritik, Analyse, Auseinandersetzung. Diese Hürde müssen wir nehmen. Wir müssen uns überwinden. Wir müssen unser empfindliches Ego überlisten. Z.B. mit folgenden Affirmationen (bejahenden Gedanken):

- Ich bin ein Mann.
- Ich bin nicht perfekt.
- Ich habe meine Stärken und Schwächen.
- Ich schaue manchmal ungern in den Spiegel, weil er mir auch meine Schwachpunkte zeigt.
- Ich schaue meine Schwachpunkte nicht gerne an, weil ich mich dann ungenügend fühle.
- Trotzdem werde ich mich überwinden, weil wahre Stärke ist, der Schwäche ins Gesicht zu schauen.
- Ich werde meinem Neid ins Gesicht sehen. Mich mit ihm auseinander setzen.
- Auch wenn ich Unschmeichelhaftes über mich herausfinde, bin ich o. k.
- Ich muss nicht perfekt sein, es reicht, wenn ich o. k. bin.
- Ich werde mich mit meiner Destruktivität konfrontieren und sie bändigen.
- Auch wenn einiges an mir nicht sehr toll ist, bin ich o. k.
- Ich bin nicht perfekt.
- Ich bin ein Mann.
- Ich habe meine Stärken und Schwächen.
- Ich bin o. k.

Das männliche Ego braucht, dass ihm die Grundakzeptanz sicher ist, erst dann wird es sich auch mit seinen Schwächen auseinander setzen können.

Wenn wir den Neid wahrnehmen und aushalten, haben wir die wichtigsten Voraussetzungen für dessen Überwindung, für unser seelisches Wachstum und für den Weg zu echtem Selbstbewusstsein geschaffen.

4. Die Mutterfixierung

Wir Männer sind ein Leben lang auf unsere Mütter fixiert. Die Frage ist nur wie stark und in welcher Form. Wir kommen aus unserer Mutter, sie ist der Mensch, von dem wir uns als Kleinkind maximal abhängig fühlen. Wir identifizieren uns mit ihr, wir begehren sie unbewusst und werden durch die Beziehung zu ihr geprägt. Im glücklichen Fall gelingt es uns, uns von ihr so weit unabhängig zu machen, dass wir Männer werden und unser eigenes Leben leben.

Jeder Mann hat seine individuelle, für ihn spezifische Mutterfixierung, die durch das Schicksal seiner Sohn-Mutter-Beziehung geprägt ist.

Eine wichtige Facette von Peters Mutterbeziehung war der Wechsel von emotionaler Unerreichbarkeit und grosser Nähe. Es gab immer wieder Momente in seiner Kindheit, in denen er sich seiner Mutter sehr nahe fühlte, sie verstand und sich von ihr angenommen erlebte. Da war er sicher. Die langen Phasen der emotionalen Unerreichbarkeit jedoch hinterliessen in ihm eine grosse Verunsicherung: Ist die Mutter noch gefühlsmässig anwesend, oder ist sie weg und ich bin wieder allein? Was kann ich tun, um sie zugänglich zu machen und das auch zu erhalten?

Da er ein begabtes Kind war, wusste er, wie er sein musste, um seiner Mutter den Kontakt zu ihm zu erleichtern. Er durfte nicht zu heftig, nicht zu unruhig sein. Dann war sie nicht gestresst, sie fühlte sich wohl und liess wieder Nähe zu.

Peter lernte hier eine falsche Lektion. Nämlich die, dass er ein perfekter Junge sein musste, der sich um den guten Kontakt ständig bemühte, der in unablässiger Sorge war, dass Mama sich wieder von ihm abwenden würde. Der sein Temperament ablehnte und erst recht wütend wurde darüber, wie er sich vergewaltigen musste, um zu gefallen und zu genügen.

Vor seiner Analyse übertrug er dieses Muster in alle seine Beziehungen zu Frauen. Er leistete grosse Anstrengungen, um Frauen zu gefallen, es ihnen möglichst angenehm zu machen, und brachte sich selber mit seinen Wünschen und Gefühlen gar nicht ein, weil er ständig fürchtete, fallen gelassen zu werden. Er war hyperempfindlich in Bezug auf Aufmerksamkeit. Wenn er nicht rund um die Uhr die hundertprozentige alleinige Aufmerksamkeit beanspruchen konnte, verfiel er in Panik. Er terrorisierte die Frauen mit seiner Verlassenheitsangst und Eifersucht.

Er hatte grosse Angst, sich wirklich auf eine Liebesbeziehung einzulassen.

Seine Frauenbeziehungen waren verseucht durch die frühen Erfahrungen mit seiner Mutter. Nur langsam lernte er, seine quälenden Mutterbilder nicht mehr auf die Frauen zu projizieren und sich von diesen Fixierungen zu lösen. Er interessierte sich dafür, wie eine Frau wirklich ist, und konnte vermehrt Vertrauen fassen und Ruhe und Geborgenheit aus einer Liebesbeziehung schöpfen.

Wir Männer sind davon bedroht, dass wir in unseren Liebesbeziehungen die Ängste, Konflikte, Verletzungen und Traumata aus der frühen Mutterbeziehung wieder erleben.

Die Mutterfixierung kann sich auf zwei Arten ausdrücken: entweder durch die volle Reaktivierung des Mutterproblems oder durch die Vermeidung von Nähe, um die Reaktivierung des Problems zu verhindern. Die einen Männer wiederholen mit ihren Frauen ständig die alten Verletzungen und Konflikte, geraten in den gleichen emotionalen Aufruhr und finden keinen Ausweg. Die anderen vermeiden die Nähe und seelische Intimität, damit ihnen genau das nicht passiert. Beide sind an ihre Mütter fixiert, können sich nicht aus den eingefahrenen Beziehungsmustern lösen.

Die Mutterfixierung des Mannes drückt sich in der Überhöhung der Frau und gleichzeitig in ihrer Entwertung aus. Die Mutter der Frühzeit war für uns Jungs eine allmächtige, grossartige, reiche Frau. Keine spätere erwachsene Frau kann dem Bild dieser idealisierten Mutter entsprechen. Deshalb rennen Männer tendenziell ein Leben lang der ‹perfekten Liebe› nach. Sie sind seriell monogam oder polygam, weil sie in der Menge der Frauen, denen sie begegnen, etwas vom ursprünglichen unermesslichen Reichtum der Mutterliebe wieder zu finden hoffen.

Das ist eine Illusion. Der Abschied von der Illusion, die perfekte Mutter in der Liebesbeziehung zu einer Frau wieder zu finden, ist äusserst schmerzhaft. Es gibt viele Männer, die sich ein Leben lang gegen die Erkenntnis und Überwindung dieser Illusion wehren und weitersuchen nach dem Motto ‹I still haven't found what I am looking for› (Song der irischen Rockband U2).

Wie können Männer ihre hartnäckige Mutterfixierung hinreichend überwinden?

Der erste und wichtigste Schritt ist wie bei allen ernsten Problemen die volle Bewusstmachung. Meist hat der Mann Scheuklappen an, die ihn vor der vollen und ungeschönten Wahrnehmung der seelischen Realität verschonen. Es ist ja gesellschaftlich nicht so schmeichelhaft für einen Mann, sich einzugestehen, dass er von der Mutter noch nicht abgelöst ist. Er will ja nicht als Muttersöhnchen gelten. Doch diese Scham kann überwunden werden. Erstens durch die Erkenntnis, dass dies ein Problem aller Männer ist, und zweitens, dass es darum geht, es in Ruhe zu lösen.

Nehmen Sie sich wieder nach einem Spaziergang eine ruhige Stunde Zeit und lassen Sie Erinnerung einströmen. Dann denken Sie an die fünf intensivsten und wichtigsten Erlebnisse mit Ihrer Mutter, von denen Sie denken, dass sie Ihre innere Einstellung entscheidend geprägt haben.

Nehmen Sie nun die wichtigste Situation und meditieren Sie über diese Situation. Gehen Sie ganz hinein und fürchten Sie sich nicht vor den Gefühlen, die dann hochkommen.

Beschreiben Sie innerlich, was in dieser Situation für Sie gefühlsmässig entscheidend war. Denken Sie darüber nach, warum gerade diese Situation kennzeichnend für Ihre Beziehung zur Mutter ist und inwiefern sie Ihre späteren Einstellungen zu Frauen geprägt hat.

Wiederholen Sie diese Übung öfters. Studieren Sie Ihre Beziehungen zu Frauen, Ihre Art zu reagieren, Ihre Gefühle, Ihre Verhaltensmuster. In welchen Situationen kommen Sie gefühlsmässig in den ‹roten Bereich›? Das sind die verletzten Seelenregionen, die wir alle haben. Versuchen Sie, Querverbindungen zu Erfahrungen mit Ihrer Mutter herzustellen. Arbeiten Sie an Ihrer Mutterfixierung, indem Sie sich ohne falsche Scham mit sich und Ihrer Mutterbeziehung auseinander setzen. Reden Sie mit Ihrem besten Freund darüber. Entmystifizieren Sie Ihre Mutterbeziehung. Wenn Sie mit Ihren natürlichen persönlichen und sozialen Ressourcen bei Ihrem Problem nicht weiterkommen, konsultieren Sie einen Psychotherapeuten. Arbeiten Sie immer wieder an Ihrer inneren Mutterbeziehung. Je mehr Sie darüber wissen, desto freier werden Sie.

5. Der Sebastianskomplex

Die passive Sehnsucht des Mannes ist ein komplexes Thema, weil es in die tiefsten Schichten des Unbewussten reicht, an die peinlichsten Bereiche rührt und deshalb von den meisten Männern extrem verdrängt wird. Wie alles Verdrängte beginnt es dann auf destruktive Weise das Leben zu dominieren.

Worum geht es bei den passiven Wünschen des Mannes? Grundsätzlich sind passive Wünsche solche, bei denen mann sich wünscht, dass eine andere Person etwas mit einem macht, einem etwas gibt oder einen auf bestimmte Weise behandelt. Der passive Liebeswunsch beispielsweise besteht darin, geliebt zu werden, während der aktive Liebeswunsch sich darin zeigt, lieben zu wollen.

Viele Wünsche zeigen sich im körperlichen Register, sind sexuelle Wünsche, da der Sexualtrieb eine der beiden beherrschenden Strömungen im Leben jedes Menschen ist. Passive Wünsche finden sich im Unbewussten und auch in der Form körperlicher sexueller Fantasien, in denen der Mann sich passiv erlebt, also z. B. sich vorstellt, penetriert zu werden.

Bruno hatte die wiederkehrende Fantasie, von einer Frau, die sich einen Dildo umgeschnallt hatte, anal penetriert zu werden. Er war froh darüber, dass es eine Frau war, die ihn penetrierte, die Fantasie, sich von einem Mann penetrieren zu lassen, hatte er zwar auch, fand sie aber eher ekelhaft als lustvoll. Es zeigte sich einerseits, dass er Mühe hatte mit seinen passiven homosexuellen Wünschen, weshalb er den Mann in der Fantasie durch eine ‹Frau mit Penis› ersetzen musste, um das Ganze noch als heterosexuelle Fantasie durchgehen zu lassen, andererseits war es ihm auch wichtig, sich die Frau als aktives Objekt vorzustellen, sich ihr passiv anzubieten. Er hatte Angst, gegenüber Frauen aktiv zu sein (was er mit der passiven Fantasie abwehrte), andererseits spielten Wünsche, von der Mutter immer noch genährt, versorgt und sexuell befriedigt zu werden, eine grosse Rolle.

Der Mann hat aus anatomischen Gründen ein Problem bei der ‹Unterbringung› der passiven körperlichen Wünsche. Die Frau nicht: Sie hat die entsprechenden Sexualorgane.

Der Mann hingegen weiss nicht, womit er seine passiven sexuellen Wünsche ausleben soll, ob er sich eine Vagina, einen Kolpos wünschen oder ob er sie z. B. mit dem Anus verwirklichen soll. Alle Lösungen scheinen einen Haken zu haben: Der Kolposwunsch scheitert an seiner körperlichen Nichtrealisierbarkeit und der Kastrationsangst, die Verschiebung des passiven Wunsches auf den Anus bringt die Gefahr der Abwertung mit sich – Sexualität wird mit Scheisse, Abfall, Wertlosigkeit assoziiert.

Es gibt keine Lösung, könnte man versucht sein zu sagen. Der Mann muss sich mit seinen passiven Wünschen grundsätzlich auseinander setzen, er muss sie sich bewusst machen und integrieren, sonst wird er von ihnen im dümmsten Moment überrollt.

Der Film ‹Rear Window› von Alfred Hitchcock visualisiert das Midlife-Drama des Mannes. James Stewart, durch einen Unfall ans Bett gefesselt, muss in den Hinterhof seines Hauses starren. Und der Mann in der Lebensmitte ist unbewusst mit seinem ‹Eingang›, mit seinem ‹Fenster zum Hinterhof› beschäftigt. Wie kann er sich öffnen, wie kann er im Leben wirklich etwas bekommen, etwas empfangen? Schliesslich deckt er einen Mordversuch auf, kommt seinen männlichen Sehnsüchten und Ängsten auf die Sprünge.

Mitten im Leben mag mann nicht mehr aufstehen und denkt: Wars das? Die unerfüllten Wünsche brechen durch, und auch die unerfüllbaren. Mann wird überrollt, und zwar mit einer unerwarteten Wucht.

Ein realistisches Management der passiven Wünsche ist die ganz grosse Herausforderung für den Mann. Das Aufgeben und Abschreiben der passiven Wünsche, die grosse Resignation ist keine Lösung, das unbewusste Agieren durch das verrückte Provozieren von Interventionen der Umgebung im Endeffekt oft selbstschädigend. Was also ist der richtige Weg?

Sich den Hinterhof wirklich genau ansehen, sich mit sich selber intensiv und schonungslos befassen, seine Sehnsüchte und Wünsche genau kennen lernen und so den seelischen Innenraum vergrössern.

Dort findet der Mann dann auch seinen imaginären Kolpos, wenn er den konkreten schon nicht haben kann: Er kann seine empfangende, weibliche Seite seelisch leben und sich auch von anderen nähren lassen. Er muss sich nicht nur verausgaben und schnell verbrennen. Er kann andere an sich heranlassen, ohne in Panik zu verfallen, dass er entmannt werden, homosexuell oder ein Schwächling sein könnte.

Die masochistische Lösung

Der heilige Sebastian ist auf vielen religiösen Malereien zu sehen. Meist schaut er verzückt himmelwärts. Pfeile numidischer Bogenschützen durchbohren ihn. Blut fliesst aus vielen Wunden. Er gilt in der katholischen Kirche als ein ‹typischer› Heiliger der frühen Zeit der Christenverfolgung in Rom. Der Geschichtsschreiber Arnobius beschrieb das Leben und Sterben des Sebastian näher und erzählte Folgendes: Sebastian war ein Offizier der kaiserlichen Garde. Er wurde wegen seines Glaubensbekenntnisses auf Befehl des Kaisers Diokletian zum Tode verurteilt und mit Pfeilen hingerichtet. Man liess ihn liegen und glaubte, er sei tot. Doch er überlebte und wurde von der frommen Witwe Irene gesund gepflegt. Dann passierte das Erstaunliche: Kaum war er wiederhergestellt, ging er erneut zum Kaiser und bekannte sich zum Christentum! Kaiser Diokletian befahl umgehend, ihn mit Keulen zu erschlagen und seine Leiche in die ‹cloaca maxima›, in den städtischen Abflussgraben in der Nähe des Tiber, zu werfen. Dort wurde er von Christen geborgen und in den Katakomben bestattet.

Die Geschichtsschreiber vermuteten, Sebastian habe irrigerweise gemeint, er könne den Kaiser durch seine Genesung beeindrucken und ihn von seiner Verfolgungswut gegen die Christen abbringen. Diese Deutung erscheint mir wenig plausibel.

Sebastian wollte den Kaiser mit seinem neuerlichen Geständnis provozieren, er wusste, dass Diokletian diesmal noch grausamer über ihn herfallen würde. Sebastian hatte ‹noch nicht genug›, er forderte eine weitere, diesmal tödliche Attacke heraus. Er lehnte sich trotzig auf gegen die despotische überlegene Macht, stellte ihr seinen Willen entgegen. Radikal autonom provozierte er den Kaiser. Es ist ein sadomasochistischer Triumph. Sebastian beherrscht Diokletian: Er entlarvt ihn als Scheusal und macht sich zum Helden und Märtyrer.

Wir sehen auf den Bildern auch, dass der von Pfeilen durchbohrte Sebastian verzückt und triumphierend wirkt. Er erfährt passive Befriedigung. Gleich mehrere Öffnungen werden ihm in den Körper geschlagen, er blutet aus ihnen. Er wird gleich mehrfach penetriert.

Das psychologische Problem des Mannes ist, dass der Wunsch nach einer körperlichen Öffnung, nach einem Durchbruch, nach einem Loch ein Vorgang ist, der nur mit einer Verletzung, d. h. aggressiviert gedacht werden kann.

Der Sebastianskomplex, wie ich ihn nenne, besteht aus einem ganz bestimmten Umgang mit dem Kolposwunsch, nämlich dem Zwang, sich einen vermeintlichen Kolpos immer wieder aggressiv verschaffen zu wollen, um den ursprünglichen Wunsch doch noch zu befriedigen.

Der Sebastianskomplex ist beim Mann tief unbewusst, weil er an die stärksten passiven Wünsche, nämlich penetriert zu werden und eine Köperöffnung wie die Frau zu bekommen, rührt. Es ist sehr schwer für den Mann, sich dies nicht gewaltsam vorzustellen. Die gewaltsame Vorstellung jedoch rückt wieder in die Nähe der Kastration. Statt einen Kolpos und einen Phallus zu haben – die ideale Lösung in der Fantasie, denn dann verkörpert mann perfekt beide Geschlechter –, droht die totale Dezimierung, weder ein rechter Kolpos noch ein funktionsfähiger Phallus.

Im Film ‹Fight Club› geht es in einem Männerclub darum, möglichst viel geschlagen und verletzt zu werden (und nicht darum zu gewinnen). Der Künstler Lucio Fontana stellt in seinen Objekten Leinwände dar, die aufgeschlitzt sind. Viele Männer inszenieren ihren Sebastianskomplex durch masochistische Aktionen. Sie provozieren die Umgebung, sie zu verletzen, es ‹ihnen zu besorgen›. Das Märtyrer- oder Winkelried-Syndrom gehört dazu. Heroisch stürzt sich der Held in die bereitstehenden Speere. Wir kennen den Ausdruck: Er ist dem anderen ins Messer gelaufen.

Was treibt Männer dazu, vor den Bombardierungen nach Bagdad zu fahren, um sich als lebende Schutzschilder Bushs Bomben entgegenzustellen? Was motiviert Männer, sich in einer Anti-Mafia-Einheit ständig dem Risiko, sich von Kugeln durchsieben zu lassen, auszusetzen? Was treibt Männer zu extremen Erfahrungen der Selbstkasteiung?

Nicht alles lässt sich auf unbewusste Motive reduzieren. Aber ihnen einen gebührenden Platz zuzuweisen ist nötig, weil in unserer Kultur das Unbewusste immer mehr verleugnet wird.

Die Blindheit der Männer für ihre eigenen passiven Sehnsüchte macht sie zu Opfern dieser massiven und massiv verdrängten Impulse. Und was stark und stark verdrängt ist, meldet sich immer nach einer gewissen Zeit mit grosser Gewalt und droht alle mühsam errichteten Staumauern einzureissen.

Nur wenn der Mann sich systematisch mit seinen verdrängten passiven Wünschen befasst, kommt er in die Lage zu wählen, ob überhaupt, in welchem Umfang und auf welche Weise er die erfüllbaren passiven Wünsche befriedigen will.

Wenn einem Mann der Kolposwunsch nicht seelisch bewusst ist und er ihn somit nicht im Seelischen halten und auf seine Erfüllung verzichten kann, droht ihm ständig, dass er ihn im Verhalten agiert und sich damit schadet.

Ein beliebtes Terrain für Männer, ihren Sebastianskomplex auszuleben, sind auch die Liebesbeziehungen. Das Liebesobjekt kann sehr gut unbewusst dafür eingespannt werden, den Mann körperlich oder seelisch zu verletzen und zu penetrieren. Viele Männer lassen sich von ihren Partnerinnen malträtieren und ruinieren.

Die Männer tun gut daran, die fünf Prüfungen ernst zu nehmen. Der gegenwärtige Trend zur allgemeinen Bewusstlosigkeit geht in die falsche Richtung. Statt sich die eigenen Schwierigkeiten und Entwicklungshürden mit einer Portion Selbstironie und Humor bewusst zu machen, sich souverän einzugestehen und an ihrer Überwindung zu arbeiten, wird oft Verleugnung und Missachtung des Innenlebens gepredigt. Hauptsache ist die perfekte Fassade, die Probleme dahinter werden übertüncht.

Sich ernst zu nehmen und an seinen Vermeidungsstrategien und problematischen Lösungen zu arbeiten, befreit das authentische Selbst und bahnt den Weg zu einem spannenden Leben.

Zu den eigenen Problemen stehen hat an und für sich schon eine heilsame Wirkung: Mit einem mutigen Schlag entledigt man sich des Druckes, perfekt, hypergesund und supernormal sein zu müssen.

Dieser Mut zu sich selber, zur eigenen Tiefe, zur eigenen Kompliziertheit, Eckigkeit, Unangepasstheit ist den Männern gründlich abhanden gekommen. In den letzten dreissig Jahren sind sie immer stärker unter Druck geraten, sich immer neuen Anforderungen anpassen zu müssen. Die Auflehnung gegen diesen Vervollkommnungs- und Leistungsdruck ist erst in den Ansätzen. Dass Männer ein Recht haben, sie selber zu sein, und nicht auf perfekte Befriediger aller Ansprüche reduziert werden dürfen, dass es sich auch ohne den permanenten Applaus und die Anerkennung der Einpeitscher gut leben lässt, müssen viele noch lernen.

Sie müssen die Gender-Diskussion zurückerobern und sich nicht von den Frauen die Entwicklungs-Agenda diktieren lassen. Sie dürfen sich nicht mit jeder Kritik identifizieren oder sie defensiv abwehren. Sie dürfen die Frauen ihrerseits kritisch unter die Lupe nehmen.

Sie dürfen, wozu sie Lust haben. Sie dürfen die Männer sein, die sie sein wollen. Unperfekt und selbstbewusst.

Eine Männerbewegung für die Männer!

Eine Männerbewegung, die diesen Namen verdient, ist längst überfällig.

Was heute als Männerbewegung daherkommt, wirkt oft lächerlich. Welcher Mann, der voll im Leben steht, kann sich mit Workshop-Angeboten identifizieren, in denen er seine ‹männliche Ur-Kraft› fühlen, trommeln, schreien und andere durchaus lustige Jungen-Spiele mitmachen soll? Eine Männerbewegung, die nur in Feierabendgesprächen am Kaminfeuer, Wochenend-Workshops und anderen Urlaubsangeboten stattfindet und den Männeralltag unberührt lässt, bewegt kaum etwas. Im Gegenteil. Sie verkommt zur Alibi-Übung, zur abgehobenen Träumerei, zur bequemen Kompensation. Auch wehleidige, militant frauenfeindliche und selbstgefällige Männerkampfbünde helfen den Männern nicht, zu echtem Selbstbewusstsein zu finden.

Männer müssen sich offensiv in die Diskussion über Geschlechtsidentität und Geschlechter-Rollen einschalten.

Die politisch-ideologische Auseinandersetzung mit der Geschlechterthematik lässt sich grob in drei Phasen einteilen, die sich z. T. überlappen:

- Die patriarchalisch-sexistische Phase: Männer sind gut, Frauen sind minderwertig.
- Die feministisch-sexistische Phase: Frauen sind gut (stark), Männer sind schlecht (schwach).
- Die postfeministische Phase: Männer und Frauen sind verschieden und gleichwertig.

Zurzeit befinden wir uns in einer Übergangsphase von der feministisch-sexistischen zur postfeministischen Phase. Damit meine ich den gesamtgesellschaftlichen mehrheitlichen Trend. Genau betrachtet, sind alle drei Positionen in der Gesellschaft präsent. Die patriarchalische ist trotz punktuellen Gegenbewegungen auf dem Rückzug, die sexistisch-feministische beherrscht über weite Strecken den öffentlichen Diskurs, die postfeministische gewinnt langsam an Terrain.

Die Männerbewegung, wie ich sie mir vorstelle, kümmert sich um die individuelle und gesellschaftliche Realität der Männer. Sie leistet Aufklärungsarbeit. Sie beschäftigt sich mit den Fragen und Alltagsproblemen, mit denen sich Männer heute herumschlagen. Sie bewegt etwas in den Lebensverhältnissen der Männer.

Die Frauenbewegung hat ihre Hausaufgaben gemacht. Die Frauen haben in ihr eine Identität bilden, Selbstvertrauen tanken, Anliegen durchsetzen können. Die Frauenbewegung hat die Frauen remoralisiert und sie fit gemacht, um ihre Anliegen zu kämpfen.

Die Männerbewegung ist weit davon entfernt. Sie ist für die meisten Männer kein Rückhalt, tritt zu wenig selbstbewusst auf, beschäftigt sich oft mit sekundären Fragen und hat keine politische Prioritätenliste. Sie versäumt es, für verunsicherte Männer eine Heimat zu sein, sie stärkt ihnen nicht den Rücken. Sie hat es bisher versäumt, das männerfeindliche kulturelle Klima zu beeinflussen. Stattdessen kritisiert sie oft konzeptlos männliche Verhaltensmuster und will die Männer zu ‹Feministen› erziehen. Verunsicherten Männern bleibt so meist nur die absurde Flucht rückwärts in die klassische Männerrolle. Auf lächerliche Weise wird den Frauen wieder der Tarif erklärt bzw. die strukturelle Gewalt erneut zementiert. Kein Zufall, dass die Schweiz wieder eine konservative Herrenregierung mit einer Alibifrau hat. Das soll den Männern Sand in die Augen streuen und verschärft den unproduktiven Geschlechterkampf. Welcher selbstbewusste Mann kann sich über so etwas freuen? Es ist penibel.

Frauen und Männer sind nicht gleich, aber sie sind gleichwertig und gleichberechtigt und sie sollen die Macht fair teilen. Schwache, verunsicherte Männer flüchten sich rückwärts in die Unterdrücker-Rolle oder vorwärts in die Rolle des perfekten Mannes, der alles recht machen und allen gesellschaftlichen Ansprüchen genügen will. Der selbstbewusste Mann vermeidet diese beiden

Eine Männerbewegung für die Männer!

Fluchtwege. Er sucht seine Mitte. Er kümmert sich nicht darum, wie ein Mann sein soll. Er lässt sich nicht in eine Schablone pressen, weder in eine patriarchalische noch in eine feministische. Er lässt sich nicht auf Klischees festlegen und besteht auf Respekt und Fairness. In erster Linie sind wir Menschen, in zweiter Linie haben wir ein Geschlecht. Und jede und jeder hat das Recht, eine unverwechselbare, freie Person zu sein.

Männer haben Mühe, echte Wünsche anzubringen, Forderungen zu stellen und sich gegenüber Ausseneinflüssen abzugrenzen. Sie identifizieren sich entweder mit der verwöhnenden patriarchalischen Rolle des Herrn der Schöpfung oder mit der feministischen Anklage, die Profiteure, die wunschlos Glücklichen, die Herrscher zu sein. Sie nehmen entweder die Rolle des Unterdrückers und Frauenfeindes ein oder sie unterwerfen sich feministischen männerfeindlichen Attacken und lassen sich in die Rolle des Bösewichtes und Täters drängen. Es fällt ihnen schwer, aus der Täter-Opfer-Logik auszusteigen und auf einer Beziehung in Augenhöhe zu bestehen, in der Klischees und Unterdrückungsmechanismen keinen Platz mehr haben. Entweder spielen sie den Frauen übel mit oder sie haben Mühe, das Faktum anzuerkennen, dass ihnen übel mitgespielt wird, dass sie benachteiligt und attackiert werden. Sie sind entweder selber destruktiv und frauenverachtend oder sie leugnen die Realität der an ihnen verübten männerfeindlichen Aggression. Sie leiden, ohne es zu spüren.

Wenn sie die feministisch-sexistische Position übernehmen, sind sie identifiziert mit der Anklägermentalität, dass weibliche Aggression gegen Männer immer gerechtfertigt ist, da Männer ja faule Schweine und böse Triebtäter sind. Sie wehren sich nicht gegen die Normalisierung des zunehmend männerfeindlichen kulturellen Klimas. Oder sie flüchten sich in die letzten reaktionären politischen Bastionen des Patriarchats und sehnen die Zeiten der Frauenunterdrückung herbei. Beide Wege sind falsch.

Was Not tut, ist der Weg der neuen Partnerschaftlichkeit ohne Verachtung, Herrschaft und Unterdrückung. Es braucht neue, selbstbewusste Männer und Frauen, die es nicht mehr nötig haben, zwecks Selbststabilisierung das andere Geschlecht zum Behälter für alles Abgelehnte und Minderwertige zu erklären.

Um dieses Ziel zu erreichen, braucht es eine kreative neue Männerbewegung.
Sie muss ...
- die de-moralisierten Männer re-moralisieren, ihnen eine stolze und lustvolle Lebensorientierung vermitteln und eine positive Perspektive verheissen.
- die Selbstachtung der Männer fördern und die Identifikation mit männerfeindlichen Angriffen bekämpfen.
- Gemeinsamkeit zwischen Männern erzeugen, kommunizieren, inszenieren.
- den Männern Stolz auf ihr Mann-Sein vermitteln.
- die männliche Identität stärken.

Die neue Männerbewegung darf deshalb nicht selbstwertuntergrabend sein. Sie darf nicht frauenfeindlich sein – warum auch, selbstbewusste Männer lieben die Frauen! –, sondern männerfreundlich! Sie muss stärken, motivieren, neugierig machen.

Sie muss frauenkritisch (nicht frauenfeindlich!) sein. Denn viele Frauen überborden in der Männerkritik. Vieles, was heute Frauen über Männer sagen und was Männern von Frauen angetan wird, ist schlicht unfair. Das muss entschlossen benannt und geändert werden. Männer dürfen nicht mehr länger die tapferen grossen Jungs sein, die hinhalten, ohne mit der Wimper zu zucken. Auch wer stark ist, hat ein Recht auf Verletzlichkeit und darf sich wehren.

Die neue Männerbewegung muss den Mut haben, männerfeindliche Missstände zu kritisieren.
Sie muss in Distanz zu den Herrschenden, zur herrschenden Meinung stehen und Partei für das angeschlagene männliche Selbst nehmen.

Sie darf das Männliche nicht auf Klischees festlegen, sondern muss das Recht der Männer auf Unbestimmtheit, Nichtfestgelegtheit, grössere Freiheit vom biologischen Sein vertreten.

Sie darf nicht feministisch-sexistische Frauenklischees – z. B. Männer sind gewalttätig und gefühllos – übernehmen bzw. bedienen. Sie muss diese Vorurteile bekämpfen.

Kurz und gut: Die Männerbewegung soll gesellschaftsanalytisch auf der Höhe und den Interessen der Männer verpflichtet sein.
Folgende fünf Schritte sind meines Erachtens nötig:

1. Die Unzufriedenheit der Männer kollektiv analysieren und artikulieren

Unzufriedenheit sondieren, artikulieren, analysieren und bündeln (statt zerstreuen) ist die Grundvoraussetzung jeglicher Veränderung. Das Gefühl der Unzufriedenheit liefert die Energie für die nötige Veränderung. Sie ist ihr energetisches Potenzial. Das gilt für die psychotherapeutische und die politische Alltagsarbeit in gleicher Weise: Ohne Leidensdruck keine Veränderung. Konkret: Männer müssen eine Unzufriedenheit mit ihrer jetzigen Situation spüren, und diese Unzufriedenheit darf nicht nur diffus und flüchtig wahrgenommen werden, sondern soll klar und präzise erlebt werden und sich auf konkrete Missstände beziehen. Affektive Rundumschläge verschaffen nur ein kurzes Gefühl der Erleichterung, bewirken aber nichts. Die Unzufriedenheit muss gewürdigt und akzeptiert werden. Sie muss zu einer klaren und bestechenden Analyse der Ursachen führen. Besteht die Unzufriedenheit nur latent, d. h. merken die Männer gar nicht deutlich, dass sie leiden, entsteht kein Veränderungsimpuls.

Unzufriedenheit ist nicht nur Privatsache! Sie hat immer mit Missständen zu tun, die über das individuelle Privatleben hinausgehen. Strukturelle Gewaltverhältnisse, kulturelle Mythen, falsche kollektive Überzeugungen führen zu misslichen Lebensverhältnissen der Männer. Wenn diese ihre Unzufriedenheit auf privates

Unglück reduzieren, gehen sie die Sache vereinzelt und unsolidarisch an, und es bewegt sich an der politischen Front nichts. Nur wenn die Männer wahrnehmen, dass ihre Unzufriedenheit System hat, dass sie nicht alleine damit sind und dass gesellschaftliche Mechanismen, Strukturen und kulturelle Klischees damit zu tun haben, entsteht der Impuls für eine gemeinsame politische Strategie und Aktion.

Männer müssen spüren, dass sie unzufrieden sind, ungesund leben und ihre Lebenskraft ausbeuten. Sie müssen merken, dass sie sich unter einen ungeheuren Anpassungsdruck setzen, dass sie ungesunde Idealvorstellungen aufrechterhalten und pflegen und sich damit von ihrem echten und authentischen Selbst entfremden. Sie müssen realisieren, dass sie ihre Lebensenergie oft in Dinge und Projekte investieren, die mit ihnen nichts zu tun haben, und eine mutige Analyse ihrer Lebenssituation wagen.

Und die Männerbewegung muss die Probleme der Männer politisieren, ihnen immer wieder vermitteln: Es geht nicht an, dass ihr euch ständig einredet, dass ihr die Täter und die Starken seid, es gibt einiges, das im Argen liegt und zugunsten der Männer verbessert werden muss. Jungen müssen in der Schule mehr gefördert werden, sexistische Aggression gegenüber Männern darf kein Kavaliersdelikt mehr sein, das Mobbing gegenüber Männern gehört genauso verfolgt wie das gegenüber Frauen. Rechtliche Benachteiligungen von Männern müssen beseitigt werden. Frauen kämpfen gegen die ungleichen Löhne für die gleiche Arbeit. Warum kämpfen Männer nicht für die gleichen Rechte bei der Kinderregelung nach einer Trennung? Gegen finanzielle Ausbeutung durch ihre Ex-Frauen? Gegen Diskriminierungen in Organisationen (z. B. grossen Firmen)? Für ein Gesundheitssystem, das die Gesundheit von Männern fördert? Warum verschliessen sich viele Männer vor der Erkenntnis, dass sie in vielen Bereichen längst nicht mehr privilegiert, sondern krass benachteiligt sind?

Eigene Unzufriedenheit zu erkennen, ist kränkend und beschämend. Mann gesteht sich nicht gerne ein, dass im eigenen Leben etwas nicht stimmt. Das kratzt am Selbstwertgefühl. Wenn dieses ungenügend ausgebildet ist, also nur eine perfekte männliche Rolle gespielt wird, reden sich Männer oft lieber ein, dass alles o. k. ist. Sie verharmlosen ihre Situation, um ihr wackliges Selbstgefühl nicht noch mehr zu belasten. Sie verschliessen sich damit vor der Nutzung der wichtigsten Erkenntnisquelle, ihrer Unzufriedenheit, und würgen den Motor der Veränderung ab.

Eine Männerbewegung, die diesen Namen verdient, deckt die krank machenden Mythen und Schablonen, denen Männer nachleben, auf. Sie bietet den verunsicherten Männern nicht neue Klischees und Forderungen an, damit sie genügen, sondern stärkt ihr Selbstbewusstsein, indem sie ihnen Stolz und Würde zurückgibt. Männer sind o. k. Sie müssen sich nicht ständig rechtfertigen, gegen jeden Vorwurf wehren, alles ernst nehmen, was ihnen an den Kopf geworfen wird. Eine echte Bewegung setzt Männerzufriedenheit, Männergesundheit, Gerechtigkeit für Männer oben auf die politische Tagesordnung. Sie vertritt entschlossen das Recht der Männer auf Verletzlichkeit, auf Menschlichkeit, auf ein reiches und befriedigendes Leben. Sie schützt sie vor disqualifizierenden und sexistischen Aggressionen.

Sie kämpft fair, will keine Bevorzugung gegenüber den Frauen, sondern eine faire Beziehung und Gleichberechtigung. Dazu gehören soziale und politische Kampagnen für die Gleichbehandlung beider Geschlechter.

Ein Beispiel: Das heute zum EDI gehörende Eidgenössische Büro für Gleichstellung gibt es seit 1988. Heute hat es 17 Mitarbeitende, über 90 Prozent Frauen. Die Aufgaben sind im Gleichstellungsgesetz aufgeführt. Es wurde aufgrund des Gleichberechtigungsartikels in der Bundesverfassung erlassen:

Bundesverfassung Art. 8, Rechtsgleichheit:
1 Alle Menschen sind vor dem Gesetz gleich.
2 Niemand darf diskriminiert werden, namentlich nicht wegen der Herkunft, der Rasse, des Geschlechts, des Alters, der

Sprache, der sozialen Stellung, der Lebensform, der religiösen, weltanschaulichen oder politischen Überzeugung oder wegen einer körperlichen, geistigen oder psychischen Behinderung.
3 Mann und Frau sind gleichberechtigt. Das Gesetz sorgt für ihre rechtliche und tatsächliche Gleichstellung, vor allem in Familie, Ausbildung und Arbeit. Mann und Frau haben Anspruch auf gleichen Lohn für gleichwertige Arbeit.

Gleichstellungsgesetz Art. 16, Gleichstellungsbüro:
1 Das Eidgenössische Büro für die Gleichstellung von Mann und Frau fördert die Gleichstellung der Geschlechter in allen Lebensbereichen und setzt sich für die Beseitigung jeglicher Form direkter oder indirekter Diskriminierung ein.

Der Verfassungs- und Gesetzesauftrag sieht den Einsatz gegen die Diskriminierung von Frauen und Männern vor. Die Wirklichkeit sieht anders aus: Männer haben dort kaum Ansprechpartner. Das Büro greift keine Themen auf, in denen Männer diskriminiert werden.

Wie wäre es z. B. mit der nur für Männer geltenden Militär- und Zivilschutzdienstpflicht, die der Idee der Gleichstellung widerspricht und die Männer in einer traditionellen Rolle fixiert? Fragwürdig sind auch die von diesem Büro unterstützten Kampagnen mit männerverhöhnendem Inhalt.

In der 2002 gestarteten Kampagne ‹Fairplay at home› wurden im Fernsehen vier Spots ausgestrahlt, in denen Männer pauschal als hinterlistige Drückeberger und Faulpelze hingestellt werden. So wird gezeigt, wie ein Ehemann anderen Leidensgenossen plumpe Tricks verrät, wie man sich vor der Hausarbeit drücken kann, z. B. sich als Kissen auf dem Sofa oder Lampenschirm tarnen, eine alte Fussballvideokassette einlegen, vor dem Haus herumlungern oder einen Einsatz der freiwilligen Feuerwehr vortäuschen.

Nichts gegen Humor, aber etwas gegen schlichte Desinformation. Mann muss nicht einer frauenfeindlichen Partei angehören, um sich gegen solche pauschale und sexistische Feindseligkeiten zu wehren.

Die Faktenlage ist eindeutig: Die Gesamtbelastung durch Erwerbs-, Haus- und Familienarbeit (bezahlt und unbezahlt) liegt für Frauen und Männer in Familienhaushalten gleichermassen bei rund 67 Stunden pro Woche. Diese 67 Stunden setzen sich bei Frauen durchschnittlich aus 54 Prozent Berufsarbeit und 46 Prozent Haus- und Familienarbeit zusammen, bei Männern aus 75 Prozent Berufsarbeit und 25 Prozent Haus- und Familienarbeit, wie jüngst eine statistische Erhebung zeigte.

Viele Männer brauchen sich also nicht zu verstecken, sie haben ebenso das Recht auf die Wahrnehmung und Artikulation von Unzufriedenheit. Zeit, die irrationalen Schuldgefühle abzuschütteln und ebenso für die eigenen vernachlässigten Interessen einzustehen wie die Frauen.

2. Vision eines guten Männerlebens in einer männerfreundlichen Gesellschaft vermitteln

Der zweite Schritt im Prozess für einen erfolgreichen Wandel ist das Entwickeln einer Vision. Die Männerbewegung hat es bisher versäumt, eine überzeugende Vision eines guten Männerlebens zu entwickeln und zu vermitteln. Es reicht nicht, den Männern zu sagen, was falsch ist und wie sie *nicht* leben sollen. Das Wahrnehmen der eigenen Unzufriedenheit, der Leidensdruck, die treffende Analyse des Falschen reichen noch nicht für einen Wandel. Es braucht eine Idee des besseren Lebens, eine Zielvorstellung, wie ein Mann heute gut, zufrieden und erfüllt leben kann.

Die Vision eines guten Männerlebens wäre, dass der Mann er selber sein und sich nicht falschen Mythen unterwerfen, äusseren Einflüssen anpassen und von seinem authentischen Selbst entfremden soll.

Er hat das Recht auf eine personale und geschlechtsspezifische Identität: Ich bin so, ich bin anders.

Das Recht, Identifikationsangebote oder -zwänge zurückzuweisen.
Das Recht auf einen eigenen Weg, auf Autonomie, selbst wenn er damit einen Skandal provoziert. Er muss lernen, mit den damit verbundenen Kränkungen, Liebesverlusten, Druckversuchen usw. zurechtzukommen bzw. diese zurückzuweisen.
Er hat das Recht auf ein tentatives Leben, ein Leben als Experiment, als Projekt.
Das Recht, sich an seinen Lebensentwurf heranzutasten.
Das Recht auf ein freies, authentisches Leben.

Die Vision schliesst Respekt vor den Grenzen ein. In einem guten Männerleben werden die Grenzen respektiert. Der Mann weist übertriebene, erpresserische Ansprüche zurück. Wenn er seine eigenen Grenzen schützen kann, wird er auch nicht die Grenzen anderer verletzen. Wenn er sein eigenes psychisches Überleben sichern kann, wird er nicht gewalttätig. Respekt vor dem anderen, Respekt vor dem Schwächeren, das schützt auch den Stärkeren.
Vertrauen ist eine andere wichtige Kategorie. Männer bauen auf, sie schenken Vertrauen. Wer jemandem vertraut, wird selten enttäuscht. Viele Männer vertrauen niemandem und werden deshalb oft enttäuscht. Wer aber lernt zu vertrauen, bringt den anderen in die Lage, sich dieses Vertrauens würdig zu erweisen.

Die Beziehungen unter Männern sind ein wichtiger Bestandteil der neuen Vision eines erfüllten Männerlebens. Eine Männerbewegung, die diesen Namen verdient, beschränkt sich nicht darauf, Männergesprächsrunden zu inszenieren. Sie analysiert die Lebensverhältnisse von heutigen Männern und stellt fest, dass Männer oft nicht anders können, als vorerst und ausschliesslich im anderen den Gegner und Rivalen zu erkennen. Unser ganzes Wirtschaftssystem baut auf der gnadenlosen männlichen Rivalität auf, bei der auch Frauen kräftig mitmischen. Wenn die Motivation für Leistung weniger Lust an der Kreativität und an der Sache, sondern ‹Vernichtung› des Gegners ist, wie sollen sich Männer dann anders aufeinander beziehen lernen? Die Männerbewegung sollte neue Erfahrungsräume für Männer schaffen, in denen diese Freundschaft, Solidarität, kreativen Austausch und gute Beziehungen jenseits mörderischer Rivalität pflegen können. Sie muss klarstellen, dass ein männliches Leben in seiner Individualität wertvoll ist.

Der Film ‹Kill Bill› von Quentin Tarantino persifliert die unterschiedliche Wertschätzung männlichen und weiblichen Lebens: Ein Männerleben ist nicht viel wert. Männer werden in Serie und namenlos abgeschlachtet. Frauen hingegen treten in Beziehung zueinander, selbst wenn sie Feinde sind. Männer sollten lernen, sich selber aufzuwerten, indem sie Beziehungen aufnehmen, sich weigern, als ‹No-Names› und austauschbar ihre Leistung zu erbringen. Sie müssen Identität entwickeln, echt in Beziehung treten und darauf bestehen, als Personen und nicht nur als Funktions- und Rollenträger wahrgenommen zu werden.

Die neue Männerbewegung muss diese Vision selbstbewusst vertreten. Sie muss eingestehen, dass es vielen Männern schlecht geht, sie eine Veränderung wollen und bereit sind, den letzten Rest alter Zöpfe von Privilegien abzutreten und im Gegenzug einen respektvollen Umgang der Geschlechter, ein Ende des offenen oder verdeckten Geschlechterkriegs zu fordern. Die jetzige Entwicklung treibt den Mann in den Ruin. Er verausgabt sich, er scheitert, einige wenige gewinnen. Die männliche Verletzlichkeit, Durchschnittlichkeit, Originalität, Stärke, Wildheit, Einmaligkeit, Lust, Liebe muss ins Recht gesetzt werden. Männer haben es satt, sich verheizen zu lassen. Sie wollen ein gutes, lustvolles Leben. Sie wollen Zeit für Beziehungen, für Selbstentfaltung, Musse.

Vielleicht müsste man das Projekt als geordneten Richtungswechsel und ein Verlassen falscher Positionen, als Konzentration auf das Wichtige im Leben vollziehen.

Die neue Männerbewegung muss die Anliegen der Männer militant vertreten, z. B. ein Männermanifest 2010 propagieren:

Wir Männer erkennen, ...
... dass wir an einem Punkt angelangt sind, an dem es so nicht weitergehen kann. Wir laden uns zu viel auf, wir leben ungesund, wir fordern unsere grundlegenden Wünsche zu wenig ein. Wir begnügen uns mit kompensatorischen Machtpositionen, statt gut zu leben. Wir hängen Mythen nach, statt uns mit der verunsichernden Realität unseres Mannseins zu befassen. Wir verzichten auf Entwicklung und Individualität.

Männer wollen ...
- gesund sein.
- ihr eigenes Leben leben.
- ihre traditionelle unglückliche Rolle hinterfragen und dafür aktiv werden.
- gleich viel verdienen für gleiche Arbeit.
- gleiche Rechte haben gegenüber ihren Kindern.
- Frauen respektieren und die Verschiedenheiten anerkennen.
- von Frauen respektiert werden bei Anerkennung aller Verschiedenheiten.
- ein realistisches Verhältnis zu den Frauen haben, sie nicht überhöhen oder entwerten.
- ein partnerschaftliches Verhältnis zu den Frauen haben.
- Freude haben (mit Männern und Frauen), statt einander zu disqualifizieren.
- Zumutungen zurückweisen.
- sich selbst akzeptieren.
- über ihr Leben nachdenken.
- sich entwickeln.
- keinem Klischee nachleben.

Männer wollen männerfeindliche Missstände beheben:
   Gewalt gegen Männer, besonders seelische Gewalt
   Ungerechtigkeit gegenüber Männern
   Verhöhnung der Männer
   Benachteiligung von Jungen

Eine Männerbewegung für die Männer!

Sie stellen klar:
   Männer sind wertvoll.
   Männer sind verletzlich.
   Männer müssen nicht perfekt sein.

Männer haben das Recht ...
- auf ihre eigene Entwicklung.
- auf gleiche Rechte und Pflichten wie die Frauen.
- auf anständige Behandlung.
- sich gegen Disqualifikation und Verachtung zu wehren.
- sich gegen seelische Grausamkeit zu wehren.
- zu reden und ernst genommen zu werden.
- ihre Wünsche und Anliegen einzufordern.
- auf Gesundheit.
- auf ein gleich langes Leben wie die Frauen.
- auf Sensibilität.
- auf einen eigenen Lebensentwurf.
- auf Karriere oder Karriereverzicht.
- auf respektvollen Umgang.
- nein zu sagen.
- zu fühlen.
- zu weinen.
- anders zu denken und zu fühlen.
- ihren eigenen Weg zu gehen.
- auf Anerkennung und Unterstützung.
- auf Lust und Leidenschaft.
- auf eine freie Sexualität ohne Angst und Schuld.
- auf Schutz vor Boshaftigkeit.
- auf Vergnügen.
- gut zu leben.
- zufrieden mit sich selber zu sein.
- sich zu trennen.
- auf ihre Autonomie.
- auf Verweigerung.
- auf Reflexion.

- auf Würde.
- usw.

Das Wichtigste ist, dass die Männerbewegung sich nicht selbst lächerlich macht, sondern sich ernst nimmt. Männer sind keine Memmen, wenn sie sich mit sich selbst und ihren Problemen befassen. Die Männerbewegung soll dem Kollektiv der Männer eine Orientierung geben, einen Entwurf, ein Programm, eine kollektive Identität.

3. Selbstvertrauen und Zuversicht der Männer stärken

Das Selbstvertrauen und die Zuversicht vieler Männer sind angeschlagen. Männer werden oft verspottet, verlacht, kritisiert, systematisch schlecht gemacht. Die hämische Botschaft: Sie bringen es nicht.

Viele Männer identifizieren sich mit diesen Angriffen und werden depressiv oder aggressiv. Sie sind hilflos. Sie haben kein Konzept, um ihr Selbstbewusstsein von innen her zu stabilisieren. Sie haben keine eigene kritische Sicht. Deshalb können sie den Angriffen auch nichts entgegensetzen.

Selbstvertrauen und Zuversicht sind sehr wichtig, um gegenüber den Ansichten und Meinungen anderer eine starke Position einzunehmen. Vieles, was über Männer gesagt und geschrieben wird, beruht auf negativen Fantasien und Projektionen.

Wer innerlich sicher ist, kann fundiert kritisieren. Viele Männer sind dazu aber nicht in der Lage und können männerfeindliche Tendenzen deshalb nicht kritisieren, weil sie sich aus eigenem Antrieb zu wenig mit der Geschlechterfrage befasst und sich keine eigene Meinung gebildet haben. Wer nur auf Kritik reagiert, ist immer in der schlechteren Position.

Besonders wichtig ist deshalb, dass Männer eine aktive Position einnehmen, mutig und offensiv werden. Die Männerbewegung muss den Männern Mut zur Differenz, zum Anderssein machen. Es gibt keinen Grund, ‹weibliche Werte› höher einzustufen als ‹männliche Werte›. Der männliche und der weibliche Beitrag zur Kultur sind gleichwertig, aber sie sind verschieden.

Die Männerbewegung hat die wichtige Aufgabe, die Männer von Schuld- und Schamgefühlen zu befreien, ihr Selbstbewusstsein zu stärken und die Botschaft zu vermitteln: Ihr seid o.k., ihr müsst euch weder schämen noch schuldig fühlen, dass ihr so seid, wie ihr seid. Lasst euch nicht unterkriegen. Sucht ehrlich euren eigenen Weg. Macht nicht schlapp, verkriecht euch nicht, dazu besteht kein Grund!

4. Konkrete erste Schritte aufzeigen

Die Re-Moralisierung der Männer durch die Männerbewegung muss nicht nur Missstände und Leiden artikulieren, eine Vision entwickeln, das Selbstvertrauen stärken, sondern auch konkrete erste Schritte aufzeigen, in denen Männer ihr neues Selbstverständnis handelnderweise leben können.

Es gibt viele Ansatzpunkte, wo Männer zeigen können, dass sie an einer neuen Form des Mannseins arbeiten. Eine kleine Auswahl:

1. Männerfeindlichkeiten beim Namen nennen und sich dagegen wehren: Männer lassen sich nicht mehr disqualifizieren, sondern treten Boshaftigkeiten sachlich und klar entgegen.
2. Überfordernde Ansprüche benennen und zurückweisen: Ein Mann kann nicht gleichzeitig Superliebhaber, Supervater, Superkarrieremann, Supergesprächspartner, Superhausmann sein. Irgendetwas muss zurückstehen. Männer müssen nicht perfekt sein und haben dennoch ein Anrecht auf Anerkennung und Achtung (wie Frauen auch).
3. Traditionelle ‹heilige Kühe› und Bastionen der Männerdiskriminierung aufgreifen und mutig zur Diskussion stellen: einseitige Militär- und Zivilschutzdienstpflicht für Männer,

höheres Rentenalter für Männer (bei kürzerer Lebensdauer: Ein Mann kann im Durchschnitt nur elf Jahre Ruhestand geniessen, die Frau zwanzig Jahre!).
4. Männerbenachteiligungen zum Thema machen und bekämpfen: z. B. die manchmal krasse finanzielle Benachteiligung bei Trennungen und Scheidungen, beim Kinderbesuchs- und Sorgerecht, in der Medizin und Gesundheitsvorsorge (z. B. grössere Sensibilität gegenüber typischen Frauenproblemen, mangelnde Prävention von Männerkrankheiten, fehlende Kampagnen für besseres Gesundheitsbewusstsein der Männer).
5. Den Buben gute und ihnen angemessene Entwicklungsmöglichkeiten bieten: Platz für Gefühle, zum Toben, Schreien, Kämpfen, Sichbewegen, Handeln!
6. Die Benachteiligung der Buben im Bildungssystem korrigieren: spezifische schulische Förderung von Jungen, jungengerechte Lernformen und Lernumgebungen.

5. Entschlossen an die Arbeit gehen und periodisch Bilanz ziehen

Die UNO hat 2000 ihre ‹Millennium goals› definiert und überprüft periodisch, ob sie diese erreicht hat (z. B. wie nahe sie dem Ziel ist, dass alle Menschen Zugang zu sauberem Wasser haben usw.).

Die Männerbewegung sollte sich ähnliche befristete Vorgaben machen, z. B. Ziele, die bis 2015 umgesetzt sein müssen:

- Ausmerzung männerfeindlicher gesetzlicher Regelungen.
- Beseitigung anderer männerfeindlicher behördlicher Erlasse und Praktiken.
- Gleichstellungsbüros befassen sich gleichgewichtig mit Frauen- und Männerdiskriminierung.
- Gleiches Rentenalter für Männer und Frauen.
- Gleiche Militär- und Zivilschutzdienstpflichten für Männer und Frauen.

- Konsequente Richtigstellung männerfeindlicher Artikel in den Medien.
- Lancierung einer Diskussion über seelische Gewalt gegenüber Männern.
- Verbesserung des Gesundheitszustandes der Männer.
- Erhöhung der Lebensqualität und Lebenszufriedenheit von Männern.

Politischer Ausblick

Die Gesellschaft befindet sich in einer Phase des Übergangs und der Uneinheitlichkeit. Privilegienrelikte der Männer bestehen neben Errungenschaften der Frauen. Männerverachtung und Frauenfeindlichkeit koexistieren in unserer zersplitterten Kultur. Während die Schweiz – zumindest politisch – von einer in die Jahre gekommenen Herrenriege regiert wird, diskutieren Genetiker die Frage, ob der Mann aufgrund der Verkümmerung des Y-Chromosoms nicht ohnehin zum Aussterben verurteilt ist.

Wenn man die historische Entwicklung auch als Inszenierung eines unbewussten kollektiven Phantasmas begreift, kann man Folgendes konstatieren: In einer ersten Phase wird die Frau entwertet und der Mann idealisiert. Die Frau lehnt sich auf, kämpft für Gleichwertigkeit. Der Kampf schiesst übers Ziel hinaus. Jetzt wird der Mann entwertet, symbolisch gesehen kastriert. Zu dieser destruktiven Bewegung gibt es eine unbewusste – schuldgetriebene – Gegenströmung: Sorge und Mitgefühl für den ‹armen› Mann. Der Geschlechterdiskurs ist uneinheitlich und zerklüftet, Mann und Frau wissen nicht mehr, was gilt und wohin alles führt. Irgendwann wird eine realistische Mitte gefunden sein: Frauen und Männer sollen in ihrer Eigenart anerkannt werden. Sie erleben sich primär als Individuen. Sie gehen individuelle Bindungen, Beziehungen und Verträge ein. Sie zwängen sich selber und gegenseitig nicht mehr ins Korsett gesellschaftlicher Rollen und kultureller Mythen. Es spielt keine Rolle mehr, wie ein Mann und wie eine Frau sein soll. Jede und jeder darf seinen Entwurf leben.

Die Selbstentfremdung, die Anpassung an Klischees wird als Problem erkannt.

Die Befreiung vom Zwang zur Erfüllung von entfremdenden Erwartungen wird in der näheren Zukunft zum zentralen Thema für Männer. Nicht mehr Überlegenheit, Herrschaft und perfekte Ausübung der Männer-Rolle sind das Ziel, sondern Anerkennung in der individuellen männlichen Eigenart, in der Verschiedenheit.

Die Männerbewegung macht sich stark für die Befreiung jedes Mannes, für sein Recht auf Nicht-Identifikation mit Klischees, sie emanzipiert den Mann von den Ansprüchen und Identifikationsangeboten.

Die Emanzipation des Mannes fängt erst an. Er tritt aus den aufgezwungenen Rollen heraus, legt die Angst vor seinem echten Selbst ab, nimmt die Herausforderung, die Verunsicherung, den persönlichen Weg an.

Männer brauchen für die Förderung ihres Entwicklungsprozesses individuelle und gesellschaftliche Lichtungen, in denen sie nicht leisten, handeln, rennen müssen, sondern reflektieren und erkennen dürfen.

Sie brauchen nicht banales Männerpalaver, sondern Männersolidarität, echte Anerkennung, tiefgründige Auseinandersetzung. Sie brauchen keine Häme, sondern heitere Ernsthaftigkeit.

Plädoyer an die Frauen

Liebe Frauen, Freundinnen, Partnerinnen, Kolleginnen, Genossinnen, Lebensgefährtinnen, Lebensabschnittspartnerinnen, Bettgespielinnen, Geliebte, Ehefrauen, Bürokolleginnen, Konkurrentinnen, Sportsfreundinnen, Geschäftspartnerinnen, Töchter, Mütter, Schwestern, Tanten, Weiber, Chefinnen, Verkäuferinnen, Ärztinnen, Unternehmerinnen, Sekretärinnen, Tramführerinnen, Hausfrauen, Lehrerinnen, Feministinnen und Anti-Feministinnen!

Wir Männer haben genug davon, perfekte Männer sein zu müssen. Wir wollen uns in keine Rollen mehr hineinzwängen. Wir haben genug von der Frauenunterdrücker-Rolle, wir haben genug von der anstrengenden Frauenversteher-Rolle, wir haben überhaupt genug von den vorfabrizierten Identitätsschablonen. Wir wollen wir selber sein. Wir wollen keine Ratgeber mehr lesen, wie wir noch bessere Männer sein können. Wir wollen im Bett nicht ständig unter Stress stehen. Wir wollen nicht ‹allzeit bereit› sein. Wir wollen nicht in Personalunion umwerfender Liebhaber, treusorgender Ehemann, lustiger Kumpel, knallharter Manager, toller Geldverdiener, zärtlicher Papi und charmanter Gastgeber sein, und das alles auch noch immer in Hochform.

Wir fühlen uns nämlich in der Rolle des perfekten Mannes gelinde gesagt unwohl. Wir haben uns darin total verausgabt. Es reicht uns.

Klar, wir wollten das selbst. Wir sind einerseits biologisch etwas darauf programmiert, stark und beschützend, erobernd, aggressiv und expansiv zu sein. In unserem Programm ist aber auch eine Verletzlichkeit eingebaut, die nach Fürsorge, Liebe und feinfühligem Umgang verlangt. Wir brauchen beides, Kampf und Einsatz, Liebe und Geborgenheit.

Unsere Wünsche einzufordern war nie unsere Stärke. Wir pflegten lange nur die kriegerischen Eigenschaften und zu wenig die weichen Seiten.

Wie sollen wir sicherstellen, dass wir von euch das bekommen, was wir brauchen? Wie sollen wir dafür sorgen, dass ihr euch um uns kümmert, dass ihr uns liebevoll behandelt?

Wir trauen uns immer noch nicht, angstfrei unsere Anliegen ohne Machtgehabe und Arroganz vorzubringen. Wir drucksen herum oder schweigen lieber.

Da es nicht unsere Stärke war zu reden, konnten wir unsere Wünsche nicht partnerschaftlich in Worte fassen. Wir schlugen euch keinen Geschlechtervertrag vor, sondern diktierten euch unsere Vorstellungen. Das war das Patriarchat.

Wir setzten in einem gewaltigen kulturellen Kraftakt durch, dass wir offiziell das Sagen hatten und ihr euch fügen musstet. Wir wiesen euch – zumindest offiziell – die zweite Geige zu. Wir nahmen uns die äussere – gesellschaftliche, politische, ökonomische – Macht, unterdrückten eure Autonomie, schlossen euch in den Familien, Ehen, Frauenberufen ein.

Untergründig merkten wir immer, dass mit dieser Diktatur etwas nicht stimmte. Sie wirkte hohl. Obwohl wir eine Theorie und Rhetorik des starken Mannes entwickelten und hofften, dass ihr auch dran glaubt, fühlten wir uns in der aufgeblähten männlichen Herrscherrolle nicht wohl. Wir erlebten im Alltag oft, dass wir uns schwach fühlten. Wenn wir uns verliebten, wenn wir eure Stärke in Beziehungen erlebten, wenn wir spürten, dass wir abhängig von eurer Liebe waren.

Auch wenn wir euch unter Kontrolle zu haben glaubten, ahnten wir, dass das Patriarchat nicht lange gut gehen konnte.

Auch liesst ihr euch das nicht lange gefallen. Der Aufstand war vorhersehbar. Ihr wolltet die gleichen Rechte, ihr lehntet euch auf, ihr wart sauer, oft auch rachsüchtig. Ihr wolltet die Herrscher stürzen. Viele von euch liessen sich von unserer kranken Machtlogik anstecken und wollten nun selber Herrscherinnen sein. Ihr vertratet immer mehr die aggressive Theorie, wonach wir Männer Schweine, schwach und impotent seien. Wir erlebten uns konfrontiert mit einem Feldzug gegen uns, der uns mit dem Untergang drohte.

Jetzt wurde uns himmelangst. Wir wussten ja selbst, dass das Patriarchat eine Hülse war und wir nicht die Starken, Überlegenen waren, uns unsicher und ungenügend fühlten. Der Geschlechterkrieg, der an manchen Fronten groteske Formen annahm und zur heutigen Misere im heterosexuellen Liebesleben führte, ist noch immer in vollem Gange.

Wir streckten die Fühler aus, um aus dieser Sackgasse zu kommen. Wir hatten allerdings bis jetzt nicht den Mut, neue Verhandlungen anzubieten.

Wir stehen mit dem Rücken zur Wand, stecken schmerzliche Niederlagen ein. Unverbesserliche Patriarchen setzen zum Gegenschlag an.

Die geordnete Männerphalanx löst sich auf. Da gibt es versprengte Gruppen, die den totalen Krieg und eure Wiederunterwerfung fordern. Andere haben schon resigniert und unterwerfen sich euch diskussionslos. Wieder andere arrangieren sich vordergründig und zahlen es euch im Verborgenen heim.

Es gibt auch Männer, die einen anderen Weg gehen möchten: Wir ziehen uns aus den patriarchalischen Machtpositionen zurück, wollen einen neuen Geschlechtervertrag aushandeln, mit dem beide Geschlechter sich einigermassen wohl, jedenfalls wohler als heute, fühlen.

Wie könnte dieser neue Geschlechtervertrag aussehen?

Schluss mit der Entwertungslogik!

Das Patriarchat und die Ideologie des perfekten Mannes führen in eine Unterlegenheits-Überlegenheitslogik in den Geschlechterbeziehungen. Die beiden Geschlechter rivalisieren um die bessere Position: Wer ist wertvoller, grösser, fähiger? Wir Männer bieten euch an, unser verkrampftes Theater um die überlegene Rolle fallen zu lassen. Wir werden es in Zukunft aushalten, wenn eine Frau mehr kann als ein Mann – was nämlich ebenso oft vorkommt wie umgekehrt. Wir möchten, dass die Macht gleichberechtigt geteilt wird. Wir werden die Fifty-fifty-Logik akzeptieren und uns nicht mehr abmühen, die überlegenen, perfekten Menschen zu sein, die selbstgerechten Besserwisser.

Wir werden von euch lernen: Frauen sind nicht dauernd am Überlegen, wie sie noch perfektere Frauen sein können. Nur Männer perfektionieren sich ständig, grübeln dauernd darüber nach, wie sie noch etwas mehr Mann sein können. Vor allem Männer verfallen dem Wahn, perfekt sein zu müssen. Frauen wollen in der Regel weder perfekt sein noch wollen sie perfekte Männer. («Gute reichen», sagte mir eine Berufskollegin.) Er muss nicht perfekt sein, es reicht, wenn er selbstbewusst und nicht selbstzufrieden ist und die Frau gut behandelt.

Wenn die aggressive Rivalität zwischen den Geschlechtern überwunden ist, ist auch der Zank um die Machtposition gemildert oder gar beseitigt. Schluss mit der Rivalitäts- und Machtlogik, mit der Idee, dass nur einer herrschen, nur einer der Sieger sein kann und des einen Erfolg der anderen Niederlage ist.

Die Vorstellung, dass beide Gewinner sein können, dass keiner über den anderen herrschen muss und beide gleichberechtigte und wertvolle Menschen sind, setzt sich in unseren Köpfen durch. Wir wollen weder auf Teufel komm raus rivalisieren noch verbissen herrschen, sondern lieber lustvoll lieben und mit euch leben.

Wir verzichten auf den überlegenen Status, die Höherwertigkeit des Mannes zugunsten einer Erotisierung des Geschlechterverhältnisses. Wir schrumpfen unsere Selbstdarstellung auf normale Dimensionen und sind dafür innerlich selbstbewusster und können so einen erotischen, partnerschaftlichen, vernünftigen Umgang mit euch pflegen.

Der geordnete Rückzug aus unberechtigten Machtpositionen

Zurzeit tobt der Geschlechterkampf, den wir vor langer Zeit vom Zaun gerissen, nie überwunden haben und nun mit dem Rücken zur Wand führen. Wir halten dieses Machtgerangel für lächerlich, für unerotisch und vor allem für unglaublich kräftezehrend. Wir geben es gerne zu: Wir sind gesundheitlich angeschlagen, wir können nicht mehr. Wir sind es leid, sieben oder mehr Jahre früher als ihr zu sterben, kaum etwas von den Kindern zu sehen, Stresserkrankungen und Depressionen zu bekommen, nur um dann doch nicht zu genügen. Lieber verdienen wir etwas weniger und geniessen das Leben etwas mehr. Wir haben die Nase voll von den unbefriedigenden Männerbeziehungen, die vor allem aus oberflächlicher Kommunikation, Hahnenkampf und Ellbögeln bestehen. Lieber haben wir ein paar gute Freunde, mit denen wir uns verstehen. Wir brauchen es nicht mehr, immer gehetzt zu sein, immer auf den letzten Drücker alles fertig zu bekommen, immer beschäftigt und unglaublich wichtig zu sein. Lieber haben wir mehr Zeit für Denkpausen, Sinnlichkeit, Verspieltheit, Kreativität, Lebensfreude.

Deshalb bieten wir euch an, alle Machtpositionen, alle Privilegien, alle Freiräume partnerschaftlich aufzuteilen, im Verhältnis fünfzig zu fünfzig. Wir geben unseren Lohnvorsprung für gleiche Aufgaben ab, wir räumen unsere Posten in Gremien, in denen wir übervertreten sind, aus der Einsicht, dass sich sonst nie etwas ändert. Wir machen das nicht aus Angst vor euch oder um euch zu gefallen. Wir machen es für uns, weil wir ein besseres Verhältnis zu uns selbst und zu euch haben wollen.

Lasst uns zusammen im Detail alle Bereiche des gesellschaftlichen Lebens durchgehen und das Fifty-fifty-Prinzip realisieren.

Wir ziehen uns geordnet aus den Bollwerken des Patriarchats zurück. Weil wir wissen, dass es das Patriarchat gar nicht gibt. Wir haben tyrannisiert, aber wirkliche Stärke hatten wir nie. Wir werfen Machtballast ab, weil wir diese Illusion der Macht nicht mehr brauchen. Wir suchen wirkliche Stärke.

Wir möchten, dass ihr diese Veränderung mitmacht und nicht weiterhin insgeheim doch den Macker sucht. Dass ihr mehr echte Verantwortung übernehmt und uns nicht aus dem Hinterhalt bekämpft. Wir möchten geachtet und nicht verspottet werden.

Waffenstillstand

Damit es überhaupt zum geordneten Rückzug und zum Ende des zermürbenden Kleinkriegs zwischen Männern und Frauen kommt, wollen wir fürs Erste einen sofortigen Waffenstillstand im gegenwärtigen tobenden Geschlechterkrieg. Wir legen sofort die Waffen nieder und bitten euch, dies auch zu tun. Wir werden keine hinterhältigen Terroranschläge auf eure Entwicklung und Autonomie führen, wir werden uns nicht mehr hinter unseren Privilegien verschanzen. Wir bitten euch, unsere Selbstachtung nicht mehr mit Füssen zu treten, keine Giftpfeile mehr abzuschiessen und unser verletzliches männliches Ego nicht mit Disqualifikationen zu reizen. Wir hören auf mit der Rhetorik der männlichen Überlegenheit, wir spielen nicht mehr unsere sexistischen Spielchen, wir nehmen euch ernst. Wir bitten euch, dies auch zu tun. Wir bitten euch, eure Stärke und Überlegenheit in Beziehungsdingen nicht für den Krieg gegen uns, sondern für die Partnerschaft mit uns einzusetzen.

Fairer Handel

Die wichtigen Machtfragen werden immer bei den Spielregeln des Handels entschieden. Das haben die wirtschaftlich Mächtigen der Welt erkannt und deshalb versuchen sie, die Spielregeln des Welthandels so festzulegen, dass sie auf jeden Fall die Gewinner bleiben, weil sie zu niedrigen Zöllen Zugang zu allen Märkten bekommen.

Wir Männer haben lange die Spielregeln des Handels so unfair festgelegt, dass ihr Frauen überhaupt keine Chancen hattet. Wir haben die Spielregeln des beruflichen Aufstiegs bestimmt und z. B. Dauerpräsenz in Unternehmen zur Bedingung gemacht, was Frauen mit Kindern oft nicht erfüllen können. Wir haben Kommunikationsregeln eingeführt, die unserem männlichen Dominanzgehabe besser entsprachen als eurem Bestreben und euren Fähigkeiten, Beziehungen zu pflegen. Wir haben Werte im Management kultiviert, die uns Männern wichtig sind, perfektes Auftreten, Aggressivität, Kompetitivität, maximaler Profit, Killer-Logik usw., den Anliegen von Frauen aber nicht entsprechen. Wir haben die Institutionen, Organisationen, Firmen, Gruppen, in denen wir tätig sind, so gestaltet, dass sich Frauen darin kaum wohl fühlen können.

Alle diese Tricks sind unfaire Handelsbedingungen. Wir werden sie abschaffen. Wir werden andere Institutionen aufbauen, wir verteilen die Macht paritätisch, wir teilen die Redezeit in Sitzungen, wir werden mehr sach- und beziehungsorientiert und weniger macht- und prestigeorientiert arbeiten. Wir bitten euch, eure Werte einzubringen, damit wir sie zu gleichen Teilen als Bestandteil der kulturellen Werte etablieren können. Wir werden auch in unseren Privatbeziehungen fair handeln: Die Aufteilung des Zeitbudgets, des Einkommens, des Vermögens, der Kinderbetreuungszeiten muss neu überdacht und geregelt werden. Wir wollen eine gemeinsam von Frauen und Männern geschaffene neue Kommunikationskultur. Wir wollen euch achten. Wir wollen von euch geachtet werden.

Gesprächskultur

Wir wollen mit euch reden. Wir haben uns in die Sprachlosigkeit zurückgezogen, uns abgewandt, in die Arbeit verkrochen. Ob fest liiert oder nicht, psychologisch sind wir Männer in den letzten Jahrzehnten zu Singles geworden. Viele streunen als einsame Wölfe durch die Welt, haben resigniert. Wir fühlen uns in der intimen Kommunikation unterlegen. Wir haben uns vor der schwierigen Aufgabe, mit euch zu reden, gedrückt. Wir werden dies nicht mehr tun. Wir werden unsere Hausaufgaben machen und lernen, euch zuzuhören. Wir werden üben, uns mitzuteilen, wir nehmen uns Zeit für die Kommunikation und pflegen die Beziehung. Wir bitten euch, euch wieder mit uns an einen Tisch zu setzen und die Mühen der Kommunikation ebenfalls auf euch zu nehmen. Vielleicht ist es für euch schwieriger und mühsamer, mit uns Männern zu reden, als unter euch Frauen; macht es trotzdem. Wir brauchen euch, ihr braucht uns. Wir werden uns Mühe geben. Nehmt uns ernst, lasst uns nicht dauernd spüren, dass es für euch leichter ist, über Gefühle zu reden, als für uns. Wir haben dafür andere Stärken, die wir euch nicht mehr schmerzlich unter die Nase halten werden. Wir werden keine Ausreden mehr suchen, um uns vor einem Gespräch zu drücken.

Wir wollen euch verstehen, wir wollen, dass ihr uns versteht.

Wir anerkennen, dass wir anders sind als ihr. Wir anerkennen, dass ihr anders seid als wir. Wir reden von nun an mit euch wie mit faszinierenden Fremden, die wir kennen lernen wollen.

Wir ertragen, dass wir vor euch, vor euren Geheimnissen, vor eurer selbstverständlichen Art, Frauen zu sein, Angst haben und auch neidisch darauf sind, weil wir ständig mit unserem Mannsein beschäftigt sind, uns oft ungenügend fühlen und daran leiden.

Wir wollen euch dieses Malaise nicht mehr aufladen und euch dafür bestrafen, dass wir mit uns selber ringen.

Wir möchten aber, dass ihr uns uns selber finden lasst. Dass ihr unser Anderssein ebenfalls anerkennt und euren Neid auf die Kraft, die Überlegenheit in unseren starken Bereichen nicht destruktiv an uns auslasst.

Wir wollen die Kommunikation mit euch entgiften. Nicht gegenseitiges Misstrauen und Neid sollen regieren, sondern Vertrauen und Respekt. Das wird nicht einfach sein, aber wenn wir es ehrlich versuchen, wird es gehen.

Re-Erotisierung der Geschlechterbeziehung

Was uns auch am Herzen liegt, ist die Lust und die Freude mit euch. Wir wollen mit euch die Liebe und den Sex geniessen. Wir wollen ein erotisches Leben mit euch. Wir wollen mit euch den Gott der kleinen Dinge preisen und die gemeinsame Lebenslust ins Zentrum des Lebens rücken.

Dass es zwei Geschlechter gibt, ist doch keine verrückte und lästige Laune der Natur, sondern eine glorreiche Erfindung, die das Leben unglaublich spannend machen kann. Wir wollen die Differenz wieder geniessen, neugierig sein auf euch. Wir wollen die erotische Spannung und das Begehren zwischen euch und uns wieder aufbauen.

Ihr sollt Weiber sein und wir sollen Männer sein. Wir wollen euch lieben, begehren, vögeln. Wir wollen den Exzess mit euch, wir wollen euch gut tun. Wir wollen in der Liebe nicht uns selbst etwas beweisen, sondern zusammen geniessen und die Getrenntheit, das Gefühl, dass wir euch nie ganz haben und verstehen werden, dass ihr eben anders seid, aushalten. Wir werden diese Angst spüren, dass wir uns verlieren können, wir werden uns aber von dieser Angst nicht terrorisieren lassen, sondern sie aushalten und aussprechen, uns mit ihr auseinander setzen, sie jedenfalls nicht in Rückzug und Aggression umsetzen. Wenn sich Liebe einstellt, werden wir sie wachsen lassen. Wir wollen, dass ihr euch uns im Sex hingeben könnt – aber nicht unterwerft! –, dass ihr eure Sinnlichkeit lebt und eure Vorbehalte ablegt. Wir fühlen uns geliebt, wenn ihr unser Herz erreicht. Seid nicht feige, zieht euch nicht total in eure Frauengrüppchen zurück, sondern wagt die Lust, die Hingabe, die Freude mit uns. Hört auf, Männer sein zu wollen und euch darauf zu versteifen, mit uns um Machtpositionen zu ringen. Wir wollen nur die Hälfte der Macht, wir konzentrieren uns lieber auf das, was im Leben wirklich zählt.

Wir wollen euch im Innersten berühren.

Ein Gespräch unter Männern

Worüber reden Männer, wenn sie miteinander reden? Das Klischee sagt: über Fussball, das Geschäft und die Frauen. Das Klischee stimmt durchaus: Männer reden miteinander gerne über Fussball, das Geschäft, die Frauen. Und sie reden auch über anderes.

Mein Tennispartner, Fussball-Experte, Berufskollege und Freund Rolf Hächler (52) und ich (46) liessen das Tonband laufen, als wir über die Männer, ihre Situation und ihre Perspektive diskutierten.

MF: Das Problem der Männer heute ist doch, dass sie glauben, nicht mehr zu genügen. Sich selbst nicht und den anderen nicht. Sie stehen auf dem Prüfstand, sie sind unter Beschuss. Sie versuchen krampfhaft mitzuhalten, perfekt zu sein. Männermagazine geben ihren Lesern einen Lebensstil vor, gemäss dem mann gesund, schön, erfolgreich und für weibliche Anliegen sensibel zu sein hat.

Spürst du diesen Druck auch? Ich merke, dass ich da mit meiner anarchistischen Ader reagiere. Ich mag da nicht mehr mitmachen. Psychologisch schafft sich der Mann so ab, er passt sich Mythen oder Vorstellungen an, wie ein Mann sein soll, damit er genügt. Männerbücher schaffen oft neue Mythen, statt Männer zu ermutigen, sich selber kennen zu lernen und ihr eigenes Leben zu leben.

RH: Ja, der Mann ist unter Druck, er soll leisten, leisten und nochmals leisten. Probleme sollte er keine haben. Frauenthemen, die mitfühlend angegangen werden, sind immer noch viel aktueller als Männerthemen. Bei der Anorexie wird zu Recht der Kampf um die Autonomie dieser Patientinnen thematisiert, ihr Recht auf einen eigenständigen Lebensentwurf betont. Dieses Thema ist bei den Frauen seit langem an der Tagesordnung. Bei Männern dagegen wird getan, als wäre die Selbstfindung überhaupt kein Thema. Ich erinnere mich an einen Patienten, einen ausgewiesenen Spezialisten in seiner Firma, der erlebte gnadenlos sein Männer-

schicksal. Der CEO zitierte ihn zu sich, liess sich den aktuellen Stand rapportieren, dann drückte er ihm die Hand und sagte: «Ich glaube, wir passen nicht zusammen», und er war von einer Minute auf die andere entlassen.

Der Mann wollte sich in der Folge mehrmals suizidieren. Er war nur über seinen Beruf definiert, über die Arbeit. Sein Selbstbild und sein Selbstverständnis waren total brüchig, die Arbeit hatte ihn zusammengehalten, sonst hatte er nichts ...

... also ist es so, dass Männer heute das schwache Geschlecht sind, Hilfe brauchen bei der Identitätsfindung? Die Jungen haben mehr Schwierigkeiten als die Mädchen, eine stabile Entwicklung durchzumachen. Sie sind reizbarer, unruhiger, haben mehr Mühe mit Trennungen, das zeigt sich in Forschungen.

Oder haben wir nur diesen subjektiven Eindruck, weil wir so viel um Feministinnen herum sind, um Akademikerinnen, die uns gehörig einheizen?

Sitzt der Durchschnittsmann, der mit einer Durchschnittsfrau zusammen ist, noch fest im Sattel?

Ich glaube nicht. Sicher gibt es da Unterschiede, und Männer aus anderen Kreisen verleugnen ihre Situation vielleicht mehr, sie machen sich mehr vor. Aber wenn man die Berichte liest, ist es z. B. unabhängig von der sozialen Schicht, dass Arbeitslosigkeit dramatische soziale Folgen hat.

Allerdings hat der Beruf schon nicht bei allen Männern die gleiche Bedeutung. Bei vielen Managern ist der Beruf so etwas wie eine überwertige Idee, bei Bauarbeitern ist er das in der Regel nicht. Die sind vielleicht stolz auf ihre ‹Büez›, definieren sich aber nicht nur über den Beruf, haben noch Hobbys, sind in Vereinen, ‹schrebergärtnern›, treffen sich mit Kollegen ... ob es einfacher ist, weiss ich nicht ... ich denke, dass die gebildete Schicht vermutlich schon einen schiefen Blick hat, nur einen Ausschnitt aus der Realität sieht ... Die Männer sitzen sicher nicht mehr fest im Sattel, sondern sind massiv verunsichert. Und dies, obwohl sich in vielen Bereichen, z. B. wie viel sich die Männer an der Haus- und Kinderarbeit beteiligen, nicht viel Revolutionäres getan hat ...

... die Männer klammern sich an Reste der traditionellen Rolle, an die Übersetzung der Arbeitsfront ... Sie kommen meiner Meinung nach so schwer davon los, weil sie spüren, dass Männlichkeit viel schwerer zu fassen ist, weil sie ihnen zwischen den Fingern zerrinnt, sie brauchen eine von aussen definierte Rolle, z. B. eben über die Arbeit, damit sie sich sicher und als Männer in Ordnung fühlen ...

Eigenartig, dass wir Männer nicht mehr männliches Selbstvertrauen aus unserer körperlichen Männlichkeit beziehen ...

Der Körper und das Körpergefühl sind sehr wichtig für die Identität. Frauen beziehen daraus viel mehr Identität als wir Männer, denke ich, und wenn sie einen schlechten Bezug zu ihrem Körper haben, dann ist das für Frauen eine unmittelbare Tragödie, und das Problem wird angegangen.

Bei den Männern hingegen ist der schlechte Körperbezug, das Nicht-zuhause-Sein im eigenen Körper, die Lieblosigkeit dem eigenen Körper gegenüber immer noch eher der Normalfall, der zudem nicht einmal wahrgenommen wird. Liebevolle Körperpflege leisten sich vor allem Androgyne, Schwule und Leser von Männermagazinen ...

... und es ist noch immer kein Thema, als Mann den eigenen Körper narzisstischer zu besetzen ...

Das kommt langsam aus den Vereinigten Staaten rüber, diese androgyne Welle. Da wirds sogar auf die andere Seite hin grotesk: In Los Angeles wirst du komisch angeschaut, wenn du als Mann die verkrampften Stirnmuskeln nicht mit Nervengift glättest.

Bei uns wird idiotischerweise Körperbewusstsein als femininer Zug gelabelt, als wären Männer, die sich um ihren Körper kümmern, keine Männer mehr, sondern Frauen oder Zwitterwesen ... Warum sollen Schönheit oder Eitelkeit kein männlicher Zug sein? In der Tierwelt sind doch auch die Männchen die Bunten und Auffälligen ...

Wir Männer haben einen gewaltigen Rückstand aufzuholen an selbstverantwortlicher Selbstfürsorge, für die Gesundheit, in der Körperpflege ...

... und in der Psychohygiene. Die Frauen haben eine schärfere Wahrnehmung, sie nehmen präziser wahr, wenn sie sich von ihren Gefühlen, von ihrem Körperleben entfremden, Männer haben da einen Sensibilitätsrückstand, sie merken es oft erst, wenn sie erkranken ...
    Wann merkt ein Mann, dass er entfremdet ist, wann spürt er, dass er nicht sein Leben lebt?

Das ist ja das Schwierige. Er merkt es vielleicht lange Zeit nicht ... und sitzt dann kompensatorischen Anstrengungen auf, ist karrieresüchtig. Es fängt schon beim Biologischen an: Eine Frau mit ihrem monatlichen Zyklus muss ein anderes Verhältnis zu sich und ihrem Befinden entwickeln, sie horcht auf die Signale ihres Körpers, ist es gewohnt, Irritationen und Störungen des inneren Gleichgewichts auszuhalten und sich mit ihnen auseinander zu setzen ...

... und die kulturelle Entwicklung hat diese biologische Verankerung der Frau, ihre Funktion als Mutter, ihre Bereiche, in denen sie fürsorglich und empathisch sein kann, nicht tangiert, sie sind eine Art Konstante geblieben. Die Männer hingegen sind ihren ursprünglichen biologisch sinnvollen Funktionen – Jäger, Krieger, Beschützer – entfremdet worden. Da wurde durch die kulturelle Entwicklung ein Erbgut verraten ... das sinnvolle Männlich-Aggressive im Mann wurde ausgehebelt und stillgelegt, die Kultur ist dem Männlich-Ursprünglichen feindlich gesinnt.

Heute gibt es nicht mehr viele Rollen, in denen der Mann das aggressive Potenzial direkt ausleben kann, als Soldat vielleicht, in bestimmten aggressiven Sportarten, aber sonst ...?

Vielleicht gehts nur noch via Massaker im Strassenverkehr. Dort bricht es durch, oder bei ritualisierten Formen, z. B. den Schlägereien der Hooligans ...

Es stimmt schon, ich merke, es ist schwierig. Wie können wir es fassen? Die Frage, die uns beschäftigt, ist doch: Was ist ein männlicher Lebensentwurf?

Es gibt viele Mythologien, die den Männern bei dieser Frage zur Orientierung angeboten werden. Aber die haben ihren Haken, weil es wieder Angebote von aussen sind, Schablonen, nach denen sich Männer ausrichten können. Es gibt bei Männern weniger biologische Wegmarken, an denen mann sich orientieren kann, die Vaterschaft strukturiert ein Männerleben nicht so sehr wie die Mutterschaft das Frauenleben ... Der Mann ist identitätsschwach, identitätsbrüchig ... Er hat eine geringe Biologiefundierung, eine mächtige Mutteridentifikation, oft einen blassen oder abwesenden Vater, das macht ihn so fragil und anfällig für verführerische Identifikationsangebote. Gerade für den Mann von heute ist es wichtig, eigentlich überlebensnotwendig, sich mit seiner Identität zu befassen und sie zu stärken, um nicht auf jede Modeströmung reinzufallen und jedem Trend hinterherzulaufen.

Woher kommt nur der eigenartige Widerstand der Männer gegen die überlebensnotwendige Identitätsarbeit?

Es klingt jetzt vielleicht etwas distanziert, wenn ich nicht bei mir anfange, aber Folgendes fällt mir zuerst ein: In den heutigen Falldarstellungen von männlichen Patienten in der Psychoanalyse geht es meist um die Angst vor der Auflösung oder Auslöschung des Ichs. Solche Ängste sind beim Mann zentral ... die Männer fürchten die Selbstauflösung panisch, sie klammern sich an starre Schemata, das gibt etwas trügerische Sicherheit ...

Und weil sie nicht in Kontakt mit ihrer Angst vor Auflösung kommen wollen, meiden sie die Auseinandersetzung ...

Das bringt den Mann an einer anderen Front wieder in Nöte. Aus Angst vor der Selbstkonfrontation und der Selbstauflösung haben Männer Mühe, sich auf gefühlsmässig nahe und intensive Beziehungen einzulassen. Sie fürchten Selbstverlust und Selbstfragmentierung.

Ich erinnere mich an einen Patienten, der hatte in einer schönen und intensiven Liebesbeziehung immer grosse Ängste, seinen Pass oder seine Identitätskarte zu verlieren. Fast zwanghaft musste er seinen Pass immer wieder anschauen. Er versicherte sich ganz konkret, das bin ich. Ich bin noch immer ich, ich habe mich nicht aufgelöst ...

Mir kommt jetzt die Cliquenbildung in der Adoleszenz in den Sinn ... Frauen klüngeln sich viel mehr zwanglos in Gruppen zusammen, in denen sie mit allen Freundinnen intimen seelischen Kontakt pflegen ... am Samstag sehe ich in den Läden Mädchen, die in Gruppen unterwegs sind, männliche Teenager machen so was weniger, sie sind allein unterwegs oder zu zweit mit einem Kollegen ... wenn junge Männer sich in Gruppen zusammentun, geschieht das schon eher im Rahmen einer Gang, einer Subkultur, wegen einer gemeinsamen Sache. Sie treten mit anderen Männern nicht informell, sondern eher in ritualisierter Form in Kontakt, über ein Thema als Medium. Männer werden in Gruppen nicht seelisch intim, deshalb sind Männergruppen so mühsam, es wird den Männern eine Intimität in der Gruppe abverlangt, die ihnen nicht entspricht.

Männer suchen, wenn überhaupt, die Intimität mit einem einzigen Freund, in der platonischen Zweierkiste mit einem anderen Mann. So wie wir zwei miteinander über unsere Seelenzustände und Geheimnisse reden, so würden wir nicht reden, wenn noch Frauen zuhören würden. Frauen untereinander tauschen aber in ihrer Frauengruppe oft grösste Intimitäten aus ...

Die meisten Männer haben überhaupt keinen Mann, mit dem sie reden können ...

Ganz schnell kommen da homophobe Geschichten ins Spiel. Das ritualisierte Spiel entlastet die Angst. Es gibt nur einen Ort, wo Männer über sich herfallen, einander abküssen und sich intensiv liebkosen dürfen, ohne schiefe Blicke zu ernten: im Fussballstadion, nach einem Tor. Dort ist es nicht peinlich. Stell dir vor, das Gleiche würde bei uns in Zürich am Bellevue passieren.

Nähe ist bei Frauen viel akzeptierter als bei Männern. Männer ertragen Nähe generell weniger, es bedroht sie mehr, sie müssen die Nähe strukturieren, etwas dazwischenstellen, immer wieder den Abstand herstellen ...

Die Nähe bedroht die Selbst-Objekt-Differenzierung bei den Männern.

Ausserdem ist das Echte, Geschlechtsspezifische von der Mythenbildung oft schwierig zu unterscheiden. Wo ist Mythenbildung im Spiel als zwanghaftes Bedürfnis nach Orientierung und Klischee, was nichts mit der Realität zu tun hat? Welche realen psychologischen geschlechtsspezifischen Allgemeinheiten gibt es? Bei den Frauen ist dieses Thema vielleicht einfacher zu behandeln: Sie haben weniger Bedarf nach Mythen, sie ruhen mehr in sich. Ihre Mythen sind weniger abgehoben. Männer hingegen sind ständig daran, Mythen zu konstruieren. Und viele Mythen passen nicht.

Man kann diese Entwicklung in der Geschichte der Psychoanalyse verfolgen: Wenn ich an den Film ‹The Soulkeeper› und die Beziehung von Freud und Jung zu Sabina Spielrein denke, finde ich, dass C. G. Jung mutiger war als Sigmund Freud. Jung hat sich als männlicher Therapeut emotional uneingeschränkt auf seine Patientin eingelassen. Er ist dann zu weit gegangen, hat mit einer Liebesbeziehung das therapeutische Verhältnis verletzt. Freud konnte sich mit der Objektivierung und dem Denken draussen halten und stabilisieren, Jung musste die Drohung der Selbstauflösung schliesslich mit Mythenbildung und einer unwürdigen und schäbigen Verleugnung der Verantwortlichkeit bannen ...

Mann sollte Mythen flexibel einsetzen als Orientierung, sich aber nicht daran klammern, weil das dann die Entwicklung wieder blockiert ...
Mythen sind verführerisch, geben ein erhebendes Gefühl.

Das Identifizieren mit Mythen finde ich eher peinlich ... Das Definieren über Mythen wie Krieger, Liebhaber, König, Magier ... das finde ich entsetzlich kitschig und affektiert ... ich kann gar nichts mit solchen Klischees anfangen.

Du spürst kein Bedürfnis nach Identifikation mit starken Bildern? Hast du gar keine Vorbilder, Identifikationsvorlagen? Ich merke, ich bin da manchmal anfällig, spüre meine innere Verunsicherung und die Bereitschaft, mir so ein Klischeekorsett überzuziehen ...

Ich spreche extrem auf Männer an, von denen ich zumindest die Vorstellung habe, dass sie eine unglaubliche Freiheit allem gegenüber haben, Männer, die ein Leben gegen Widerstände, gegen Anfeindungen, gegen Beschränkungen durchziehen, die überzeugt sind, so muss ich es machen und nicht anders, egal, was die anderen denken. Wolf Biermann oder Pasolini sind für mich Lichtgestalten in dieser Hinsicht ... Sich wandeln, sich ändern, sich selber sein – Biermann in der DDR, Pasolini als Schwuler in Italien, mit der katholischen Kirche – beide konnten etwas leben, ohne sich Mythen zu unterwerfen ... sie lebten ihren eigenen Entwurf ...

Raus aus dem Mythenwald, hin zu deinen eigenen Bildern ...

Oder machen wir jetzt unsererseits wieder Mythen aus Pasolini und Biermann? Wir können ja auch locker mit Identifikationsangeboten spielen und müssen uns nicht wie vergiftet daran anpassen ...

Interessant finde ich, dass beide, Pasolini und Biermann, sehr enge Mutterbeziehungen hatten. Sie mussten sich freischwimmen, sie hatten keine präsenten Väter. Warum wohl ausgerechnet ‹vaterlose› Männer so faszinierend sind? Sie mussten ihre männliche Entwicklung ganz aus sich selber schöpfen ...

Wie Parzival, der auch keinen Vater hatte. Ist Parzival ein übergeordneter Mythos, den wir akzeptieren können, weil er die Not zeigt, bis sich ein Mann findet, weil er es nicht leicht hat, weil er den Mut zur lebenslangen Offenheit und Suche hat ...?

Ich persönlich habe auch so meine Mythen, die für mich sehr wichtig sind, z. B. Männer mit souveränen Charakterzügen, die ihre Haltung und Linie hatten, auf unspektakuläre Weise klug waren, wie z. B. der römische Feldherr Quintus Fabius Maximus, der Rom vor der Eroberung durch Hannibal rettete, indem er jeder offenen, verlustreichen Feldschlacht auswich und so das punische Heer elegant und praktisch ohne Blutvergiessen zermürbte.

Ich glaube, dass ich eine Affinität zu den Kriegerthemen habe und auch dazu stehe ... Sie sind eine Art Gegengewicht. Aber ich hüte mich davor, gleich einen Mythos daraus zu machen. Ich spiele eher ironisch lustvoll mit diesen Vorbildern. Auch Machiavelli als Politiker ist für mich kein Mythos, sondern ein interessanter Mensch, der wichtige Erkenntnisse über Macht hatte, eine Orientierungsfigur ...

Das führt in die Passivitätsthematik des Mannes hinein. Der Mann muss von einem anderen Mann, von anderen Männern etwas annehmen können, sonst bleibt er allein ... und unerfüllt. Er muss etwas annehmen können, ohne dass er sich gleich kastriert vorkommt ...

Die Schwierigkeit für den Mann und gleichzeitig die Herausforderung ist es, wirklich etwas aus sich heraus, etwas Eigenes zu schaffen.

Wie viel Identifikation muss sein, und Identifikation womit? Und wer ist er jenseits dieser Identifizierungen? So wie Freud, der sich mit gewissen seiner Lehrer identifizierte, dann aber etwas radikal Neues, eben sein eigenes Werk, sein Gedankengebäude schuf und sich darin verwirklichte.

Frauen haben das wohl viel weniger (...) dieses Problem, sich suchen zu müssen, nicht zu wissen, wer sie sind, aufpassen zu müssen, sich nicht zu verlieren.

Frauen können sich mit der Mutter identifizieren, wenn die nicht gerade eine Hexe ist ... Männer, die mit der Mutter identifiziert bleiben, sind hingegen gezwungen, eine hypermännliche künstliche Konstruktion darüber zu bauen, um das heimlich Weibliche zu überspielen. Es ist unglaublich schwierig, den Mann zu definieren. Ich vertrete die Sichtweise, dass der Mann ein Projekt ist, ein unabgeschlossenes, fliessendes Selbst, das sich entwickelt ...

... Max Frisch hat das mit seinem Homo Faber literarisch eindrücklich verarbeitet ...

... und Michel de Montaigne vor 500 Jahren ... der hat gründliche männliche Selbstreflexion vorgeführt. Männerselbstreflexion ist immer noch etwas Untypisches ...

Warum ist das Thema des perfekten, sich selbst verloren gegangenen Mannes gerade heute so ein Thema? Gibt es eine Verschärfung der männlichen Identitätssituation in letzter Zeit? In den letzten dreissig Jahren, was kam da alles zusammen?
    Der Forderungskatalog ist immens ... Er wächst jeden Tag um mindestens zehn Seiten ... und der Verlustkatalog auch. Der Mann ist von der psychologischen und kulturellen Abschaffung bedroht. Elisabeth Roudinesco zitiert in ihrem Buch ‹Wozu Psychoanalyse?› Lacan, der hellsichtig die ganze Diskussion über die Reproduktionstechnik voraussahnte, die heute auf die Spitze getrieben ist durch die biologische Abschaffung des männlichen Zeugungsmonopols ... Was bedeutet der Impuls, den Mann abzuschaffen, sich seiner zu entledigen? Sollen wir uns dem entgegenstellen?

Oder geht mit der Zeit alles wieder seinen gewohnten Gang? Oder müssen wir militanter werden? Es ist doch wahnsinnig: Bald brauchts keinen Mann mehr für die Zeugung, eine Frau kann sich auf einer Samenbank Spermien besorgen.

Sollen wir jetzt künstliche Gebärmutterbrutkästen konstruieren, damit wir Männer die Frauen zum Austragen und Gebären nicht mehr brauchen? Dann wäre die Illusion perfekt, dass die Geschlechter einander nicht mehr brauchen. Sie könnten sich völlig voneinander entfremden ...
Ich fühle mich oft wie im falschen Film. Oder wie auf einem falschen Planeten. Der offizielle Diskurs ist spätfeministisch, aber eigentlich müsste er schon längst maskulinistisch sein. Ich komme mir vor wie ein Warner in der Wüste, der primitiv feministische Diskurs ist zwar kaum noch dominant, aber der postfeministische beherrscht die Szene, die Frauen dominieren oft die wissenschaftlichen und PR-mässigen Genderdiskussionen, aber um die gefährdete Männlichkeit kümmert sich niemand, zuallerletzt die Männer. Sie rennen ins Verderben.
Manchmal macht es keine Freude, Mann zu sein.

Darauf würden die feministischen Kritikerinnen sagen, den Männern gehts eigentlich blendend. Die jammern nur rum, weil sie Privilegien abgeben müssen, die schmerzt die empfindliche Seele, und sie tun wehleidig ... sicher, in gewissen Bereichen bist du als Mann ein Exot, z. B. in der Psychologieszene, im Sozialwesen ... die Frauen haben gewisse Zonen erobert, linke und grüne Parteien ... nur in den Chefetagen der hiesigen Wirtschaft herrscht ein totales Männerklima ...

Das grosse Mittelfeld der Kaderleute, die an die Spitze wollen, es aber nie schaffen werden, ist oft elend dran. Der Konkurrenzdruck betrifft dort alle, Männer und Frauen. Sicher haben die Frauen in der Arbeitswelt noch nicht die gleiche Macht. Sie sind noch nicht so weit. Das Tabu ist aber gebrochen. Sie bedrohen die männlichen Bastionen. Der Mann ist unter doppeltem Druck: Er muss beruflich erfolgreich sein, sonst ist er für Frauen nicht mehr attraktiv, gleichzeitig wird er von den Frauen im Beruf bedrängt. An der Heimfront soll er auch noch perfekte Mutter werden, muss z. B. ‹Finger-schöppelen›, den Babys nicht den Schoppen geben, sondern zwei Schläuche an den Fingern befestigen und dann dem Baby in den Mund stecken, damit es das Brustwarzengefühl hat. Der Mann soll körperlich die Frau imitieren, Brust spielen, ihr verlängerter Arm sein sozusagen. Die postmoderne Gesellschaft fördert nicht nur die Androgynie, sondern sie eliminiert immer mehr Männlichkeit als soziale Konstruktion. Der Mann als beliebig formbares Wesen, ist das die Zukunft?

Wenn ein Mädchen Automechanikerin werden will, dann wird das heute toll gefunden. Das Mädchen darf, es muss nicht. Während die Männer immer müssen: Sowohl im fürsorglichen Bereich wie auch im Durchsetzungsbereich müssen sie top sein. Dabei ist das schon aus biologischen Gründen wohl eher unmöglich. Die Forschung tendiert jedenfalls dazu, bei den Frauen auch biologische Gründe für ihre erhöhte Empathie und Fürsorglichkeit auszumachen und bei den Männern eine erhöhte Aggressions- und Wettkampfbereitschaft ... wirkt es deshalb komisch, wenn ein Mann Säuglingspfleger werden will?

Die Zufriedenheit bei Hausmännern ist übrigens viel tiefer als bei den Hausfrauen. Hat das damit zu tun, dass mit dem auf Männer ausgeübten Druck, ‹fürsorglicher› und ‹weiblicher› sein zu müssen, gegen eine biologische Barriere angekämpft wird, dass dies jedoch nicht funktioniert?

Ich denke, Frauen haben von der Biologie her mehr Verhaltensmöglichkeiten ...

Weiber sind schon Weiber auf sicher, sie können sich dann noch in den männlichen Bereich hineinexpandieren und sind dann beides, während Männer auf einem unsicheren männlichen Fundament durch Feminisierungsangebote bzw. Druckversuche erst recht in ihrer Identität verunsichert werden. Sie laufen dann Gefahr, weder Mann noch Frau zu sein. Die Frau ist immer Frau, und neuerdings zusätzlich immer mehr auch noch Mann ... Männer werden auf einer schwachen inneren Basis erdrückt von Feminisierungsansprüchen und Männlichkeitsansprüchen, die einander diametral widersprechen.

Und was tut die Männerbewegung? Gibt es sie überhaupt?

Diese Angebote sprechen doch nur zwei Prozent der Männer überhaupt an, mit diesen Workshops und Seminaren in der so genannten Männerszene wird der normale Mann doch nicht erreicht ...

Freud hat den Aufsatz geschrieben: Was will das Weib? Heute muss man fragen: Was will der Mann?

Darüber hat die Psychoanalytikerin Jacqueline Amati Mehler jüngst einen Aufsatz geschrieben. Sie hat den Befund zitiert, dass sich immer mehr Männer von den Frauen zurückziehen, Single sind und es bleiben wollen und sich mit Frauen nicht mehr verstricken möchten. Das Buch ‹Wir sind die neuen Liebhaber› ist ein Bestseller. Diese Männer lassen sich nicht mehr voll auf eine Frau ein. Sie haben keine Lust mehr auf die öden Kämpfe. Sie wollen Frauen weder unterdrücken noch von ihnen kritisiert werden, sie haben das alles einfach satt, leben lieber allein ...

Die These ist vielleicht ein bisschen gewagt, aber ich stelle einen Zusammenhang fest zwischen dem Rückzug von der Frau und dem offeneren Klima gegenüber der Homosexualität. Dass das Coming-out der Homosexuellen normal geworden ist, dass Männer Männer heiraten dürfen, ist für die Schwulen höchst erfreulich. Ich frage mich jedoch, ob sich hinter dieser erhöhten Toleranz nicht auch diese psychische Bewegung von Männern versteckt: nur weg von den klagenden oder den aggressiven Frauen hin zum erhofften Verständnis unter seinesgleichen.

Oder viele Männer werden impotent, das ist ja auch immer mehr der Fall. Männer verweigern sich auf vielerlei Weise: Sie halten die Beziehungen in der Schwebe, legen sich nicht mehr fest, weil sie fürchten, unter die Räder zu kommen ...

... Ich denke, was die Beziehung der Geschlechter zueinander angeht, sind wir in einem Übergangsraum, in einer Art Übergangsperiode. Der Mann hat abgedankt als alleiniger Ernährer, er hat abgedankt in den traditionellen identitätsstiftenden Rollen.

Mein Vater hat sich noch gewehrt dagegen, dass meine Mutter arbeiten ging, nicht wegen der Kinderbetreuung, sondern weil er es als Ehrensache empfand, für seine Frau zu sorgen ... Die Unterfütterung des Ganzen ist vermutlich schon die Identitätsbedrohung, wenn der Mann sich nicht mehr absetzen kann dadurch, dass er arbeitet und die Frau nicht. Sobald sie arbeitet, ist sie ja gleich ...

Alle Gleichheiten bedrohen eine fragile Identität. Deshalb die Betonung der äusseren Differenz ...

Es gab bei uns zuhause Riesenauseinandersetzungen über diese paar Franken, die meine Mutter verdient hat. Sie hat es dann durchgekämpft und war stolz, dass sie Geld verdiente, das ihr gehörte ...

Früher hatten die Frauen auch rechtlich ihr Sondergut, das während der Ehe ihnen weiterhin gehörte, weil sie ja sonst nichts Zählbares hatten ...

Ich habe nur Männer in Analyse, die klagen, was sie alles müssen, wie wenig innere und äussere Freiheit sie haben.

Mir kommt ein Manager in den Sinn, der seiner anspruchsvollen Frau alles bieten muss, der neben einem Hundertfünfzigprozentjob auch noch voll für die Kinder da sein soll, und wenn er es mal nicht bringt, droht sie mit Trennung ...

Ich möchte nochmals zurückkommen aufs Übergangsstadium: Alte Strukturen werden abgelöst, es ist ein ‹Rotieren› und ‹Schwimmen›, Männer und Frauen sind desorientiert und verunsichert, bis sich klärt, wie die neuen Strukturen aussehen ...
Wohin soll es denn gehen? Es ist niemandem klar.

Es gibt ein Erstarken einer nachdenklichen und weniger lächerlichen Männerbewegung, die sich besinnen will, was Männer eigentlich wollen.

Die die Mechanismen der Vorurteile und der Isolation überwinden will. Wir Männer müssen einen neuen Verhandlungsraum öffnen mit den Frauen, um ein paar Eckwerte herum: Verzicht auf Privilegien, Einstellen des Geschlechterkrieges, Fairness in der Auseinandersetzung ...

Vor allem keine mutwilligen Verletzungen des und der anderen mehr.

Es gibt eigentlich noch keine Männerbewegung, die diesen Namen verdient. Der jetzige ‹Männerchueche› ist zu gemütlich, zu klein, zu naiv.

... oder oft peinlich, da wird zum Teil pseudofeministische Anpasserei und männliche Selbstverleugnung propagiert ...

... die sich anbiedernden ‹Feministen›, die sich Asche aufs Haupt streuen und sich der männlichen Gewalttätigkeit bezichtigen und Besserung geloben. Sie tun dies nicht so sehr aus innerer Überzeugung, sondern vielmehr, um eine vermeintliche Frauenforderung zu erfüllen und dem weiblichen Publikum somit zu gefallen ... Oder dann die knallharten Männerkampfgruppen, die ihren Ex-Frauen den Krieg angesagt haben und sich für jede erlittene Kränkung rächen wollen ...

MF und *RH*: Und *jetzt?*

Literaturhinweise

Antonovsky, A.	**Unraveling the mystery of health.** London: Jossey-Bass, 1987.
Cameron, J.	**Der Weg des Künstlers.** München: Droemersche Verlagsanstalt, 1996.
Freud, S.	**Vorlesungen zur Einführung in die Psychoanalyse.** Gesammelte Werke, Band XI. Frankfurt: Fischer, 1999.
Ginger, S.	**Cerveau féminin cerveau masculin.** Unveröffentlichter Vortrag, 3. Kongress des World Council of Psychotherapy, Juli 2002, Wien.
Gray, J.	**Männer sind anders. Frauen auch.** München: Goldmann, 1992.
Hollstein, W.	**Potent werden – das Handbuch für Männer.** Bern: Huber, 2001.
Jäckel, K.	**Der gebrauchte Mann. Abgeliebt und abgezockt – Väter nach der Trennung.** München: DTV, 1997.
Le Soldat, J.	**Eine Theorie des menschlichen Unglücks.** Frankfurt: Fischer, 1994.
McGraw, P.	**Self Matters. Creating your Life from the Inside Out.** New York: Free Press, 2001.
Muschg, A.	**Parzival.** Frankfurt: Suhrkamp, 1993.
Olivier, C.	**Das innere Monster zähmen. Warum Kinder unsere Autorität brauchen.** Freiburg: Herder, 1998.
Richter, H.-E.	**Eltern Kind Neurose.** Reinbek: Rowohlt, 1972.
Richter, H.-E.	**Das Ende der Egomanie. Die Krise des westlichen Bewusstseins.** Köln: Kiepenheuer & Witsch, 2002.
Rohde-Dachser, C.	**Expedition in den dunklen Kontinent.** Berlin: Berlin Verlag, 1992.
Roth, P.	**My life as a Man.** New York: Vintage, 1993.
Roudinesco, E.	**Jacques Lacan.** Columbia University Press, 1999.
Schaeffer, J.	**Le refus du féminin.** Paris: Presses Universitaires de France, 2000.
Sennett, R.	**Der flexible Mensch. Die Kultur des neuen Kapitalismus.** Berlin: Berlin Verlag, 1998.
Van der Kroon, T.	**Die Rückkehr des Löwen.** Freiburg: Bauer, 2000.
Zilbergeld, B.	**Die neue Sexualität der Männer.** Tübingen: DGVT-Verlag, 1996.

Sachbuch bei Zytglogge

Markus Fäh
Gesundheit kommt von innen
Wie wir unsere Lebenskräfte befreien

Eine handfeste gründliche Auseinandersetzung über Definition von und Voraussetzung für Gesundheit oder eben Krankheit. Die heutige hyperaktive und flexible Leistungs- und Stressgesellschaft bringt eine Vielzahl von Belastungsfaktoren mit sich. Gleichzeitig boomt der Gesundheits- und Fitnesszwang, ist Gesundheit zu einer moralischen Pflicht geworden, zu einer weiteren geforderten Leistung. Mit seinem Buch möchte Markus Fäh die Möglichkeit geben, die eigene Situation genau zu orten, allfällige krank machende Lebensbedingungen aufzudecken und diese strategisch, sozusagen mittels eines konstruktiven Widerstands anzugehen. So ist unsere einzelne gesundheitliche Situation mehr als eine private, sondern ein gesamtgesellschaftliches, sozialpolitisches und überhaupt politisches Anliegen. Laut einer Kundin «etwas vom Besten, was sie in letzter Zeit gelesen habe ...» *atropa*

Markus Fäh, der bekannte Psychotherapeut, legt mit ‹Gesundheit kommt von innen› ein Buch vor, das sich wohltuend von der Ratgeberliteratur unterscheidet, indem er nicht einfache Rezepte gibt, sondern von einem breiten Gesundheitsbegriff, man könnte fast sagen einer Gesundheitsutopie ausgeht. Diese stellt den psychisch und damit auch körperlich gesunden Menschen ins Zentrum, geht von einem Gleichgewicht von Ressourcen und Anforderungen aus. Inneren positiven und negativen Lebenskräften werden die gleiche Bedeutung beigemessen wie äusseren Kraftquellen und Belastungen. D. h. gesellschaftliche Faktoren, wie Arbeitsplatzsituation oder ökonomische Verhältnisse, sind ebenso wichtig bei der Erlangung eines gesundheitlichen Gleichgewichtes wie innere Faktoren. Zudem plädiert Fäh für einen grundlegenden Umbau unseres krankheitsorientierten ‹Gesundheitswesens› zu einer Gesundheitskultur. Dass die Leistungen der PsychologInnen endlich im Katalog der Grundversicherung enthalten sind, kann ebenfalls explizit formuliert werden. *Soziale Medizin*